중국사상사

도론

사상사의 서술 방법

中国思想史

도론 사상사의 서술 방법

중국사상사

갈조광(葛兆光) 지음 / 이등연 · 심규호 · 양충렬 옮김

일빛

▌일러두기

1. 원주는 일련부호를 매기고, 원주에서 역자가 부연설명을 한 역주(譯註)는 원주의 괄호안 쌍점(:) 다음에 '역주'라고 표시해 구별했다.
2. 번역 어투는 가능한 원전의 문맥에 따랐다.
3. 명사와 명사는 한 말이 아닌 경우에 모두 띄어쓰기를 했다. 단 고유명사의 경우는 예외로 했다.
4. 중국의 인명과 지명은 한국 한자음으로 읽었다. 단지 타이베이(臺北), 투르판(吐魯番), 홍콩(香港) 등은 우리에게 익숙한 원지음을 최대한 따라 표기했다. 일본의 인명과 지명은 일본어 표기법에 따라 읽었다.
5. 책과 논문의 소개는 저자, 저서, 옮긴이, 출판 장소, 출판사, 출판년도, 인용 쪽수를 순으로 했다.
6. 세미콜론(;)은 원전에 있는 그대로 썼다. 쉼표(,)를 뜻한다.

　　이 책은 원래 『중국사상사』 제1권 『7세기 이전의 중국적 지식, 사상과 신앙세계(七世紀前中國的知識, 思想與信仰世界)』과 제2권 『7세기에서 19세기의 중국적 지식, 사상과 신앙(七世紀至十九世紀中國的知識, 思想與信仰)』의 앞부분에 각각 『사상사의 서술 방법(思想史的寫法)』과 『속 사상사의 서술 방법(續思想史的寫法)』이라는 제목으로 실었던 내용이다. 연구 방향과 자료취사선택, 저작의 사고방식을 진술하고 설명하는 데 그 목적이 있었다.

　　이번에 『중국사상사』 재판을 내면서 이 두 가지를 합쳐서 한 권으로 만들고, 이를 「도론 — 사상사의 서술 방법(導論 — 思想史的寫法)」으로 정했다.

　　'사법(寫法)', 즉 '서술 방법' 이란 말을 이 책의 제목에 붙인 것은 글을 쓰는 방법을 토론하기 위해서가 아니다. 사상사를 서술하는 방법이 사람마다 서로 다른 이유는 언제나 각기 서로 다른 관념과 사고방식, 그리고 방법이 존재하기 마련이기 때문이다. 서술 방법이 바뀐다는 것은 곧 사상사 연구의 관념과 사고방식, 그리고 방법이 바뀐다는 걸 의미하는 것이다.

　　이 책에서 토론하는 것들은 주로 중국사상사, 또는 철학사 연구에 있어서 중요한 이론과 방법에 관한 문제들이다. 예를 들면 다음과 같다.

　　사상사는 엘리트 사상과 경전 사상의 세계 그리고 일반 지식사상과 신앙세계, 이 둘을 어떻게 다루어야 하는가? 지식사와 사상사 간의 문제를 어떻게 설명하고 고대 중국사상의 궁극적인 근거나 기본 예설(預設)은 무엇인가? 사상사는 과거의 전통적인 글쓰기 방식과 훈도성(訓導性)이 강한 교과서식 장절(章節) 구조를 어떻게 바꿀 것이며, 이를 통해 사상사의 진정한 맥락과 정신을 어떻게 찾아나갈 수 있을 것인가? 사상사는 이른바 '무사상(無思想)', 즉 사상이 없던 시대의 경우 그림을 그리지 않은 곳에서도 그림을 볼 수 있는 것처럼 묘사해야 할 것인가, 하지 말아야 할 것인가? 역사 속의 기억인 전통 지식과 사상이 어떻게 새롭게 해석되어 새로운 사상의 자원이 되는가? 이를 통해 어떻게 사상사의 연속성을 만들어내는가? 사상사 연구에 있어서 고고학적 발굴 자료나 문물 자료를 어떻게 처리할 것인가?

　　결국 이 책은 이러한 여러 가지 문제들 외에도 포스트모던 역사학 이론이 중국으로 수입되는 배경 속에서 포스트모던 역사학 이론 자원의 의미와 경계를 어떻게 이해하고 제한할 것인가에 대해서도 토론하고 있다.

이 학 근 李 學 勤
청화대학 교수 겸 인문학원 사상문화연구소 소장. 고고학 특히 청동기 연구에 정통한 대표 학자

『중국사상사』는 비록 정영(精英 : 엘리트)과 경전의 사상사를 쓴 것이지만 작가가 짙은 색채로 묘술한 것은 '일반 사상사'이다. 이로 인해 본서는 방법적인 면뿐만 아니라 서술 시각 면에서도 완전히 새로운 면모를 지니게 되었다. …… 이 책은 참신한 각도와 영역에서 대부분의 사람들에게 그다지 익숙하지 않은 사상 세계를 보여주며, 더욱 광범위하고 깊이 있는 연구의 새로운 의미를 구현하고 있다.

형 분 사 邢 賁 思
철학자, 이론가, 국제역학(易學)연합회 부회장, 전 중앙당교(中央黨校) 부교장, 잡지 『구실(求實)』 전 편집장

지금까지 청장년 학자들에 의해 수많은 가치 있는 작품들이 편찬 또는 독자 연구를 통해 출간되었다. 이는 중국 인문과학 연구를 뒷받침할 수많은 후배 학자들이 존재한다는 의미이기도 하다. 예컨대 갈조광의 『중국사상사』는 방대한 문헌 조사, 상세하고 확실한 자료, 참신한 관점, 성실한 연구 등을 토대로 어려운 작업을 완성하였으니, 그 뜻이 참으로 기특하다. 내가 생각하기에 독창적인 연구 업적을 격려하고, 독립적으로 완성시킨 우수한 저작에 대해 특별한 관심을 표명해야 할 것이다.

왕 원 화 王 元 化
문예이론가, 화동(華東) 사범대학 교수 겸 중국작가협회 고문, 중국 문심조룡학회 및 중국문예이론학회 명예회장

갈조광의 사상사는 자료가 상당히 풍부하다. 우리들의 사상사, 학술사 편찬은 여전히 부족한 것이 사실인데, 과거에도 문학사를 다시 써야 한다는 말을 했던 이들이 있다. 어떤 의미에서 새로운 문학사나 사상사를 쓴다는 것은 그것이 어떤 것이든지 간에 '다시 쓰기(重寫)'라고 할 수 있다. 내가 지금 말하고자 하는 '다시 쓰기'는 이러한 사상사가 사상 관념에서 과거와 다른 방법, 관념, 체계를 건립하여 새로운 발전과 성과를 얻어야 한다는 것을 의미한다.

주 유 쟁 朱 維 錚

복단대학 역사과 교수 겸 중국사상문화사 연구실 주임. 중국 경학사(經學史) 연구에 조예가 깊다

본서의 특색은 총체적인 사고뿐만 아니라 치밀하고 구체적인 견해가 적지 않다는 점이다. 학술사의 경우 때로 누군가 전혀 낯설은 영역으로 들어가 기존의 연구를 통해 발견하지 못한 새로운 문제를 발견하기도 한다. 갈조광의 이 책을 읽으면서 이런 느낌이 들었다. 갈조광은 성실한 학자이며 학풍도 상당히 근엄하다. 그가 쓴 이 책『중국사상사』는 이전 학자들이 갖추지 못한 몇 가지 성과를 얻었다고 생각한다. 물론 책 내용 가운데 약간 논의할 부분이 없는 것은 아니지만 나 역시 그가 이처럼 자신의 큰 역량을 발휘하여 사상사를 탐구한 것에 대해 탄복한다.

갈 검 웅 葛 劍 雄

복단대학 교수 겸 중국역사지리연구소 소장, 중국 진한사(秦漢史)연구회 부회장

우리들이 말하는 사상사는 너무 좁았는데, 갈조광이 지금 사상사의 범위를 넓혀 놓았다. 적어도 그가 말한 신앙과 지식의 구조까지 넓어졌다. 혹자는 이러한 글쓰기 방식이 국외에 이미 존재한다고 말하지만 나는 그의 방법이 창신(創新)하다고 생각한다. 학술 평가도 이러한 창신성을 격려하고 있다. 국제적인 학술 성과를 반영했다거나 어떤 깨우침을 수용했다는 말이 아니다. 그렇다면 창신이라고 할 수 없다. 적어도 지금까지 중국에는 이러한 사상을 체계적으로 관철시켜 사상사를 쓴 사람이 없었다. 아니 아직 없었다고 말해야 할 것이다. 바로 이 점이 대단한 것이다.

주 진 학 周 振 鶴

복단대학 역사지리연구소 교수. 중국지리학회 역사지리전문위원회 회원, 상해역사학회 이사

갈조광의『중국사상』가 지닌 기본적인 의의는 사상사도 이렇게 쓸 수 있으며, 또한 이렇게 연구될 수 있다는 것을 알게 해주었다는 점이다. ……사상을 역사의 역사로 삼게 된 것은 그다지 오래된 일이 아니다. 이미 출판된 중국사상사는 수량적으로 그다지 많지 않기 때문에 또 다른 쓰기나 다시 쓰기의 공간이 비교적 넓다고 할 수 있다. 나는 이 책의 중요한 학술적 의의가 바로 여기에 있다고 생각하지 어떤 이들이 이야기하는 것처럼 자신의 저작이 이미 "한 권의 책을 써서 다른 모든 책들을 폐기할 정도"의 수준에 도달했기 때문이 아니라고 생각한다. 또한 만약 갈조광이 쓴 이러한 일반적인 의미의 사상사 역시 다시 쓰게 될 가능성도 있다. 이것이 바로 학술 발전의 정상적인 길이다.

차례

사상사 서술에 관하여

콜링우드(R. G. Collingwood)는 사상사를 유일한 역사로 간주했다.[1] 그의 주장은 의미 있는 견해로 받아들여지기도 하지만 비판의 대상이 되기도 한다. 콜링우드의 주장이 다소 지나친 면이 있기는 하지만 오늘날에도 사상의 역사적 전통은 여전히 존속된다는 의미에서 이해한다면 어느 정도 동의할 수 있지 않을까?

역사란 무엇인가? 역사가 과거의 시간 속에 출현했던 인물이나 사물, 혹은 사실에 지나지 않는다면 그것은 분명 과거라는 시간의 소멸과 함께 사라져 버릴 것이다. 지난날의 금과철마(金戈鐵馬 : 금으로 된 창과 철로 된 말)도 이제는 망가져 버렸고, 휘황찬란하게 휘몰아치던 기상이변도 이제는 그저 스쳐 지나가는 가을바람처럼 쓸쓸한 흔적으로만 남아 있을 뿐이다. 또한 동창(東窓)이나 고요한 담장 안에서 모의되었던 갖가지 음모들도 겨우 몇 쪽 혹은 몇 줄의 흔적만 남아 있을 따름이다. 게다가 많은 사람들에게 비난을 받았거나 칭송을 받은 사람들도 현명함이나 어리석음, 충성스러움이나 간사함의 차이가 있기는 하지만 그저 몇몇 연극 작품으로 각색되거나 이야기로만 남아 전해질 뿐이다. 이렇듯 지난 시절의 일들은 박물관이나 고고학적 유적지 혹은 고대 문헌이나 역사 교과서에서나 발견할 수 있는데, 우리는 거기에 귀를 기울일 수도 있고 외면할 수도 있다.

'역사'는 결코 '그때 당시'로만 한정되는 것이 아니다. 필자가

---

1) 하조무(何兆武), 「역사는 반성적인 것이다(歷史是反思的)」, 『역사와 역사학(歷史與歷史學)』, 홍콩 : 옥스퍼드대학 출판사, 1995, 139~140쪽.

볼 때 적어도 두 가지는 지금까지도 면면히 이어져 현재의 생활에 영향을 미치고 있다. 하나는 수천 년 동안 계속해서 축적된 지식과 기술이다. 옛사람들의 지혜와 노력은 인류의 생활에 많은 지식과 기술을 축적해 놓음으로써 후세 사람들이 그것을 누릴 수 있도록 했으며, 뿐만 아니라 옛 사람들의 업적을 발판으로 삼아 새롭게 발전할 수 있도록 밑거름이 되어 왔다. 역사는 바로 이러한 점에서 끊임없이 발전한다. 다른 하나는 수천 년 동안 반복적으로 사유해 온 문제와 그것을 통해 형성된 관념, 그리고 몇 세대에 걸쳐 애써 추구해 온 우주와 인생의 의미, 우주와 사회와 인생의 문제에 관한 관념과 방법이다. 이러한 것들은 오늘날의 사유 방식에도 영향을 미쳐 지금도 여전히 해결되지 않고 있는 여러 가지 문제들을 여전히 그런 방식에 따라 사유하도록 만든다. 바로 그러한 점에서 역사는 끊임없이 중첩된다. 전자가 기술사(技術史)에 속한다면 후자는 사상사에 속한다.

사상은 유형의 기물(器物)이나 생명의 유한성에 의해 소멸되지 않고, 언어나 문자 또는 눈으로 보고 귀로 들어온 습관을 통해 학교 교육과 학교 밖의 환경 속에서 대대로 계승되어 왔다. 이러한 '연속'을 통해 요즘 사람들은 옛사람들이 무슨 생각을 하며 살았는가를 배울 수 있으며, 바로 그것 때문에 옛사람들의 사고는 요즘 사람들에게도 의미를 지닌다. 콜링우드는 "역사의 지식은 과거에 정신적으로 어떤 일을 했는가에 관한 지식이다. 동시에 그것은 그와 같은 일을 다시 행할 때 과거의 영원성으로 현재 속에서 활동하고 있다"[2]라고 말했다. 사유 대상이나 사유 방식, 해석과 실천 방식은 한

---

2) 콜링우드, 『역사의 관념(歷史的觀念)』(중역본), 하조무(何兆武) 옮김, 북경: 중국사회과학출판사, 1986, 247쪽.

세대 한 세대 이어지면서 중복되고 변화하고 순환되며, 새롭게 바뀌어감으로써 시간과 공간의 연속성을 갖게 된다. 이로 인해 역사가 존재하게 되는 것이다.

사상사 저술은 이러한 점에서 자못 의의가 있다. 그럼에도 불구하고 현대 학술사를 되돌아보면, 근대 중국에서 사상사라는 명칭은 철학사에 비해 그다지 환영받지 못한 것 같다. 그 원인으로 세 가지를 들 수 있다. 첫째 서양의 '철학사'라는 기존의 틀이 전환기의 중국에서 학술적 방편(方便)이 되었기 때문이다. 둘째 '철학'이란 말이 갖는 서양적 의미가 20세기 전반기에 중국 학술의 흥미를 끌고 또한 자극했기 때문이다. 셋째, 대학에 철학과가 생겨나고 그에 상응하는 교재가 필요했기 때문이다.[3]

그래서 혹자는 서양의 기성 관념이나 술어 및 논리를 가지고 중국 학술의 발전 과정을 종합하고자 했고, 혹자는 중국 학술의 발전 과정에서 서양과 같은 철학을 찾아내어 중국에도 서양과 같은 지식이 존재한다는 것을 증명하고자 했다. 또한 대학 강의를 위해 철학사 교재를 저술하는 경우도 있었다. 그렇기 때문에 20세기 학술 저서의 목록을 보면, '사상사'라는 명칭을 가진 저작은 '철학사'라는 명칭의 저작에 비해 적을 뿐만 아니라 철학사 저작과 달리 체계적인 과정을 거치거나 충분한 경험도 축적되어 있지 않았다.

---

3) '사상사'라는 명칭이 확립된 시기도 비교적 늦은 편이다. 길버트는 「사상사의 목표와 방법」 (『당대 사학 연구(Historical Studies Today)』, Edited by Felix Gilbert and S. R. Graubard, 이풍빈李豊斌 옮김, 타이베이: 명문서국明文書局, 1982, 111쪽)이라는 글에서 서구의 경우 1939년까지도 "사상사라는 말이 아직 보편적인 용어로 쓰이지 않은 상황이었지만 학술계에서는 점차 사상사라는 말을 무의식적으로 사용하기 시작했다"고 밝힌 바 있다.

철학사 저술의 역사를 간단히 회고해 보자면 다음과 같다. 책 이름을 정하는 데 특히 재능이 있었던 사무량(謝無量)은 1916년 여섯 권으로 된 『중국 철학사』를 저술한 바 있다. 그러나 그의 저작은 새로운 명칭과 다듬어지지 않은 자료를 모은 것에 불과할 뿐, 서술 체계를 갖추지 못했다.[4] 때문에 3년 뒤인 1919년 호적(胡適)의 『중국 철학사 대강(中國哲學史大綱)』이 상무인서관(商務印書館)에서 출판되면서 그 즉시 그것을 대체했다. 훗날 호적은 스스로 "중국에서 철학사를 연구한 것은 내가 처음이다"라고 했는데, 이는 사무량의 철학사를 안중에 두지 않은 듯한 말투였다.

그러나 채원배(蔡元培)는 호적의 저작이 네 가지 특징 — 증명의 방법, 문제의 핵심을 잡아내는 수완, 객관적인 시각, 체계적인 연구 — 을 가지고 있지만[5] 시간에 쫓긴 탓인지 그 내용이 충실하지 못하다고 평가했다. 따라서 보다 체계적으로 철학사 기술에 관한 훈련을 거친 풍우란(馮友蘭)이 1930년과 1933년 연이어 체계적인 『중국 철학사』를 출간하자 호적의 『중국 철학사 대강』 또한 풍우란의 저작에 의해 대체되었다. 물론 호적의 『중국 철학사 대강』이 곧바로 사장된 것은 아니었다. 호적의 저작은 오늘날에도 많은 시사점을 던져 준다. 그렇지만 이 경우 대개 철학사 자체의 문제가 아닌 학술사의 새로운 범주 형성과 변천 및 소멸에 관련된 것인데, 그 '시범'적 의미가 '설명'적 의미보다 강조되기 때문이다.

풍우란의 『중국 철학사』는 구성이 상당히 탄탄할 뿐만 아니라

---

4) 사무량(謝無量), 『중국 철학사』, 상해 : 중화서국(中華書局), 1916.
5) 진인각(陳寅恪), 김악림(金岳霖)의 조사 보고 참조. 풍우란(馮友蘭), 『중국 철학사』 부록, 북경 : 중화서국.

서양 철학의 개념이나 사유 방식에 대해 깊은 이해를 지니고 있었고, 중국 고대 사상과 학설에 대해서도 '공감' 을 하고 있었다. 분량 또한 일반 독자의 기호에 부합했다. 그러므로 풍우란이 청화대학(淸華大學)에서 철학사를 강의하고 이를 『중국 철학사』로 출간했을 당시 상당한 호평을 받았고 상무인서관에서 출판된 뒤에 한 시대를 풍미하기도 했다. 그러나 시대가 변화함에 따라 풍우란의 저작도 관심 밖으로 밀려난 지 여러 해가 되었다. 1960년대 이후 임계유(任繼愈)의 『중국 철학사』는 보다 간략하고 분명한 노선과 논리, 이념적 색채가 가미된 해석 방식, 그리고 분명하고 이해하기 쉬운 문체로 풍우란의 저작을 대체했다.[6] 그러나 1980년대에 들어 이념의 강제성이 점차 약화되면서 풍우란의 『중국 철학사』가 중화서국(中華書局)에서 다시 출판되기도 했다. 그 뒤 중국에서 가장 널리 알려진 인민출판사가 일곱 권으로 된 그의 『중국 철학사 신편(中國哲學史新編)』을 발간했다. 역사의 수레바퀴가 다시 원점으로 되돌아 온 느낌이다. 그러나 근 80년의 역사를 통해 철학사 연구에 풍부한 경험과 교훈이 축적되어 '철학사 다시 쓰기' 에 많은 도움이 될 것이다.

그렇지만 여기에도 문제가 없는 것은 아니다. 중국은 철학사 저술에 많은 경험이 있을 뿐만 아니라 처음부터 서구나 일본에서 이미 이루어진 명확한 양식을 차용하였다. 예를 들어 풍우란은 『중국 철학사』 첫머리에서 다음과 같이 밝히고 있다.

"철학은 원래 서구의 개념이다. 그러므로 중국 철학사를 논할 때 중요한 작업은 중국 역사상 존재했던 여러 학문 가운데 서구에

---

6) 임계유(任繼愈), 『중국 철학사』 4권 본(本), 북경 : 인민출판사, 1966.

서 이야기하는 철학에 해당하는 것을 선택하여 기술하는 것이다."

　풍우란은 현대적 의미에서 철학사는 서구의 철학 개념을 바탕으로 우주론과 인생론, 그리고 지식론의 발전사를 포함하기 때문에 철학사의 저자는 기술하고자 하는 역사에 대해 분명한 인식을 가져야 한다고 보았다. 결국 그는 '중국 역사에 존재해 왔던 각종 학문'을 일반적인 철학사(History of Philosophy)라는 입장에서 기술하는 것이 '중국 철학사' 라는 생각을 오래전부터 가지고 있었던 것이다. 그런데 서양의 기존 철학 개념을 수정하지 않고 그대로 받아들인다면 이는 신발에 발을 맞추는 격이 될 것이다. 또한 중국의 사상과 지식을 오해하거나 곡해하지 않는 이상 상호 부합되지 않아 그대로 적용할 수 없는 부분이 적지 않게 나타날 것이다. 그러므로 중국 고대의 지식과 사상이 '철학사' 로써 기술될 수 있을지의 여부가 참으로 문제였다.[7] 당군의(唐君毅)는 「중국 철학사가 마땅히 견지해야

---

7) 사실 이런 회의는 매우 일찍부터 존재했었다. 예를 들어 당시 양계초가 「중국 역사 연구 보편 (中國歷史研究補編)」에서 구상한 '도술사(道術史)의 방법' 이 그것이다. 아마도 그는 '철학' 이란 명칭을 사용하고 싶지 않아 중국의 '도술(道術)' 로 대신한 것 같다. 그리고 김악림(金岳霖)은 풍우란의 『중국 철학사』를 검토하면서 이 문제에 대해 다소 회의적인 태도를 보인 바 있다. 그는 "만일 특정 사상의 내용과 형식이 보편 철학과 다르다면 그러한 사상을 철학으로 볼 수 있을까가 문제가 된다…… '중국 철학' 이란 명칭에는 이런 곤란한 문제가 있다" 라고 했다. 그런데 그는 자신의 의문점을 보다 발전시키지는 못했다. 이는 풍우란의 『중국 철학사』의 부록 「심사보고 2(審査報告二)」 5쪽에 보인다.
　부사년(傅斯年)은 「고힐강과 상고사를 논하며(與顧頡剛論古史書)」 제3장 「주한 방술가의 세계에서 보이는 몇 가지 방향에 관해(在周漢方術家的世界中幾個趨向)」에서 다음과 같이 분명히 밝히고 있다. "나는 호적 선생이 노자, 공자, 묵자 등을 기록한 책을 철학사라고 부르는 것에 찬성하지 않는다. 중국에는 본래 철학이란 것이 존재하지 않았다. 우리 민족에게 이러한 건강한 습관을 준 것에 하느님께 감사한다…… 무릇 새로운 개념을 가지고 옛 사물을 지칭하는 경우 물질적인 것은 가능하다. 왜냐하면 서로 비슷하기 때문이다. 그러나 인문(人文) 상의 사물을 모두 그렇게 할 수는 없다. 왜냐하면 대부분 서로 비슷한 것 같지만 다르기 때문이다." 이는 『부사년 선집(傅斯年選集)』 제3책(타이베이 : 문성서점文星書店, 1967, 423쪽)에 보인다. 요즈음 진계운(陳啓雲)은 「양한 사상 문화사의 거시적 의의(兩漢思想文化史的宏觀

16

할 태도와 그 시기 구분에 관해 간략히 논하다(略論作中國哲學史應持 之態度及其分期)」라는 글에서 다음과 같이 이야기한 적이 있다.

"철학이란 용어는 중국에는 원래 존재하지 않았다. 과거의 이른바 도술(道術), 이학(理學), 심학(心學), 현학(玄學) 등은 서구의 철학과 의미가 다르다."[8]

사실 철학이란 용어가 없다는 것은 중국인에게 철학 개념에 부합하는 지식이나 사상, 학술이 없다는 것을 의미한다. 그러나 서구의 학술 개념이 지배하는 세상 속에서 당군의 또한 자신의 입장을 견지하지 못하고 결국 '중국 철학' 이란 말로써 고대의 사상과 학술을 포괄하게 되었다. 이에 비하면 '사상사(History of Thought 혹은 Intellectual History)' 란 용어가 중국 역사상 존재해 왔던 각종 학문들을 기술하는데 타당해 보인다. 그것은 '사상' 이란 말이 '철학' 에 비해 보다 더 포용성이 풍부하기 때문이다.

그런데 상반되어 보이면서도 실은 동일한 이유로 인해 사상사 또한 곤란한 처지에 놓일 때가 있다. 이는 '사상' 이란 개념이 지나치게 포용성을 지녀 경우에 따라 그 범주가 불분명하게 되었으며, '사상사' 또한 이로 인해 지나치게 무거운 책임을 짐으로써 자신의 범위와 내용조차 분명히 깨닫지 못하는 지경에 이르렀기 때문이

意義)」에서 풍우란의 『중국 철학사』조차도 "철학사라고 이름을 짓기는 했지만, 사실은 단지 한 철학가가 자신의 철학적 소양에 바탕을 두고 완성한 사상사일 뿐이다"라고 했다. 이는 『한학 연구의 회고와 전망(漢學硏究的回顧與前瞻)』 하권(중화서국, 1995, 59쪽)에 실려 있다.
8) 당군의(唐君毅), 「중국 철학사가 마땅히 견지해야 할 태도와 그 시기 구분에 관해 간략히 논하다(略論作中國哲學史應持之態度及其分期)」(1940)와 「중국 철학 연구의 새로운 방향(中國哲學硏究之一新方向)」(1965)은 『중국 사상사 방법론 논문집(中國思想史方法論文選集)』(타이베이 : 대림출판사大林出版社, 1981, 109·123쪽)에 실려 있다.

다.[9] 그렇기 때문에 여러 학자들이 철학사를 여러 권 집필했던 80여 년 동안 '사상사'라는 명칭이 사용된 것은 단지 몇 번에 불과했으며,[10] 그것도 대부분 앞에 한정어가 붙어 있는 경우, 예를 들어 '정치 사상사', '종교 사상사', '학술 사상사', 그리고 단대(斷代 : 시대 구분), 즉 각 조대(朝代)별 또는 시대별 사상사에 국한되었을 따름이다.[11] 그 가운데 후외려(侯外廬)가 주편한 『중국 사상 통사(中國思想通史)』가 거의 반세기의 성과를 덮을 만할 정도이다.

후외려 주편의 『중국 사상 통사』에 대해 여기서 따로 평가할 생각은 없다. 그러자면 많은 지면을 할애해야 하기 때문이다. 그 책은 분량도 방대할 뿐만 아니라 내용도 풍부하고, 문헌의 고증도 상세한 편이기 때문에 그 책에 대해 분석하고자 한다면 보다 진지한 태도로 임하지 않으면 안 된다. 본문에서는 다만 필자의 『중국 사상사』 편찬에 앞서 후외려의 사상사를 읽고 난 느낌과 생각이 사상사 기술을 위한 보다 발전된 논의의 기점이 되었다는 점을 지적하고

---

9) 사상사 편찬의 체제와 대상을 논한 논문은 수량도 많지 않지만, 가장 중요한 것으로 채상사 (蔡尙思)의 「중국 사상사 연구 방법(中國思想史研究法)」(상해 : 상무인서관商務印書館, 1939)과 이에 대해 진중범(陳中凡)이 지은 서문을 들 수 있다. 진중범의 서문은 『진중범 논문 집(陳中凡論文集)』(상해고적출판사上海古籍出版社, 1933)에도 수록되어 있다.

10) 「80년간의 역사학 목록(八十年來史學書目)(1900~1980)」의 통계에 의하면 후외려(侯外廬) 의 사상사 외에도 상내덕(常乃德)의 『중국 사상 소사(中國思想小史)』(1938), 전목(錢穆)의 『중국 사상사』(1952), 양영국(楊榮國)의 『간명 중국 사상사(簡明中國思想史)』(1962), 위정통 (韋政通)의 『중국 사상사』(1979), 후외려(侯外廬)의 『요점 중국 사상사(中國思想史綱)』 (1980, 1981), 하조무(何兆武)의 『중국 사상 발전사(中國思想發展史)』(1980), 저백사(褚柏思) 의 『이야기 중국 사상사(中國思想史話)』(1980)가 있다. 물론 이러한 통계는 완전한 것이 아 니다.

11) 『고사변(古史辨)』 제4책 나근택(羅根澤)의 서문에 보면 고힐강의 "최종 목적은 상세하면서 도 체계적인 학술 사상사를 쓰는 것이다"라고 했는데, 그는 끝내 쓰지 못하고 말았다(본문 과 주석 내용이 적합하지 않다 : 역주).

싶을 뿐이다. 1947년『중국 사상 통사』제1권이 출판되었을 때 후외 려는 중국학술연구소를 대표하여 서문을 쓴 적이 있다. 그는 서문 에서 다음과 같이 이야기했다.

"이 책은 각 시대마다 그 시대의 학자들이 내세운 논리와 방법 을 특히 중시했기 때문에 그들의 이성이 전개되는 궤적을 좇아서 그들이 주장하는 학술의 구체적인 길을 드러내고자 했다. 특히 그 들이 근거로 삼았던 사상이나 방법을 취사선택하고 보완함으로써 그들의 사회 의식과 세계 인식을 찾고자 했다"[12]

이를 통해 우리는 사상사의 대상에 대한 그들의 인식이 '논리 와 방법', '학술 태도', '사회 의식'과 '세계 인식'임을 알 수 있다. 1957년『중국 사상 통사』수정판이 출판되었는데, 무슨 이유에서인 지 1947년판의 서문을 없애 버리고 간략한 서문을 별도로 써놓았 다. 그 서문에는 다음과 같은 내용이 적혀 있다.

"『중국 사상 통사』는 철학 사상과 논리 사상, 그리고 사회 사상 을 종합적으로 편찬한 것이기 때문에 다루는 범위가 광범위하고 내 용 역시 주로 토대와 상부 구조, 이데올로기에 관해 중점적으로 설 명하고 있기 때문에 비교적 복잡하게 보인다."[13] 그리하여 사상사 의 전개 방식에도 약간의 혼란이 생겼고, '사상사'의 내용에도 '철 학', '논리', 그리고 '사회 사상'이 포함되었을 뿐만 아니라 '토대' 와 '상부 구조', '이데올로기'가 포함되었다. 이렇듯 개념이 불분명 한 채로 기술된 내용을 통해 사상사의 어려움을 능히 짐작할 수가

---

12) 『중국 사상 통사(中國思想通史)』제1권 「고대 사상편(古代思想編)」 책머리, 상해 : 신지서점 (新知書店), 1947.
13) 『중국 사상 통사』제1권 「고대 사상」, 인민출판사, 1957.

있다. 이해가 가능한 당시 상황 외에 사상사와 철학사, 이데올로기의 역사나 논리학의 역사 등과 같이 경계가 불분명한 것도 하나의 중요한 원인이다. 따라서 우리는 마땅히 이렇게 질문하지 않을 수 없다. 사상사가 과연 철학, 이데올로기, 정치, 법률, 그리고 과학을 포용할 수 있는 '대역사(大歷史)'가 될 수 있을까? 만약 그렇다면 콜링우드가 이야기한 것처럼 모든 역사는 단지 사상사일 뿐이라는 말이 정말로 성립할 수 있을 것이다. 그러나 누가 감히 이처럼 삼라만상을 두루 포괄하는 사상사를 쓸 수 있겠는가?

그렇다면 도대체 사상사를 어떤 식으로 기술해야 할까? 여전히 내 마음속에는 많은 의문들이 남아 있다. 이 책 「상권」을 완성할 때까지도 여전히 여러 가지 의문점들이 불분명한 상태로 남아 있었다. 다음에 기술할 내용들은 사상사의 몇 가지 문제에 대한 내 개인의 견해일 뿐 결코 사상사 기술 방법에 대한 종합적인 논술은 아니다.

사상사의 서술 방법

　　오늘날까지 사상사는 여전히 파악하기 어려운 영역이다. 중심은 분명하지만 서술할 경계가 상당히 모호하여 그 면목이 분명치 않고, 또한 인근 학과처럼 명확하게 자신의 경계를 확립할 수 없기 때문이다. 예컨대 사상사는 종교사나 학술사와 동일한 대상에 대해 관심을 갖기 때문에 늘 '영역 싸움'이 일어난다. 또한 사상사는 사회사나 문화사와 일부 지식과 문헌을 공유해야 하기에 이들 사이에도 늘 '영상의 중첩'이 발생한다. 뿐만 아니라 사상사는 정치사나 경제사와 상호 해석 관계를 유지하기 때문에 양자간에 '서로의 배경이 되어야' 하고, 심지어 어느 쪽이 어느 쪽을 총괄하거나 포함하는가에 관한 일종의 등급 및 질서의 문제가 생기게 된다. 이런 이유로 사상사는 하나의 학과로써 토대와 규범을 정하기가 어렵다.

　　이는 마치 어떤 역사에서 사방을 떠돌며 유목하는 민족이 여러 나라가 함께 대치하는 경계 지역에 잠시 거주하게 되었을 때 영토와 법률을 당장 확립하기 어렵고, 국민이 경계선을 넘는 것을 범법으로 묶어두기 어려운 것과 마찬가지이다. 그렇기 때문에 일찍이 반스(H. E. Barnes)가 "정치사의 편협된 그물을 돌파하여 인류 문명의 변화와 발전을 연구하는 각종 사학 가운데 사상사(Intellectual History)의 노력이 가장 오래되었다"[1]고 설파하긴 했지만 근래에 이르기까지 학자들은 여전히 사상사를 스스로의 체계를 갖춘 대국으

---

1) 반스(H. E. Barnes), 『요점 사회 과학사(社會科學史綱)』 제1책, 『사학』(중역본), 상달(向達), 상무인서관(商務印書館), 1940, 62~63쪽.

로 생각하지 않았다. 길버트(Felix Gilbert)에 의하면 19세기까지 "지식 생활 현상을 언급한 사학 저작은 여전히 사학의 주류 밖에 처해 있었다." 심지어 "1939년에 와서도 사상사(The Intellectual History)는 아직 보편적 용어가 되지 못한 상태였고, 학술계에서 차츰 자신도 모르는 가운데 이 단어를 채용하기 시작했던 것이다."

중국에서 『사상사』라는 개념을 수용한 것은 비교적 이르다. 앞에서 인용했던 『사상사』인 반스의 『사회과학사강』이 1940년에 이르러 상달(向達)의 번역으로 상무인서관에서 출판되었지만 1935년 용조조(容肇祖)는 이미 『중국 사상사 참고 자료』를 펴냈고, 1936년 진종범(陳鍾凡)이 채상사(蔡尙思)와 『중국 사상사』 편찬을 토론하면서 "각 시대 사상의 체계·파별(派別) 및 그 변천 과정을 차례로 서술하는 것이 사상사 (History of Thought)이다"[2]라고 사상사의 의미를 분명히 정의했다. 조금 뒤인 1939년 채상사가 『중국 사상사 연구 방법』을 출판했고, 상내덕(常乃悳)이 그해 『중국 사상 소사』를 출판했는데, 편폭이 크지 않은 이 저작은 지금 볼 때도 상당한 장점을 지니고 있다. 우선 조리가 명확하고 층차가 분명하며 간결하게 요약되어 있기 때문에 후대 일부 입문서보다 한결 낫다.

당시에는 사상사란 이름으로 된 저작이 철학사란 이름의 저작보다 많지 않았고, 철학사 저작의 영향에 미칠 바가 아니었지만 일부 사람들은 여전히 중국에서는 서양화된 '철학사'가 『사상사』만큼 친근하지 못하다고 느꼈다. 예컨대 부사년(傅斯年)이 고힐강(顧頡剛)

---

2) 1939년 상무인서관에서 출판한 채상사(蔡尙思)의 『중국 사상사 연구 방법(中國思想史研究法)』 권두에 나오는데, 나중에 『진종범 논문집(陳鍾凡論文集)』(상해고적출판사, 1993, 8쪽)에 수록되었다.

에게 보낸 편지에서 "나는 적지(適之 : 호적胡適) 선생이 노자·장자·묵자 등에 대해 기술하면서 이를 철학사라 부르는 것에 찬동하지 않습니다. 중국은 본래 이른바 철학이란 게 없었으니, 상제께서 우리 민족에게 이런 건강한 습관을 내려주신 것에 참으로 감사드립니다. 우리 중국의 모든 철학은 아무리 많아도 소크라테스 정도이고, 플라톤의 경우만큼은 갖추지 못했으니 근대 대학의 전문 철학은 더 말할 게 없습니다. ……무릇 새로운 명사로 옛 사물을 지칭할 때 물질적인 것은 서로 같아 가능하겠지만, 인문적인 것은 대부분 비슷한 것 같으나 다르기 때문에 매 경우마다 동일하기가 불가능합니다"[3]라고 분명하게 지적했다. 그의 말이 다소 과격하다는 점은 일단 차치하고 『사상사』라는 명칭을 사용한 것은 중국학술계에 이미 토대가 마련되어 있었음을 보여주는 것이라고 할 수 있다.

사실 당시 적지 않은 사람들이 '철학사'라는 명칭과 형식을 채용했던 것은 서양 말 속에서 중국 사상을 받아들일 수 있는 것을 찾아 고대 중국도 마찬가지로 '애지(愛智)'의 전통을 지녔음을 증명하려는 것이었다. 그렇다면 『사상사』란 명칭을 사용하는 것은 서양 말 이외에 중국 사상의 전통과 역사 또한 다른 서술 방식으로 서술할 수 있으며, 그것과 서양에서 온 '철학사' 서술 방식을 병행할 수 있음을 의미하는 것이었다.

그러나 비록 그 당시부터 상당한 수량의 사상사 저작이 차츰 중국학술계에 등장했지만, 실제 편찬 작업이나 학과의 제도화 또는 대중의 이해 시각에서도 『사상사』는 여전히 그 면모가 불분명했고,

---

3) 부사년(傅斯年), 『고힐강과의 고사(古史) 논의』 제 3부분, 「주한(周漢) 방술가 세계 속의 몇 가지 추세」, 『부사년 선집』 제3책, 타이베이 : 문성서점, 1967에 수록.

실제로 여전히 궁한 처지에 놓여 있었다. 필자가 현재 관심을 갖고 있는 것은 아래 몇 가지 문제이다.

첫째, 사상사의 의의는 역사상 표창할 만한 사상적 '도통(道統)'을 확립하는 데 있는가 아니면 한 사상의 역사적 과정을 서술하는 데 있는가? 이 문제는 사상사란 것이 사상에 속하는가 아니면 역사에 속하는가를 묻는 것이기도 하다. 둘째, 만약 후자라면 이는 그 서술 대상을 새롭게 확립해야 하는가 여부가 문제일 수 있다. 사상의 역사 가운데 정채(精彩)한 것과 경전적인 것이 있을 뿐만 아니라 보편적이고 일반적인 지식이나 사상, 그리고 신앙 세계가 존재하여 전체 사회 생활을 지탱하고 있다. 또한 엘리트 사상이 배출된 시대도 있고, 사상이 평범했던 시대도 있다.

그렇다면 후자, 즉 일반적인 지식과 사상 및 신앙 세계 역시 역사 시간에 포함시켜 고찰해야만 하는가의 여부도 문제가 아닐 수 없다. 셋째, 언급 범위가 한층 광범한 지식이나 사상, 신앙 세계를 서술하고자 할 때 사상사가 어떻게 가닥 없는 산만함을 극복하면서 사상사와 사회사 · 정치사의 상호 배경 문제를 제대로 분명하게 처리할 수 있겠는가에 관한 문제이다. 넷째, 사상사가 그것과 문화사나 학술사와의 영역 충돌을 어떻게 처리할 것인가? 바꿔 말해, 사상사가 하나의 명확한 경계를 정해 그것과 문화사나 학술사 사이의 영역 중복을 피할 필요가 있는가 여부에 관한 문제이다.

이하 몇 절에서 필자는 1부 「도론 : 사상사의 서술 방법」에 이어 여러 독자들에게 필자의 초보적 생각을 계속 제공하고자 한다. 여기엔 원래 존재했던 사상사의 공백 지대에서 어떻게 새롭게 사상사를 발견했는가, 사상사의 연속성에 관한 서술 방법, 사상사 시야 속에서 어떻게 고고와 문물 자료를 처리할 것인가, 아울러 포스트모던 역사학 이론이 사상사 연구에 도입된 후 사상사가 이러한 이론에 어떻게 대응했는가 등이 포함된다. 그러나 필자는 이 모든 문제에 명확한 답변을 마련한 것은 아니다. 왜냐하면 사상사란 학문이 백여 년 전 하서린(賀瑞麟)이 정주(程朱) 이학에 대해 말한 것처럼 "정주가 등장한 후 모든 법이 갖춰졌으니, 오로지 그 규범을 지켜 수련한다면 저절로 이루어질 것이다. 이는 이미 차려진 밥을 먹는 일과 같다"[4]는 시기까지 성숙되려면 아직도 멀었기 때문이다.

---

4) 하서린(賀瑞麟), 『청록유어(清麓遺語)』 권1, 청나라 광서제(光緒帝) 연간 정의서원(正誼書院) 각본, 3쪽.

1장

일반 지식과 사상 및 신앙세계의 역사

1

    각종 '사상사'나 '철학사'를 펼쳐보면 훌륭한 철인(哲人)이나 경전에 관한 기술이 연이어 등장하는 것을 볼 수 있다. 공자로부터 강유위(康有爲)에 이르기까지, 그리고 『시경(詩經)』에서 『대동서(大同書)』에 이르기까지 거의 매 시대마다 일련의 천재적 인물들이 등장했고, 경전 또한 계속해서 출현했다. 필자와 같은 사상사가들은 대체로 시간의 순서에 따라 사상사의 각 장절(章節)들을 안배한다. 비중이 큰 사상가는 한 장을 할애하여 기술하고, 비중이 작은 사상가는 한 절을 설정한다. 또 등급을 정할 수 없는 경우에는 하나의 절에 몇 사람을 함께 묶어 기술하고, 같이 취급할 수 없는 경우는 별도로 한 소절을 마련하여 기술한다. 그리하여 문자의 기록으로 남겨놓으면 그 명성이 영원히 전해질 것이다. 경전이나 경전의 인용과 주석 및 해설, 그리고 대표적인 엘리트 사상가들의 문자 기록을 사상사적 맥락에서 파악하여 기술하면 경전은 실로 "그 명성이 청사에 빛날 것이다." 그러나 그럴 경우 사상사 또한 사상가 박물관이 되어 그들의 사진만을 나열해 놓은 꼴이 되고 만다. 이미 고인이 된 천재적 인물들의 생애와 저작을 마치 인명부를 편찬하듯 일일이 나열해 놓는가 하면, 공을 따져 상을 주거나 훌륭한 점을 평가하여 게시판에 공고하듯 열거하기도 한다. 이러한 저술 방식은 먼 옛날부터 이어져 온 사상사의 역사전기문체(史傳文体) 혹은 목록학적 전통과 관련이 있다.

중국 최초의 사상서로 알려진 『명유학안(明儒學案)』은 전기(傳記)의 방식에 문선(文選) 방식을 가미한 저술 형식을 취했다. 이러한 방식은 그 나름의 일리가 있다. 가령, 인물의 생존 연대에 따라 사상사의 순서를 배열할 경우 사상의 '내재 질서(內在秩序 : 내적인 맥락)'을 애써 정리할 필요가 없으며, 각 장절의 요점을 분명하게 정리할 경우 독자의 이해와 기억에 도움을 줄 수도 있다. 또 다른 한 가지 중요한 요인을 들자면, 사람들이 명성이 자자한 천재적 인물들을 각 장과 절에 안배하고 널리 애독되는 경전 텍스트를 자료로 삼음으로써 사상사를 체계적으로 정리하고 고증하며 비교하는 수고를 덜 수 있기를 원한다는 것이다.[1] 이렇듯 『시경』, 『논어』, 『노자』 등을 위주로 한 고대 경전 계열과 사상사나 철학사로 불리고 있는 현대 경전 계열의 결합이 곧 중국 사상사의 서술과 해석을 지배하고 있는 '새로운 경전의 언술 체계'를 이루고 있다.

---

1) 사상사의 사유 방식과 장절 간의 문제는 제4장에서 상세히 논하고자 하기 때문에 여기에서는 논의를 생략한다.

이러한 기술 방식은 운용하기도 용이하고, 다음과 같은 이론적 가설에 의해 보편적으로 인정받고 있다.

첫째 사상사는 실제로 이들 대표적인 엘리트 사상가와 경전으로 구성되며, 그들의 사상이 전체 사상계의 정수라는 점을 누구나 인정한다. 게다가 그들 사상의 핵심이 실제 사회에 영향을 미쳐 정치는 물론 일상 생활을 실제로 지배하고 있다는 사실 또한 모두 긍정한다. 이러한 사상의 신봉자는 상층부의 지식 계층뿐만 아니라 여러 귀족들이나 평민 계층까지 포함된다. 따라서 세상에 존재했던 대표적인 엘리트 사상가와 경전에 대해 기술하는 것이 곧 전체 사상계에 대한 기술이 된다.

둘째 사상의 역사는 한 사람 한 사람의 사상가로 구성된 시간 순서의 배열이며, 사상은 기본적으로 시간의 추이에 따라 끊임없이 진보하고 발전한다. 후세의 사상가들은 과거 사상가들의 저작을 볼 수 있다는 점에서 그들의 해석과 설명이 이전 사상가들보다 비교 우위에 서 있다고 할 수 있다. 따라서 사상가들을 시간의 순서대로 기술하는 것은 곧 사상의 역사를 기술하는 것이다. 셋째 이러한 기술 방식에는 우리가 알 수 없는 가설이 존재하기도 한다. 즉, 현재 우리가 생각하는 대표적인 엘리트 사상가와 경전 자료는 당시 체계적이면서도 진실한 것이었기 때문에 역사상 도태되거나 배제되지 않았다는 것이다. 설령 그런 일이 있다고 할지라도 그 또한 정확하고도 공평한 것이었기 때문에 현존의 역사 기록과 역사 기술의 합리성을 인정하지 않으면 안 된다는 것이다.

그러나 필자의 경험에 비추어 볼 때 이러한 보편적 가설에는 다음 몇 가지 문제점이 있을 수 있다. 첫째, 사상사의 시간 순서는 결코 달력의 시간 순서와 완전히 일치하지 않는다. 때문에 사상사에서 한 명의 천재가 한 시대를 지배할 수도 있고, 또한 그런 천재가 유성처럼 홀연히 사라져 버리는 경우도 있을 수 있다. 시대를 초월한 사상은 결코 후인들이 상상하는 그러한 변화의 과정에 따라 순서적으로 전개되지 않으며, 몇 세기 이후에야 비로소 새롭게 해석되어 전해지는 경우도 있다. 물론 이들 천재의 사상도 일반 지식과 사상, 그리고 신앙 세계로부터 얻은 것이겠지만 그것은 늘 상식의 범주를 벗어나 사상사에 '비연속성'의 고리를 형성한다. 푸코가 『지식의 고고학』에서 이야기한 것처럼 그것은 역사의 '단절'이다.[2] 단절은 본궤도의 이탈일 뿐만 아니라 평균 수준과 어긋난 상태를 의미한다. 그것은 늘 시간이나 논리의 질서상 어디에서 연원하여 어디로 나아가는지를 가늠할 수 없는 돌발적 현상이다. 생각건대 대표적인 엘리트 사상가의 주장과 경전 텍스트로 구성된 사상이 반드시 연속성에 의한 필연적 맥락을 지니는 것은 아니다. 도리어 인류 보편의 생활 속에서 실제로 존재하는 지식과 사상은 완만히 지속되고 발전함으로써 그 자체의 논리적 맥락을 보여 준다.

둘째, 대표적인 엘리트 사상가의 사상과 경전 사상이 일상 세계 속에서 반드시 가장 중요한 작용을 일으키는 것은 아니다. 특히 실제 사물과 현상을 이해하고 해석하고 처리하는 데 쓰였던 지식이나 사상은 늘 한 시대의 대표적인 엘리트 사상가가 쓴 가장 경전적인 저작이 아니다. 우리는 자신의 사상의 정수를 표현하는 저술과

---

2) 미셸 푸코, 『지식의 고고학(知の考古學)』(일역본), 나카무라 유지로(中村雄二郎) 옮김, 가와데쇼보(河出書房), 1981, 1994, 11~14쪽. 『위대한 전통에 대한 새로운 해독(重新解讀偉大的傳統)』(북경: 사회과학문헌출판사, 1993, 99~101쪽)에 실린 위요우(韋遨宇)의 중역문도 참조.

후세에까지 널리 전해지는 경전이 극소수에 불과하다는 사실을 쉽게 발견할 수 있다. 게다가 일상생활의 세계는 늘 그들과 동떨어져 있고 사회적으로 사상과 저술을 직업으로 삼을 수 있는 여건이 조성되면서 그들의 사상과 실존 세계의 사상 사이에 다소 괴리가 생기게 된 것 또한 사실이다.[3] 학자들이 대학에서 공자와 노자, 플라톤, 아리스토텔레스, 부처를 논할 때 지하철의 신문 판매대에서는 연예계 스타들의 일화가 가득 소개된 각종 잡지들이 절찬리에 팔리고 있다. 문인들이 이상주의에 대해 진지하게 토론하고 있을 때 일상의 현실 생활은 사람들에게 무슨 '주의'가 아닌 일종의 실용 정신을 요구한다. 교수들이 연구실에서 정치학이나 경제학 관련 논저를 쓰고 있을 때 정치 지도자는 교수들의 생각과 전혀 다른 운용 체계로 국가를 운영하고 있다. 사상과 학술의 현장은 경우에 따라 소수 정예의 지식인들을 훈련하는 공간이 되기도 한다. 이들은 늘 실

---

3) 필자는 「경전적인 것과 생활 속의 것(經典的和生活中的)」이란 제목의 글에서 요즘 사회의 상황에 대해 이렇게 언급한 바 있다. "신문 보도에 의하면 근래 어느 지역에서 다시 '보도(普度: 중생을 구제하는 의식)'를 회복했는데, '보도(普度)' 제사의 대상은 '야귀(野鬼)'라고 한다. 제사의 형식은 공물을 진열하고 지전(紙錢 : 종이돈)과 지의(紙衣 : 종이옷)를 태우고, 지기(紙旗 : 종이 깃발)를 세우며, 귀등(鬼燈)을 밝히고 강물에 등불을 흘려보낸다. 어느 지방에서는 후장(厚葬 : 거창한 장례식)을 지내며, 사당을 짓기도 한다. 그래서 '적지 않은 푸른 산이 무덤 때문에 벌거숭이가 되었으며, 불법적으로 세운 사당이 수천 군데나 되어…… 강남의 경관을 해치고 있다.' ……종교를 연구하고 있는 각종 저작을 살펴보면 '공(空)', '무(無)'에 관한 심오한 이론과 우주의 본질, 또는 인류의 이상에 관한 초월적 화제와 '도'와 '로고스'의 차이에 관한 사유 등이 무수하게 나열되고 있다.

그러나 이러한 논의들은 우리들이 이러한 현상을 해석하는 데 큰 도움을 주기는커녕 오히려 어리둥절하게 만들 뿐이다. '왜 일반 백성들은 궁극적인 신앙에 대해 논하지 않고 그저 명당이네 하는 것만을 믿고 있는가?' 이렇듯 우리의 의문은 여전히 남아 있다. 그리하여 우리는 '그들에게 신앙이란 도대체 무엇인가'라고 질문하지 않을 수 없는 것이다." 『중국 연구(中國研究)』, 1997년 1기, 도쿄(東京).

제 사회나 생활의 상층부에 위치한다. 진정한 사상은 어쩌면 이처럼 실제 생활과 사회에서 사람들이 세상을 해석하고 이해하는 데 지배적인 상식일지도 모른다. 이러한 상식은 엘리트 사상가나 그들의 경전의 경우 그다지 갖추어져 있지 않다.

셋째, 사상사에서 대표적인 엘리트 사상가와 경전에 대한 역사적 서술은 항시 '소급의 필요성'과 '가치의 추인(追認)', 그리고 '의미의 강조' 등 여러 가지 원인으로 말미암아 사후(事後)에 또 다른 사상사가들에 의해 '역사적 소급을 통한 추인'으로 이루어진다. 실제로 일부 대표적인 엘리트 사상가의 저술과 경전은 사상사 저작에 언급된 것처럼 당시에도 그만큼 큰 영향력을 발휘했는지, 그리고 사상사에 있어서도 그처럼 중요한 위상을 차지하고 있었는지에 대해 의구심이 들지 않을 수 없다. 명·청 사상사(明淸思想史)는 늘 고염무(顧炎武), 황종희(黃宗羲), 왕부지(王夫之) 세 명을 나란히 언급하지만, 왕부지의 경우 명말 청초 사상사에서 갖는 그의 위상과 의미는 일종의 추인된 결과다. 왕부지가 훌륭한 저작물을 쓴 것은 사실이지만, 그러한 저작들은 주로 산림에 은거할 당시에 쓴 것들이다.

따라서 과연 당시에 그 훌륭한 저작들을 읽어 본 사람이 과연 얼마나 되는지 참으로 알 수가 없다. 반대로 사상사에서 관련된 기술이 단지 한 단락 또는 반쪽 분량도 못 되는 사상가나 저작이 당시에는 오히려 훨씬 인상적인 자취를 남긴 경우도 있다. 예를 들어 청나라 말기 티모시 리처드(Timothy Richard, 중국명 이제마태李提摩太, 1845~1919, 영국 전도사)가 번역한 『태서신사람요(泰西新史攬要)』나 존 프라이어(John Fryer, 중국명 부란아傅蘭雅, 1839~1928, 영국 전도사)가 번역한 『치심면병법(治心免病法)』 같은 저작은 후세 사상사가들의 추인을 받지 못해 사상사에서 흔적조차 찾아볼 수 없게 되었다.

　　그러나 당시 그 책들은 우리들이 상상할 수 없을 정도로 대단히 매력적인 책으로 간주되었다. 사실 『태서신사람요』는 서구에서 삼류 역사 저작물로 '전혀 무가치한 유물'이라고 평가를 받았지만 청나라 말기 중국에서는 1백만 부나 팔렸고, 당시 가장 권위 있는 역사학자인 양계초(梁啓超)에 의해 "서구 역사서 가운데 가장 훌륭한 책"으로 평가되었다. 또한 『치심면병법』은 단지 심리와 질병 치료, 정신 건강과 종교 신앙에 대해 연구한 책일 뿐이다.

　　그러나 청나라 말기 최고 지식인들의 일기나 서신, 또는 문장에서 볼 때 이 책이 시사하는 바는 그 내용을 훨씬 뛰어넘었음을 알 수 있다. 그래서 송서(宋恕 : 1862~1910, 만청 시대의 계몽 철학가)에 의해 인증된 내전(內典)의 문헌으로 간주됨은 물론 학당의 교과서로 추천되었다. 심지어 사상사에서 높은 위상을 점하고 있는 담사동(譚嗣同)의 『인학(仁學)』에도 상당히 깊은 영향을 미쳤다.[4] 그저 엘리트 사상이나 경전에 주목할 뿐 그들 배후에 자리한 거대한 생활 세계와 상식 세계에 주의하지 않는 사상사는 때로 오해하거나 매몰되는 경우도 있고, 우연이나 단절에 의해 중요한 부분을 가릴 수도 있다. 생각건대 사상사가 단지 대표적인 엘리트 사상가와 경전에 대한 기술이라면 그런 사상사는 사상의 표면에 붕 떠 있는 역사일

---

4) 추진환(鄒振環), 『중국 근대사회에 영향을 준 백 가지 번역물(影響中國近代社會的一百種譯作)』, 북경 : 중국대외번역출판공사, 101-109쪽 참조. 또한 『케임브리지 만청 중국사(劍橋晚淸中國史)』(중역본, 중국사회과학출판사, 1985, 625쪽)도 참고할 만하다. 송서(宋恕), 「왕육담에게 보내는 글(致王六潭書)」(1897년 2월 11일), 「천진육재관 적현문자 제일급정과서목(天津育才館赤縣文字第一級正課書目)」, 『송서집(宋恕集)』 상책, 중화서국, 1993, 567 · 253쪽; 담사동(譚嗣同), 『인학(仁學)』, 『담사동전집(譚嗣同全集)』(增刊本), 중화서국, 1990, 357쪽.

따름이다. 또한 사상사가 단지 대표적 사상가나 경전을 하나씩 재확인하는 것이라면, 그런 사상사는 실로 '층층이 누적된' 역사일 따름이다.

물론 지금 내가 하고자 하는 말은 결코 대표적인 엘리트 사상가와 경전에 대한 사상사를 쓰지 말자는 것이 아니다. 다만 사상가의 지식과 사상 및 신앙에 어떠한 배경이 있는지를 주의 깊게 살펴보아야 한다는 점을 강조하는 것뿐이다. 단도직입적으로 말해 과거의 사상사는 단지 사상가의 사상사, 혹은 경전의 사상사에 지나지 않는다. 그렇지만 사람들이 생활하는 실제 세계는 평균치에 가까운 지식과 사상 및 신앙이 바탕이 된다는 점에 주의할 필요가 있다. 이러한 일반적인 지식과 사상 및 신앙은 사람들이 눈앞의 세계를 판단하고 해석하고 처리하는 데 중요한 작용을 한다. 그렇기 때문에 대표적인 엘리트 사상가의 저작과 경전의 사상 및 일반적인 사회와 생활 사이에 '일반 지식과 사상 및 신앙의 세계'가 존재할 수 있는 것 같다. 그리고 이러한 지식과 사상 및 신앙 세계의 연속도 사상의 역사적 과정을 이루기 때문에 사상사의 시각에서 바라보아야 한다.

2

이러한 문제를 깊이 사색하거나 구체적인 운용 방법을 연구하게 된 것은 불과 3년 전쯤의 일이다. 3년 전 어느 날, 나는 일기에 다음과 같이 적어 놓았다.

"사상사에 '일반 사상사'가 존재할 필요가 있는가? 과거의 사상사는 일반 사상의 수준을 넘어선 '위대한 사상가의 사상사'이다. 그렇지만 이들 몇몇 천재 사상가들의 사상이 보편적인 지식 수준이나 일반의 사상적 정황과 꼭 부합하는 것은 아니다. 그러므로 크게 두드러진 면도 있고 사장되어 버린 면도 있으며, 단절되거나 반복된 것도 있기 때문에 이를 사상사의 서술 방식으로 삼는 것이 결코 쉽지 않다."

이는 논리가 부족한 말이기는 하지만 필자가 몇 년간 사상사를 고찰하면서 느낀 의문점들이다. 당시 필자는 늘 이러한 생각을 했다. 사람들은 모두 사상사의 발전에 '법칙'이나 '조리'가 있어야 한다고 생각하지만, 만일 어느 날 갑자기 어느 천재 사상가가 돌연 나타났다가 사라져 버린다거나 어떤 심각한 사상이 홀연히 싹텄다가 호응을 얻지 못하거나 어떤 저작이 깊은 산 속이나 옛 우물 속에 감추어져 있다가 많은 세월이 지난 뒤에 갑자기 발견되어 반향을 불러일으킨다면 사상사는 어떻게 그 연속적 맥락을 찾아 설명할 것인가? 이는 충분히 있을 수 있는 일이다. 이렇게 볼 때 진정한 사상사의 연속성은 은연중 점진적으로 확대되고 있는 일반 지식과 사상과 신앙 속에 보다 깊이 감추어져 있는 것은 아닐까 하는 생각이 들었다.

이른바 '일반 지식과 사상 및 신앙의 역사'라는 장절에서 기술하고자 하는 것이 모두 '소전통(小傳統)'에 속하는 것은 아니다. 여기서 특히 독자들에게 당부하고 싶은 말은 '대전통(大傳統)'과 '소전통'이라는 이원 대립의 용어로 사상사의 서술 대상을 구분하지 말아달라는 것이다. 또한 필자가 말한 '일반 지식, 사상과 신앙'을 이른바 '민간 사상'이나 '민중 사상'으로 이해해서도 안 된다. 왜냐하면 필자가 말한 '일반 지식과 사상'은 가장 보편적이면서도 일정 정도의 지식을 갖춘 사람들에 의해 수용되어 우주 현상과 사물을 해석하고 이를 활용한 것을 의미하기 때문이다. 이는 천재적인 지성의 발로도 아니고 심사숙고한 결과도 아니며, 무지몽매한 기층 민중의 '집단 의식'도 아니다. 그것은 '날마다 사용하면서도 의식하지 못하는' 일종의 보편적인 지식과 사상이다.

이러한 지식과 사상은 가장 기본적인 교육을 통해 사람들의 문화적 토대를 형성한다. 그것은 누구나 공감하는 궁극적인 근거나 가설을 바탕으로 효과적인 이해에 도달하게 할 뿐만 아니라 일상생활 속에서 해석과 적용을 통해 생활의 법칙과 이유를 발견하게 한다. 가령 전문 학술 잡지를 보면 학자들이 진지하게 '인문 정신을 탐구하고', '우주 철학을 분석'하는 내용을 쉽게 접할 수 있다. 또한 그중에는 학자가 치밀한 실험과 복잡한 공식을 통해 '유전자 배열'이나 '초전도체 현상'을 탐구하는 내용도 있을 것이다.

그러나 실제 일상 생활에서 사람들의 의식은 자신에게 유리한가 불리한가를 따져 자신의 가치 표준으로 삼는 '실용 정신'과 전기가 나갔을 때 구리선으로 퓨즈를 대체하여 일어나는 '초부하(超負荷) 현상'에서 보다 노골적으로 드러난다. 아무리 고명한 유학자가 『중용』에 대해 심도 있게 해석하고 설명할지라도 일정한 지식을 가진 대부분의 문화인들에게 '중용'이란 그저 어디에도 편중되지 않는 태도 정도로 이해될 뿐이다. 또한 불교에서 '공(空)'에 관한 이론이 아무리 심오하다 할지라도, 일반 지식인과 대중이 이해하고 받아들이는 불교의 '공'은 그저 운명에 대한 실망이거나 혹은 마음의 지혜에 대한 마비 정도일 것이다. 그래서 "일체개공(一切皆空 : 모두가 다 공하다)"이라는 말을 통해 지친 영혼의 긴장을 완화시키고 삶의 불만을 토로하는 것이다. 또한 도교의 '도(道)'나 '무(無)'에 관한 사상의 배후에 제 아무리 중국인들의 여러 가지 우주적 지혜가 담겨 있다고 할지라도, 필자가 생각하기에 도교가 한위(漢魏) 이래로 사회 생활에서 큰 영향력을 발휘할 수 있었던 것은 무엇보다 도교 안에 어떻게 하면 생명의 영원성과 생활의 곤궁함을 해결할 수 있을까에 관한 논의가 포함되었기 때문이다. 바로 이런 이유로 필자는 일상 생활 속에서 실제로 운용된 지식과 기술이 사상사의 주된 배경으로 다루어져야 한다는 생각을 갖게 된 것이다.

사실 저술을 통해 전파되는 경전 사상과 달리, 이들 일반 지식과 사상 및 신앙의 전파는 결코 몇몇 대표적인 엘리트 사상가들 간의 상호 해독과 서신 왕래 및 공동의 토론에서 이루어지는 것이 아니라 각종 보편적인 방식을 통해서 이루어진다. 예를 들어 오락이나 연극을 구경하면서 은연중에 감화되는 경우(종교 의식이나 법회, 시장 등지에서 이루어지는 상업적인 연극이나 설창說唱)도 있고, 일반적인 교육 체제에서 직접적인 가르침(서당, 소학, 부모와 친구에 의한 경전에 대한 세속적 연역演繹), 대중적인 독서(소설, 선본選本, 선서善書 및 구비 문학) 등등이 그러한 경우에 속한다. 이러한 전파 범위는 경전의 체계를 훨씬 초월했으며, 전파의 방식 또한 모든 대표적인 엘리트 사상가들이 쉽게 경험한 것일 터이다. 따라서 이러한 것들이 대표적인 엘리트 사상가의 저작이나 경전 사상 형성에 직접적인 토양과 배경이 된다고 할 수 있다.

그럼에도 불구하고 중국의 사상사는 이처럼 매우 직접적이고 효과가 있는 사상적 토양과 배경을 염두에 두지 않고 오히려 사상에 지극히 간접적인 영향을 미치는 정치적 대사건과 경제 상황만을 사상의 '중요한 배경'으로 간주함으로써 실제 세계와 동떨어지게 되어 초점거리 안에 있는 인물과 그에 부합하는 배경을 전혀 고려하지 않았다.[5] 다시 말해 사상사의 편찬자들이 비록 이해력이 뛰어난 최고의 정예 학자들인 것은 분명하지만 사상사를 집필하는 데 사상사의 직접적인 배경을 허구화시키고, 도리어 간접 배경을 부각시킴으로써 사상사를 바라보는 관점을 형이상학적이고 정신적인 것으로 만들었다는 뜻이다. 이로 인해 사상은 사상가의 저술이 되고 경전화되었으며, 사상사 또한 사상가의 역사 혹은 경전의 사상사가 될 수밖에 없었던 것이다.

물론 우리가 기술해야 할 사상사가 대표적인 엘리트 사상가와 경전의 사상에 무관심해야 한다는 의미는 결코 아니다. 사실 그런 사상이 사상사에서 여전히 대부분의 분량을 차지하기 마련이지만, 필자가 여기서 특별히 지적하고 싶은 점은 역사적으로 볼 때 천재 사상가는 결국 소수에 지나지 않는다는 사실이다. 따라서 사상사의 시각에서 볼 때 그들의 사상은 이전 사람들의 생각을 초월한 천재적이고 기발한 생각들이다. 그들은 시간의 순서도 지키지 않고 애써 사상의 발자취를 따라가지도 않았다. 비록 일반 사상이나 보편 지식 속에서 지식과 암시를 얻기는 했지만, 사상사의 논리적 맥락에서 늘 벗어나 있었다. 그들은 보편성의 궤도에서 '벗어남'과 일반적인 기준에 '어긋남'을 상징한다. 그리하여 어떤 때는 사상사의 시간 축 위에서 그 연원과 나아갈 방향을 전혀 짐작할 수 없는 돌발

---

5) 이러한 배경 분석 방법의 문제에 대해서는 갈조광(葛兆光)의 「배경과 의의(背景與意義)」(『학인(學人)』 제1집, 남경 : 강소문예출판사江蘇文藝出版社, 1991) 참조.

적 현상이 나타나기도 한다. 그럼에도 불구하고 사상사는 여전히 이들 몇몇 대표적인 엘리트 사상가의 사상과 경전들을 중심으로 기술된다. 그래야만 시간의 흐름에 따라 사상의 파란과 기복을 나타낼 수 있다고 믿기 때문이다.

우리가 말하는 '일반 지식과 사상 및 신앙의 세계'는 기나긴 시간대에서 아무런 변화도 찾아볼 수 없을지 모른다. 예를 들어 필자가 기원전 5세기에서 3세기에 걸친 자료를 통해 고대 중국인의 생활 세계를 지배하는 각종 이상과 바람을 귀납했다고 하자. 이들의 이상과 바람은 진한 시대에 이르러서도 별다른 변화를 보이지 않고, 불교가 중국에 전래된 2세기에서 6세기에 이르러서도 여전히 당시 중국인의 생활 세계를 지배했다. 다만 생사의 고락과 삼세 윤회 및 선악 응보에 관한 생각들이 다소 첨가되었을 뿐이다.

그래서 그것들은 '장기 지속(持續)'을 비례척으로 삼았다. 여기서 '장기 지속'이란 말을 쓴 것은 프랑스 아날학파의 역사 관념에서 따온 것이다. 이른바 아날학파의 '장기 지속'이란 푸코의 경우처럼 역사에서 연속성의 추구를 부정한 것이 아니라 역사 변화의 궤적을 따라 기술하면서 다만 근거로 삼은 시간의 잣대를 이전처럼 왕조의 변화나 정치적 변화가 아닌 실제 생활 양식의 변화에 두었음을 말한다. 예를 들어 인간의 본질과 의료 기술의 변화, 인간의 의식주와 행동 양식의 변화는 물론 주마등처럼 스쳐가는 사건이나 인물에 이르기까지 장기적으로 지속되는 시간대에서 뒷자리에 물러나 있는 것들을 말한다.[6] 따라서 그들이 말하는 역사란 마치 우주의

---

6) '장기 지속'에 관해서는 페르낭 브로델의 「장시단(長時段) : 역사와 사회과학(歷史與社會科學)」(중역본, 『자본주의 논총(資本主義論叢)』, 고양(顧良) 등 옮김, 북경 : 중앙편역출판사中

수레바퀴처럼 천천히 확장된다고 말할 수 있다. 생각건대 사상사 연구에서 일반 지식과 사상 및 신앙의 역사는 이렇듯 '장기적 지속'을 통해 기술하는 것이 마땅하다고 생각한다. 왜냐하면 그것은 비록 완만하기는 하지만 연속적으로 변화하면서 진정으로 사상사의 기반과 저변을 구성하기 때문이다.

필자는 상당히 오래전부터 이런 생각을 해 왔지만, 아직도 전통적인 사상사의 기술 방법을 따르는 사람들을 설득할 수 없을 것 같다는 생각이 든다. 왜냐하면 그들이 나에게 다음과 같이 질문할지도 모르기 때문이다. 당신이 말하는 '일반 지식과 사상'은 결코 아무런 저술의 형태로 남아 있지도 않고 독립적인 사상도 없다. 그런데도 대표적인 엘리트 사상가나 경전에 의거하지 않고 어떻게 사상의 역사를 구성하려고 하는 것인가? 역사 기술에서 옛사람의 기록과 진술을 벗어난다면 무엇을 바탕으로 사상의 역사를 이해할 것인가? 물론 이러한 질문은 당연히 일리가 있다. 바로 이런 이유로 실제 적용이 가능하고 신빙성을 지닌 새로운 기술 방법의 모색이 필요한 것이다.

央編譯出版社, 1997) 참조. 아날학파는 정치사 특히 대사건과 대변화를 생활사에 결정적 영향을 주는 결정론으로 간주하는 것을 비판하는데, 이러한 견해는 일반 지식과 사상 및 신앙사라는 일련의 문제를 이해하는 데 도움이 된다. 자크 르 고프, 『신사학(新史學)』(중역본, 요몽姚蒙 옮김, 상해역문출판사上海譯文出版社, 1989, 27쪽) 참조.
(아날학파는 역사를 장파長波 · 중파 · 단파의 3층 구조로 파악할 것을 주장하고, 특히 '장기지속'을 중시하였다. 갈조광의 『중국사상사』 원문은 이를 '장시단(長時段)'으로 썼는데, 우리나라의 경우 이를 '장기지속' 또는 '장기 지속상'으로 번역한다: 역주)

3

 사상사를 쓰는데 일반 지식과 사상 및 신앙에 관심을 둔다면 무엇보다 전통적인 사상사가 근거로 삼았던 문헌이나 자료의 범위를 재검토하는 것이 필요하다. 전통적인 사상사의 근거 자료는 의도성이 짙은 관방 쪽의 역사 기술이나 지식과 사상의 담론을 지배했던 대표적인 엘리트 사상가의 역사 서술이 대부분이었다. 이러한 역사 서술은 실제 사상 세계와 정확하게 부합하는 것이 아니다. 일반 지식과 사상 및 신앙세계의 본질은 거의 모든 시대의 사건 기록이나 역사서에서 늘 '조직적인 역사 기록'과 '편향적인 가치 확인'에 의해 서술되었을 가능성이 크다. 이처럼 가치 부여를 통해 모종의 의미를 역사 서술에 집어넣고, 취사선택이나 생략 등을 거치게 되면 사람들은 자신도 모르는 사이에 그러한 입장에 서서 역사를 관찰하게 되며, 그러한 가치와 의미 속에서 자신들의 역사 서술을 지속하게 된다. 특히 수없이 많은 확인을 거친 경전의 기록들 속에서 사상가의 위상에 대해 그 가치와 의의가 반복적으로 확인된다.

 그리하여 어떤 사상가는 당시 사상사의 상징이 되기도 하고, 또 어떤 사람은 당시에 모종의 의미 있는 사상이나 관념을 제기하기도 하며, 또 어떤 사람은 전대 누군가의 사상을 계승하여 마치 고리처럼 상호 계승 과정을 이어가게 된다. 이렇게 해서 사상사는 그들 사상가들의 계승 과정을 보여주게 된다. 그러나 실제 사회 생활에서 연속적이고 또한 직접적으로 작용을 일으키는 것은 고명한 사상들이 아니고 일반성과 보편성을 띤 지식과 사상들이다.

 하나의 가설을 설정해 보자. 만약 100년 뒤 한 역사가가 1990년대 사상사를 기술하면서 당대 지도자가 공공장소에서 행했던 연설과 경전 작가의 저작, 관방 신문의 사설, 인가 받은 사건 서류, 대변인이 사전에 준비한 발표 원고 등을 근거로 삼았다고 가정해 보자. 그럴 경우 그 역사가가 서술한 내용은 우리가 익히 아는 세계와는 완전히 동떨어진 사상의 세계일 것이고, 그가 묘사하고 있는 인물들은 정통 사상으로 무장하고 엄숙한 표정을 지으며 마치 보고서를 읽듯이 말하는 지도자들이나 심도 있는 사상과 풍부한 상상력으로 마치 외계인처럼 이해하기 어려운 말을 일삼는 지식인이나 문인들이 대부분일 것이다. 만약 독자들이 이런 글을 보게 되면 마치 한 편의 사설 아니면 한 편의 산문처럼 느낄 것이고, 정치 지도자들이 거주하는 중남해(中南海)나 인민대회당을 들락거리거나 서재나 강의실에서 깊은 사색에 빠진 것 같은 느낌이 들 것이다.

그러나 만약 그 역사가가 오늘날 신문 가판대에서 유행하는 통속적인 읽을거리나 노래방에서 유행하는 대중 가요, 골목에 사는 남녀노소들이 한담할 때 거론되는 대중적인 화제, 일상 생활에서 사람들의 관심거리가 되는 내용을 사료로 삼는다면, 그가 기술한 사상은 현재 우리의 생활 모습에 보다 근접할 수 있을 것이다.[7] 그렇기 때문에 일반 지식과 사상 및 신앙세계에 어느 정도 관심을 두게 되면, 자크 르 고프(Jacques Le Goff : 프랑스 사학자)가 『신사학(新史學)』에서 주장한 바와 같이 "역사 문헌의 범위를 보다 확대시켜 역사학이 더이상 랑글루아(Langlois, Charles~Victor : 1863~1929)나 샤를르 세뇨보

---

7) 정부나 정치를 연구하는 어떤 학자들은 이미 연구의 중심을 제정(制定)정책 연구에서 집행 정책 연구로 이동하기 시작했다. 이러한 변화는 사상사 연구에 어느 정도 참고가 되고 시사점을 던져 주지 않겠는가?

스(Charles Seignobos : 1854~1942)가 근거로 삼고 있는 문헌자료에만 국한되지 않고 여러 가지 사료를 동원할 수 있다."[8] 이 점에서 아날학파나 푸코 역시 같은 의견인데,[9] 푸코는 이렇게 말하고 있다. "사상사는 각종 문학부산품(subliteratures), 역대 연감, 신문 평론, 한때 대중의 인기를 받았던 성공한 작품이나 무명작가의 작품 등을 분석해야 한다…… 사상사는 주로 이처럼 사람들이 익히 알고 있는 모든 사상에 주목해야 한다." 따라서 연구자는 굳이 경전 사상사의 연구 방식에 얽매일 필요가 없다.[10]

가령 한나라 시대의 사상사를 기술할 때 더 이상 가의(賈誼), 동중서(董仲舒), 왕충(王充) 같은 '역사에 문장으로 명성을 남긴' 인물의 저작에만 국한할 필요가 없다면 역사서나 일반 저작에 개별적으로 등장하지도 않고 역사학자들의 눈에 특별히 띄지도 않는 것들에 주목해 봄직하다. 예를 들어 마왕퇴(馬王堆)의 백서(帛書)나 그것이 암시하는 의미, 땅에서 출토된 한나라 시대 청동 거울의 명문(銘文)에서 집중적으로 표현된 한나라 시대 사람들의 심리와 사상, 은작산(殷雀山)과 장가산(張家山), 쌍고퇴(雙古堆)나 윤만(尹灣) 등에서 출토된 죽간에 은연중 나타난 사상이 그러한 경우에 속한다. 거기에는 보잘 것 없고 형이하학적인 지식만 있는 것은 아니다. 우리는 그 속에서 당시에 점차 틀을 갖추기 시작한 민족 국가의 의식과 우주의 시공에 관한 관념 및 인류의 심리와 생리 체험 등에 관한 실마리를

---

8) 자크 르 고프, 『신사학(新史學)』, 중역본, 6쪽.
9) 미셸 푸코, 『지식의 고고학』, 중역본, 260쪽.
10) 장광직(張光直)의 아형(亞形)과 우주 관념에 대한 연구는 반드시 체계적인 문헌 기록에 의존하고 있다고 이야기할 수 없다. 그렇다고 그가 사상사에 대해 언급한 것이 아니라고 이야기할 수 있는가?

찾을 수 있고, 또한 당시 사람들의 보편적인 희망과 이러한 희망을 실현할 구체적인 방법을 발견할 수 있을 것이다. 그리고 이러한 희망과 방법의 이면에서 당시 사람들이 자각하고 있지는 않았을지라도 은연중에 당시 사람들의 생활을 지배하고 있던 관념 세계가 존재한다는 것을 발견할 것이다. 또한 남북조 시대 불교 사상을 논할 때 일반적으로 사상사는 늘 도안(道安), 혜원(慧遠), 구마라집(鳩摩羅什), 승조(僧肇)와 같은 천재적인 불교도의 사상과 그들이 제시한 명제를 기술하고 있으며, 또한 민족주의, 도덕주의, 그리고 경제적 이익으로 야기된 종교적 갈등사를 주로 다루고 있다.[11]

그러나 당시 일상 생활에서 얼마나 많은 사람이 은호(殷浩)나 사령운(謝靈運)과 같이 불경을 '수백 번 탐독하고' 범문(梵文)을 학습하면서 '불성(佛性)', '본성(本性)', '돈오(頓悟)' 및 '팔불중도(八不中道)'와 같은 이론에 관해 깊이 사색했겠는가? 또한 기존의 사상사는 당시 불교가 중국에 전래되는 과정이 어떠했는지를 여실히 보여준다. 왜냐하면 『고승전(高僧傳)』, 『출삼장기집(出三藏記集)』, 『홍명집(弘明集)』, 『광홍명집(廣弘明集)』 등과 같은 경전의 기록에만 의존하여 역사를 복원하고 재구성했기 때문이다. 그러나 전혀 의도되지 않은 상태에서 유전된 여러 가지 사료를 살펴보면 이러한 대표 사상가의 사상사가 당시 생활 속에서 도대체 얼마나 많은 영향을 끼쳤는지에 대해 의구심을 갖지 않을 수가 없다. 그런 사료의 첫 번째 예는

---

11) 탕용동(湯用彤), 『한위 양진 남북조 불교사(漢魏兩晉南北朝佛教史)』, 중화서국 재판, 1983, 59~60쪽. 에리히 취르허(Erich Zurcher), 『불교의 중국 정복 : 초기 중세 중국에서 불교의 확산과 적응(The Buddhist Conquest of China-The Spread and Adaptation of Buddhism in Early Medieval China)』, 2 vols, Leiden(일역본), 다나카 스미오(田中純男)등 옮김, 도쿄 : 세리까쇼보(せりか書房), 1995, 49쪽.

석각, 특히 남북조 시기 불교와 관련된 석각의 제명(題銘)이다. 두 번째 경우는 문서, 즉 돈황(敦煌)의 투루판(吐魯番)에서 출토된 각종 문서 중의 제기(題記)이다. 이러한 석각과 문서는 의식적인 정리 과정을 거치지 않았고, 중간에 해석이나 설명을 가한 것도 아니다. 그렇기 때문에 그 안에는 당시 사람들의 사상 — 물론 보편적이고 일반적인 사상 — 이 진술하게 드러나 있다. 또한 그 안에는 '공(空)' 이나 '성(性)' 에 관한 형이상학적인 논의도 없고 그저 여러 가지 개인적인 바람 속에 일반 사람들의 신앙이 솔직하게 드러나 있다.

물론 이는 자주 인용되지 않는 주변 자료에 반드시 주의력을 집중해야만 한다는 말이 아니다. 왜냐하면 내가 말한 '일반 지식과 사상 및 신앙' 이 최하층 서민의 의식만을 지칭하는 것이 아니기 때문이다. 가령 가훈(家訓), 가법(家法), 권선징악에 관한 책, 아동용 교과서, 보권(寶卷) 같은 것들은 매우 훌륭한 분석 자료임에 틀림없다.[12] 미국에서 중국 사상사에 관한 입문서로 읽히고 있는『중국 전통의 원천(Sources of Chinese Tradition)』에 보면「태상감응편(太上感應篇)」과「일관도리문답(一貫道理問答)」에 관한 내용이 수록되어 있다. 그러나 자주 인용되는 경전 문헌들도 일반 지식, 사상과 신앙사 연구에 유용하다. 3년 전 일본 학자 후쿠이 후미마사(福井文雅)의 『중국 사상 연구와 현대(中國思想研究と現代)』를 본 적이 있다. 이 책

---

12) 이러한 방법은 종교 연구에 가장 집중적으로 나타난다. 예를 들면 미국학자 마이클 사소 (Michael Saso), 독일 한학자 베메르방크(Dr. WemerBanck), 프랑스 학자 크리스토퍼 쉬뻬르 (Kristofer Schipper), 일본 학자 사와다 미즈오(澤田瑞穗)와 사카이 타다오(酒井忠夫) 등과 중국 학자 한병방(韓秉方), 마서사(馬西沙)의 연구가 이에 속한다. 그러나 그들이 주로 다루었던 것은 이른바 '민간' 혹은 '소전통' 이어서 필자의 생각과는 다소 다르다. 필자가 사상사에서 문제 삼고자 하는 것은 사회의 일반적 혹은 평균적 지식 수준과 보편적이고 무의식적인 사상 습관이다.

의 어느 구절에서『수서(隋書)』「경적지(經籍志)」에 담겨져 있는 불교관을 논하고 있는데,「수지(隋志)」에 기록된 불교에 관한 11가지 관점을 열거하면서 이를『위서(魏書)』「석노지(釋老志)」와 비교하고 있었다.[13] 이 책을 보면서 필자는 불교도가 아닌 지식인이 제3자의 시각에서 행한 불교에 관한 서술과 소개가 일반 지식과 사상 수준을 측정하는 참고 문헌이 될 수 있을까라는 생각이 들었다.

그러나 1년 뒤 코젠 히로시(興膳宏) 교수에게 그의『「수서」'경적지'에 대한 상세한 고찰(隋書經籍志詳考)』이란 책을 받아 불교에 관한 대목을 다시 읽고 난 뒤, 필자는 그가 불경을 얼마나 꼼꼼히 고증하고 주석 작업을 했는지를 알 수 있었다.[14] 그리하여 불교도가 아닌 일반인이 이러한 주석을 통해 불교 문헌을 이해할 수 있다면 당시 일반인의 불교 지식과 사상 수준이 어느 정도였는지 능히 판단할 수 있을 것이라고 생각했다. 필자는 4세기 이후 불교의 전파에 관해 기술하면서『돈황유서총목(敦煌遺書總目)』을 살펴볼 때 돈황에서 출토된 불경초본(佛經抄本)고서의 종류와 수량을 통계내고, 그

---

13) 후쿠이 후미마사(福井文雅),『중국 사상 연구와 현대(中國思想硏究と現代)』, 도쿄: 류분칸 (隆文館), 1992, 111쪽 이하.

14) 코젠 히로시(興膳宏), 가와이 코오조(川合康三),『「수서」'경적지'에 대한 상세한 고찰(隋書 經籍志詳考)』, 도쿄: 큐고쇼인(汲古書院), 1995. 예를 들어 불경(佛經) 서문의 둘째 단락은 한자가 불과 300자에 지나지 않지만 주석은 중문으로 약 3천 자에 이른다. 그중『태자서응본기경(太子瑞應本起經)』,『유마힐경(維摩詰經)』,『위서(魏書)』「석노지(釋老志)」,『멸혹론 (滅惑論)』,『서경부(西京賦)』,『일체경음의(一切經音義)』,『지도론(智度論)』,『분별공덕론 (分別功德論)』,『후한서(後漢書)』,『봉법요(奉法要)』,『법화경(法華經)』,『대반열반경(大般涅槃經)』,『불국기(佛國記)』,『무량수경(無量壽經)』,『조론(肇論)』,『대비경(大悲經)』,『속고승전(續高僧傳)』,『대부혁폐불법사(對傅奕廢佛法事)』등 불교 내외의 각종 논저를 인용했다.『당 연구(唐硏究)』, 제2집(북경대학출판사, 1996, 536~541쪽)에 실린 이 책에 대한 갈조광(葛兆光)의 평론 참조.

안에서 가장 많이 필사되고 또한 상대적으로 통속적인 경전을 통해 당시 일반 불교 지식과 신앙에 관한 정황을 대강 추정할 수 있지 않을까 라는 생각이 들었다.

전혀 의도되지 않은 상태에서 유전된 역사 자료는 누군가를 위해 '서술' 한 것이 아니라 그저 '나열' 한 것일 따름이다. 서술은 서술한 이의 의도가 담기기 마련이지만, 나열은 그저 드러내 보일 뿐이다. 여러 가지 의도되지 않은 무의식적인 역사 자료가 사상사에서 배제된 것은 매우 안타까운 일일 뿐만 아니라 사상사가 실존의 사상 세계와 동떨어지게 만든 이유이기도 하다. 경우에 따라 사상사의 글쓰기가 되물림하듯 후대에 영향을 준다면 이전 시기 사상사가의 사유 틀과 시야가 이후 사상사를 쓰는 이에게 편의를 제공하기는 하겠지만, 그가 제공한 실마리는 오히려 후대 사상사가에게 근거 자료의 방향을 암시하거나 한정한다. 그런 까닭에 후대의 사상사가는 굳이 새로운 자료를 찾기 위해 애쓸 필요가 없다. 바로 이런 이유로 끊임없는 계승 과정을 통해 사료가 이미 정해진 범위 안에서 국한될 수밖에 없었던 것이다.

이에 대해 세 가지 예를 들어 보겠다. 2년 전 필자는 시간을 내어 여러 사찰을 돌아본 적이 있는데, 북경·항주·복주·홍콩·타이베이 등 여러 지역의 사찰마다 휴대하기에 편리한 보급형 불교 소책자를 팔고 있었다. 그 책자 안에는 특히 『묘법연화경(妙法蓮華經)』 「권 7」 '관세음보살 보문품(觀世音菩薩普門品)'이 반드시 들어 있었는데, 이는 대다수 불교 신자의 불교에 관한 지식 수준과 무관하지 않을 것이다. 다음은 유서(類書 : 분류검색도서)의 경우를 보자.

필자는 『예문유취(藝文類聚)』, 『초학기(初學記)』, 『육첩(六帖)』,

『태평어람(太平御覽)』 등 현존하는 각종 유서들이 사상사의 가장 좋은 텍스트라고 생각한다. 이러한 유서들은 하나같이 천지(天地), 제왕(帝王), 인사(人事), 예악(禮樂), 직관(職官), 품물(品物) 등과 같은 분류법에 따라 전혀 의식하지 않은 상태에서 축적된 각종 문헌들로 우리가 일반 지식과 사상, 그리고 신앙의 수준을 가늠하는 자료라고 할 수 있다. 이 외에 북주(北周)의 『무상비요(無上秘要)』나 당나라 시대의 『법원주림(法苑珠林)』 같은 불교와 도교 계통의 유서들도 사회에 보편적으로 전해지는 불교와 도교의 지식을 분석하는 텍스트로 삼을 만하다.[15] 또한 송나라 시대의 사상을 이야기할 때면 누구나가 주희(朱熹)를 떠올리게 된다. 그러나 대부분의 사상사가들은 『주문공 문집(朱文公文集)』, 『사서집주(四書集注)』 및 『주자어류(朱子語類)』 가운데 이학과 관련된 일부 자료만을 근거로 삼을 뿐 『가례(家禮)』를 연구 대상으로 삼는 경우는 거의 없다.

그런데 현존하는 많은 지방지(地方志)를 살펴보면 주희의 『가례』가 민국 연간에 이르기까지 지속적으로 사회 의례의 준거로 활용되었음을 알 수 있다. 이러한 의식적인 규정 속에 드러난 것이 바로 천년 동안 중국인들에 의해 보편적으로 준수되고 추구되어 온 가치와 의의이며, 일반 지식과 사상 및 신앙사의 내용인 것이다. 그러나 『보문품(普門品)』과 같이 7세기 이래 줄곧 널리 전해져 온 불교 경문이나 『초학기』, 『예문유취』와 같이 당나라 시대의 보편적 지식과 사상을 모아 놓은 유서, 그리고 『가례』처럼 세속 사회에서 널리

---

15) 이 책(『중국 사상사』)의 제4편 제7절 「목록, 유서와 경전 주소 중에 나타난 7세기 중국 지식과 사상 세계의 윤곽」 참고.

사용되었던 의례 규범이 사상사에서 진정으로 주목을 받거나 분석된 적이 있었던가?[16)]

4

1980년대 이후 필자를 포함해서 많은 사람들이 중국 문학사, 중국 종교사, 중국 사상사를 다시 써야 한다는 생각을 가지고 있었다. 1992년 필자는 한 서평에서 '사상의 또다른 형식의 역사'를 서술할 필요가 있다고 피력한 적이 있다. 2년 뒤 『중국 방술 자료 회편(中國方術資料滙編)』에 대한 평론에서 재차 "사상사가 상층 문화에 지나치게 편향된 나머지 대대로 축적되어 온 옛 학설에서 벗어나지 못하는 것은 아닐까? 이러한 문제를 인식하고 있다면 2천 년 동안의 중국 사상사를 다시 써야 하는 것이 아닐까?"라는 필자의 소견을 밝힌 적이 있다. 1년이 지난 뒤 필자가 이학근(李學勤)의 『간백(죽간과 목간, 백서)에 실린 소실된 전적과 학술사(簡帛佚籍與學術史)』를 평론하면서 "1980년대 이후 '중사(重寫 : 다시 쓰기)' 풍조는 줄곧 학계의 뜨거운 이슈가 되었다"고 이야기한 것처럼 '다시 쓰기'가

16) 『주자가례(朱子家禮)』에 관한 문헌학적 연구로 속경남(束景南)의 「주희 '가례'의 진위 고증(朱熹 '家禮' 眞僞辨)」과 진래(陳來)의 「주자 '가례'의 진위에 관한 고찰(朱子 '家禮' 眞僞考議)」(『주자학 간(朱子學刊)』 제5집, 복건인민출판사, 1989)이 있다. 그러나 『주자가례(朱子家禮)』에 관한 사상적 연구는 최근에야 비로소 시작되었는데, 양지강(楊志剛)의 「주자가례 : 민간에서 통용되던 예(朱子家禮 : 民間通用禮)」(『전통 문화와 현대화(傳統文化與現代化)』, 1994년 제4기, 북경 : 중화서국)가 대표적이다. 그러나 분석이 충분치 못한 것 같다. 이외에 국외의 논문으로 P. B. 에브레이(Pataricia B. Ebrey)의 『황제 체제하 중국의 유가와 가례 Confucianism and Family Rituals in Imperial China』(Princeton University Press, 1991)가 있다.

1980년대 이래로 뜨겁고 무거운 주제로 떠올랐지만, '다시 쓰기'란 말은 너무 엄숙하고 어렵기만 했다. 특히 다시 쓰기 작업은 이론적인 면이나 문헌적인 면에서 모두 준비 부족으로 인해 비록 그 가치는 높이 평가되었지만 실제로 성공한 경우는 거의 없었다.[17] 필자의 경우 이미 두 권의 사상사를 새롭게 쓴 상태지만 새삼 나 자신에게 묻지 않을 수 없다. '다시 쓰기'에 대한 준비가 충분히 이루어졌는가?

사상사에 관한 이 책을 쓸 때 필자는 이론과 기술적인 면에서 궁색함을 느꼈다. 비록 인류학, 사회학, 종교학, 문헌학 등에서 많은 암시와 도움을 받았지만, 그것은 단지 우회적이고 외부적인 도움일 뿐 사상사의 서술, 특히 일반 지식과 사상 및 신앙세계의 역사를 서술하는 데 직접적으로 적용할 수는 없었다. 필자는 일찍이 사상사를 서술하면서 일반적인 사상사와 달리 일반 지식과 사상 및 신앙에 관한 부분을 넣기 위해 의도적으로 애썼다. 예를 들어 제3편에서 필자는 「진한(陳漢) 시대 보편 지식의 배경과 일반 사상의 수준」이란 절을 따로 마련하여 마왕퇴 백서(帛書)와 백화(帛畵)의 전체 내용을 통해 고고학적 발견으로 거듭 밝혀지는 진한 시기의 보편 지식의 배경에 대해 언급했고, 백화와 화상전(畵像磚)을 통해 진한 시대 사람들이 마음속으로 생각하던 세 개의 세계를 분석했다. 또한 청동 거울의 명문에 표현된 각종 관념을 통해 생명, 행복, 그리고 자손

---

17) 「사상의 또 다른 형식의 역사(思想的另一種形式的歷史)」, 「사상사의 시야에 놓고(置于思想史的視野中)」, 「고대 중국에 얼마나 많은 오묘한 비밀이 남아 있는가(古代中國還有多少奧秘)」는 모두 『독서(讀書)』 1992년 제9기, 1994년 제10기, 1995년 제11기(북경 : 삼련서점三聯書店)에 수록되어 있다.

에 대한 당시 사람들의 관념과 그들의 마음속에 담고 있는 민족 국가 관념에 대해서 논했다. 그리고 제4편 「불교의 동쪽 전파와 그 사상사적 의의」의 전반부에서 초기 불교가 중국에 전래되었을 때 일반 사상 세계가 어떻게 불교의 영향을 받았는가에 대해, 예컨대 사본(寫本)이나 조상(造像), 참법(懺法 : 참회를 위한 법문이나 의식) 등에서 볼 수 있는 종교 의식과 중국 사회에서 그것이 어떻게 변화했는가에 대해 전문적으로 논한 적이 있다.

당시 필자는 때마침 일본 학자 이케다 온(池田溫)이 쓴 『중국 고대 사본의 지어집록(中國古代寫本識語集錄)』이란 책을 읽고 있었는데, 그는 시간의 순서에 따라 각종 사본의 지어(識語 : 서적 소장자나 독자가 서적의 표지나 봉면封面, 권말卷末 등 서적의 어딘가에 구입 경위나 감상 등을 적어 놓은 문장을 말한다. 지기識記, 수기手記, 수지手識, 지문識文이라고도 한다 : 역주)를 베껴 수록했다. 이들 지어는 후대 사람들에게 보여주기 위한 것이 아니라 책을 읽은 사람이 자신의 마음을 있는 그대로 적은 것이다. 그는 특히 3세기 중엽에서 6세기 중엽까지 여러 가지 지어를 분석과 귀납의 텍스트로 삼아 불교 신앙의 기본 내용을 분석했다.

그러나 이것만으로는 부족하다. 필자가 생각하건대 일반 지식과 사상 및 신앙세계를 서술하는 데 그 구성과 영향은 다음 세 가지 측면에서 찾아볼 수 있다. 그 하나는 계몽 교육의 내용이다. 그것은 각기 교육받은 이들의 경험이 되어 그의 사상이 발전하는 과정에 지속적으로 존재하게 된다. 따라서 아동용 교재에 포함된 지식과 사상을 분석하는 일이 매우 중요하다. 둘째는 생활 지식의 원천이다. 이 역시 모든 개인에게 제공된 것으로 특히 낯선 세계를 접했을 때 동원하게 되는 경험과 지식이다. 따라서 전혀 의도하지 않거나 보편적인 재료들, 예를 들어 문자가 아닌 그림 자료(화상석, 청동 거울, 종교 그림, 조각, 건축), 보편적으로 활용되는 인쇄물(사찰의 첨문簽文, 격식화된 축문祝文, 황력皇曆과 같이 널리 통용되던 책)이 필요하다. 셋째는 사상 전파의 길이다. 이른바 엘리트 사상은 결코 직접적으로 일반 사상 세계의 내용으로 전화될 수 없다. 따라서 그것들을 통속화하는 선전물을 찾을 필요가 있다. 예를 들어 일부 사가들이 전혀 주목하지 않았던 문학 자료들, 예를 들어 초기의 강경(講經), 변문(變文)과 이후의 선서(善書 : 선을 권하는 책), 당시 예인들이 지니고 있던 창사(唱詞), 고정된 장소에서 이루어지는 연희 대본인 설서(說書), 가족 제사나 마을 집회에서 연출되던 대본 등이 그것이다.

그러나 이러한 것들에 대해 기록한다는 것은 극히 어렵다. 그런 자료를 해독하는 것 자체가 난해하기 때문에 이를 분석하는 것은 더욱 어려울 수밖에 없다. 설사 분석을 했다고 할지라도 주관성을 면할 수 없다. 무엇보다 우리가 옛사람이 생활했던 환경과 너무 멀리 떨어져 있기 때문에 단지 우리가 이해하는 것만을 기록할 따름이다. 경우에 따라서는 모순적인 내용이 나타나기도 하는데, 이는 생활 세계 자체가 그다지 잘 정돈되어 있지 않기 때문이다. 그러나 사상사는 이러한 자료를 몽땅 운반하여 정리하지 않을 수 없다.

3년 전인 1994년 12월 어느 날 오후 필자는 상해 복단대학에서 주유쟁(朱維錚) 선생이 주관하는 토론회에 참석한 적이 있는데, 창밖으로 가랑비가 부슬부슬 내리고 있었다. 빗속에서 아련히 피어오르는 안개를 바라보고 있노라니 발표자의 목소리가 귓가에서 아스라이 사라지는 것 같았다. 그때 문득 만일 과거 사상사의 '배경'과

'초점' 사이에 '일반 지식과 사상 및 신앙세계'를 가미한다면 사상사가 보다 분명해지고 진실해질 것 같은 생각이 들었다. 이런 생각이 들자 나는 그간의 글쓰기 작업을 잠시 멈추고 다시 책읽기에 몰입했다. 그리고 이러한 생각이 나의 억제하기 어려운 글쓰기의 욕망을 다시 불러일으켜 이미 절반 정도 완성한 기존의 작업(이것은 나중에 북경대학 출판사에서 『중국 선 사상사(中國禪思想史) : 6세기에서 9세기』라는 제목으로 출판되었다)을 잠시 멈추고 새로운 발상이라고 여겨지는 사상사 쓰기에 몰입을 하게 되는 계기가 되었다.

그러나 필자는 3년이 지난 후에야 비록 한 개인이 완전히 새로운 면모를 갖춘 사상사 쓰기를 시작할 수는 있지만, 결코 그 혼자만의 힘으로 완성할 수 있는 일이 아니라는 사실을 깨닫게 되었다. 특히 '일반 지식과 사상 및 신앙의 세계'는 다루어야 할 사고 맥락과 종합해야 할 자료가 너무나 많았다. 어쩌면 필자의 사상사는 단지 무르익지 않은 사유 방식과 귀납된 일부 자료를 후세의 사상사가에게 넘겨주는 수준에서 멈추어 버릴지도 모르는 일이었다. 그러나 필자는 그러한 사상사라도 써낼 수 있기를 진정으로 바라는데, 과연 필자의 바람은 실현될 수 있을까?

2장

지식사와 사상사

필자가 이 책을 쓰고 있을 무렵 중국 학계는 '학술'과 '사상' 분야의 문제가 뜨거운 화제로 떠오르고 있었다. 이러한 화제가 대두된 것은 물론 특정한 이데올로기 측면에서 나름의 배경이 있었겠지만, 이 점은 일단 차치하고 순수 학술적인 측면만 한정해 볼 때 이것은 해묵은 것이면서도 참신한 주제였다. 해묵었다고 말하는 까닭은 그것이 위로 청나라 시대의 한학(漢學)과 송학(宋學)을 두고 벌어진 논쟁, 즉 '한송논쟁(漢宋之爭)'은 물론이고 이학(理學) 내부의 논쟁인 주육논쟁(朱陸之爭 : 주희의 이학과 육상산陸象山의 심학心學 논쟁), 심지어 고대의 '도문학(道問學)'과 '존덕성(尊德性)'의 전통적인 차이까지 거슬러 올라갈 수 있기 때문이다.

한편 참신하다고 말하는 까닭은 그것이 현재 학계에서 전통의 계승과 세계로의 지향 사이에 취향의 차이가 존재하기 때문이다. 학술 계보를 계승하고자 했던 1920~30년대의 바람과 사상적으로 서구와 소통하고 싶어 하는 1990년대의 생각 사이에도 상당한 차이가 존재할 것이다. 그 밖에 주목해야 할 점은 여기에 전문 분야와 개인적 취향의 차이가 있다는 점이다. 이러한 차이 역시 사람들이 판단의 기로에 섰을 때 각자의 전문 분야와 개인적 취향에 따라 자신의 감정과 입장을 결정하도록 만든다. 필자가 생각하기에 그들 간의 실제적인 취향의 차이는 그다지 분명하지 않을 수도 있고, 취사 선택을 할 때도 반드시 자각적이지 않을 수도 있다. 따라서 자신의 취향과 감정에 따라 자신의 입장을 결정한 다음, 어쩔 수 없이 그러한 입장을 끝까지 견지하는 것일 수도 있다.

필자는 학술과 사상 사이에 일정한 구분이 있다고 생각한다. 특히 학술사와 사상사는 상이한 분야이다. 이것이 1990년 필자가 학술사에 관한 좌담회에서 「학술사와 사상사」라는 논문을 발표한 이유이다.[1] 이 글은 지식성이 풍부한 학술을 떠나 결코 사상만 독립적으로 존재할 수도 없고, 사상 없이 학술만으로 지식의 질서를 확립할 수 없다는 필자의 생각을 밝힌 것이다. 필자는 지난 몇 년간 이 문제에 대해 시종 침묵으로 일관했는데, 그것은 가치의 높고 낮음을 분별하고 자신의 입장을 다른 사람들에게 알림으로써 자기 진영의 논리를 확립하고자 하는 논쟁에 끼어들고 싶지 않았기 때문이다. 설령 어떠한 역할이 맡겨지거나 다른 사람이 부화뇌동하는 태도를 보인다 할지라도 전혀 상관하지 않았다. 그렇지만 이와 연관된 주제는 분명 지난 몇 년간 필자가 사상사를 저술하면서 늘 생각하고 있던 핵심 문제 가운데 하나였다. 학술사의 연구 대상이 역사 속에서 지식이 어떻게 변화하고 성장하는가에 관한 것이라면 사상

---

1) 「학술사와 사상사」, 『학인(學人)』 제1집, 강소문예출판사, 1992.

사는 어떻게 학술사와 소통해야 하고, 지식(knowledge)과 사상(intellectual 또는 thought, 혹은 idea)의 관계를 어떻게 처리해야 하는가? 다시 말해 사상사를 어떤 식으로 서술하고, 역사 과정 속에서 지식의 배경은 어떻게 사상의 합리성과 유효성을 담보할 수 있으며, 사상의 담론은 사람들이 이해하는 우주와 사회에 관한 지식을 어떤 식으로 전달할 것인가라는 문제라고 할 수 있다.

1

사상사가 연속성을 추구한다는 점을 전적으로 부인하지 않는다면 지식과 사상의 문제는 사상사의 기원부터 논의하는 것이 옳다.

처음부터 우주 공간에 관한 지식과 역사적 시간에 관한 지식은 고대 사상의 토대가 되었다. 천문에 대한 관측과 체험을 통해 고대 중국인들은 우주 공간에 관한 지식을 확립했으며, 이러한 우주 공간에 관한 지식을 통해 중국 사상 세계는 경험이나 기술상의 합리성을 제공받았다. 하늘은 둥글고 땅은 네모져 있으며, 하늘은 반구(半球) 형태로 대지를 뒤덮고 있다. 천상(天象)에는 천극(天極)과 황도(黃道)가 있고, 지리(地理 : 땅의 상태)에는 중앙과 사방이 있으며, 기(氣)는 음과 양으로 나뉜다. 극(極)의 축(軸)은 천궁(天穹)의 중앙에 있고, 국(國 : 나라)은 우주의 중앙에 있으며, 경성(京城)은 나라의 중앙에 있고, 왕궁(王宮)은 성의 중앙에 있다. 다른 모든 것들도 두 개의 대응 부분으로 나뉘어져 중앙을 중심으로 양쪽에서 전개된다. 그래서 조셉 니덤(Joseph Needham)과 미르치아 엘리아데(Mircea

Eliade)는 마치 약속이나 한 것처럼 다음과 같이 지적했던 것이다. 고대 중국의 천문학적 지식은 상징과 암시, 그리고 이와 연관된 각종 의례적 형식을 통해 자연 법칙에 정확히 부합하는 일종의 공간적 형식을 사람들에게 전달해 줌으로써 사람들이 합리적인 사상의 토대를 확립하고, 이러한 바탕 위에서 각종 관념과 사상이 통일성과 조화성을 유지하도록 만들었다.[2]

다른 한편으로 역사에 대한 상상과 기억 및 소급은 고대 중국인에게 역사적 시간에 관한 지식을 확립하는 데 도움을 주었다. 이들 지식은 중국의 사상 세계에 먼 고대에서 비롯된 신성한 증거를 제공했으며, 사람들로 하여금 그 옛날부터 있었던 일만이 합리성과 합법성을 지닌다고 믿게 만들었다. 그래서 사상은 항시 역사적 증거를 찾는 데 골몰했고, 이러한 역사는 고대 중국에서 단지 수식이나 기억의 차원이 아니라 극히 중요한 것으로 간주되었다. 그리고 선왕의 도(道)와 이전 왕조의 일은 이미 그 의의가 확인된 일종의 표지(標識)이자 의거(依據)가 되었다.[3] 이는 선진 시대부터 이미 그러하여 당시 문헌인 『좌전(左傳)』에 이러한 일들이 많이 기록되어 있다. 예를 들어 태사 극(克)은 노(魯)나라 문공(文公)에게 고양씨(高陽

---

2) 조셉 니덤, 『중국 과학 기술사(中國科學技術史)』제2권 『과학 사상사(科學思想史)』(중역본), 과학출판사와 상해고적출판사, 1991. Mircea Eliade, *A History of Religious Ideas II : From Gautama Buddha to the Triumph of Christianity*, The University of Chicago Press, 1982. 『세계 종교사(世界宗敎史)』제2권(일역본), 시마다 히로미(島田裕己)·시바타 후미코(柴田史子) 등 옮김, 도쿄 : 치쿠마쇼보(筑摩書房), 1991.

3) 카나야 오사무(金谷治), 『중국 고대 인류관의 각성(中國古代人類觀的覺醒)』(중역본, 『일본 학자가 논한 중국 철학사(日本學者論中國哲學史)』, 중화서국, 1986, 32쪽). 그는 금문(金文) 자료에 근거하여 "인류가 '보용(實用)'이라는 동기(銅器)를 빌어 조상의 영예를 대대로 전해 주었다는 점은 바로 인류가 역사에 대해 아직 충분히 자각하지 못했다 할지라도 이미 의식을 갖기 시작했음을 말한다"고 지적한다.

氏), 고신씨(高辛氏), 요(堯), 순(舜) 이래 악을 물리치고 덕을 세우는 역사에 대해 말했고, 위강(魏絳)은 진(晉)의 제후에게 후예(后羿)와 한착(寒浞)이 어진 사람을 버리고 아첨하는 사람을 등용했다는 고사를 이야기했으며, 사약(士弱)은 태사 신갑(辛甲)의 「우인지잠(虞人之箴)」을 인용하여 진(晉)의 제후에게 송나라에 화재가 난 원인은 도당씨(陶唐氏)와 상나라 왕조의 옛 제도까지 소급하여 찾아볼 수 있다고 설명했다.[4]

　　이러한 것들은 모두 당시 사상가들이 시비와 선악의 판단은 옛날부터 경위(涇渭 : 경수涇水와 위수渭水. 경수는 흐리고 위수는 맑아 뚜렷하게 구분된다)처럼 분명하다고 믿고 있음을 보여준다. 이를 통해 전통적인 윤리 가치와 의미는 시간이 부여하는 권위와 자명성을 지니게 되고, 실용적 가치나 의의와 일치할 뿐만 아니라 고대로부터 현재에 이르기까지 전혀 어긋남이 없이 조화를 이루게 된다. 그렇기 때문에 『국어(國語)』는 이렇게 말하고 있는 것이다. "일을 부여하고 형을 집행할 때 반드시 (옛사람이) 남긴 가르침에 물어야 하고 옛 사실에서 자문을 구해야 한다."[5]

　　이러한 지식들은 비밀리에 전수되거나 실제 운용되는 과정을 통해 점차 여러 가지 실용적인 지식과 기술에 집중되었으며, 다른 한편으로 대중화와 이성화(理性化)에 의해 공개적인 교육 자료로 사용되면서 점차 여러 가지 경전과 사상을 형성하기 시작했다. 초기

---

4) 『좌전』(左傳) 문공 18년, 양공 4년·9년, 『십삼경 주소(十三經注疏)』, 중화서국, 1861쪽, 1933쪽, 1941쪽.
5) 『국어(國語)』, 「주어周語」 '상(上)', 23쪽. "부사행형 필문우유훈 이자우고실(賦事行刑 必問 于遺訓 而咨于故實)."

중국의 중요한 지식은 점성술과 역법, 제사 의식, 의료와 방술(方術)이라고 할 수 있다. 그 가운데 점성술과 역법은 우주를 파악하는 지식이고, 제사 의식은 인간의 질서를 정돈하는 지식이며, 의료와 방술은 인류 자체를 통찰하는 지식이다. 이러한 지식에서 수술(數術)·예악(禮樂)·방기(方技)와 같은 학문이 발생했고, 후세에 큰 영향을 미친 음양 사상과 황로 사상(黃老思想 : 전설적인 제왕인 황제와 노자의 사상) 및 유가와 법가 등등의 사상이 생겨났다. 이러한 사상들은 이론적 근거로 삼았던 지식을 배제하거나 완전히 이탈하지 않았을 때가 있었기 때문에 우리는 상당히 많은 지식과 사상이 상통하고 심지어 융합되는 것을 볼 수 있다.

그래서 공자는 스스로 무격(巫覡)과 길이 다르면서도 추구하는 바는 같다고 말했던 것이고, 노자는 섭생을 잘 하는 자는 육지를 돌아다녀도 무소나 호랑이를 만나지 않고, 전쟁에 나가서도 갑옷이나 병기에 다치지 않는다고 말했을 것이다. 또한 장자가 "지극한 덕을 갖춘 자는 불로 그를 태울 수 없고, 물로 그를 빠뜨릴 수 없다"라고 주장한 것도 이러한 이유 때문이다. 그래서 중국 전통에 얽매이지 않는 서구의 한학자들은 이러한 경전(經典)이나 사상서에서 신비주의적 의미를 발견할 수 있었던 것이다.[6] 마찬가지로 경전 안에는 여

---

6) 예를 들어 미국 철학자 허버트 핑거레트는 공자의 말 가운데 때로 그 자신이 주술에 가까운 어떤 능력들을 지녔음을 암시하고 있다고 생각했다. 『공자 : 신성한 속인(孔子 : 神聖的俗人)』. Herbert Fingarette, 『*Confucius : The Secular as Sacred, Harper and Row*』, Publishers, New York, 1972, p.4. 영국의 한학자 웨일리는 『장자』 중의 '진인(眞人)'은 인도의 '진인'과 마찬가지로 신비주의적 의미를 가지고 있다고 했다. "이러한 관념을 통해 사람들은 초기 도가와 2세기 이래 도교의 관계를 이해할 수 있다." 『고대 중국의 세 가지 사고 방식(古代中國的三種思路)』 참조. Arther Waley, 『*The Ways of Thought in Ancient China*』, Stanford University Press, 1982, p.51.

러 가지 지식이 포괄되어 있는데, 이러한 박물(博物) 전통은 후세 사람들이 상상하고 있는 것과 달리 박물학가(博物學家)의 직업에 따른 결과이다. 사실 당시만 하더라도 지식과 사상은 오늘날처럼 분명하게 구분되지 않았으며, 사인(士人)들 역시 경전 전통에서 벗어나지 못한 상태였다.

그렇기 때문에 적어도 한나라 시대 이전에 이미 육경(六經)이 지식의 연원이자 진리의 근거라는 관념이 존재하고 있었던 것이다.[7] 왜냐하면 이들 경전들은 '선왕의 옛 전적(先王舊典)'으로 유구한 역사와 깊은 연원을 가지고 있을 뿐만 아니라 상당히 풍부한 내용을 포함하고 있어 폭넓은 해석의 여지를 남겨 놓았기 때문이다. 그래서 『예기(禮記)』「경해(經解)」에 보면 "온유돈후(溫柔敦厚 : 성격이 온유하고 부드러우며 인정이 두텁다는 뜻)는 「시(詩)」의 가르침이고(詩敎), 소통치원(疏通致遠 : 정사에 통달하고 상고시대의 일을 안다는 뜻)은 「서(書)」의 가르침이며(書敎), 광박역양(廣博易良 : 심사가 넓고 조화롭고 선량하다는 뜻)은 「악(樂)」의 가르침이고(樂敎), 결정정미(潔靜精微 : 맑고 고요하게 사물의 정미함을 살필 수 있다는 뜻)는 「역(易)」의 가르침이며(易敎), 공검장경(恭儉莊敬 : 공손, 검소하고 엄숙하게 삼간다는 뜻)은 「예(禮)」의 가르침이고(禮敎), 속사비사(屬辭比事 : 문사를 짓고 사안을 비교하여 판단한다는 뜻)는 「춘추(春秋)」의 가르침이다

---

7) 아무리 『회남자(淮南子)』 권 20, 「태족(泰族)」에서 육경을 언급할 때 미사(微辭)가 있어서 "『역』은 자칫 귀신에 빠지기 쉽고 『악』은 자칫 과도함에 빠지기 쉽고 『시』는 어리석음에 빠지기 쉽고 『서』는 자칫 구속에 빠지기 쉽고 『예』는 자칫 원망함에 빠지기 쉬우며 『춘추』는 자칫 비방에 빠지기 쉽다(『易』之失鬼, 『樂』之失淫, 『詩』之失愚, 『書』之失拘, 『禮』之失忮, 『春秋』之失訾)"라고 했다 할지라도, 이는 단지 소수 황로학자들의 주장일 뿐이고 그 뒤는 기본적으로 찬송하는 소리가 귀에 가득하다. 『회남홍렬 집해(淮南鴻烈集解)』, 중화서국, 674쪽 참조.

(春秋教)"라는 말이 나온다. 그러나 실제로 해석의 여지는 이보다 더 크다. 예를 들어 『사기』 「태사공 자서(太史公自序)」를 보면 오경(五經)은 천지음양(天地陰陽), 사계오행(四季五行), 경제인륜(經濟人倫), 산천계곡(山川溪谷) 및 초목어충(草木魚蟲)에 관한 다양한 내용이 담겨 있다고 하면서 「역」은 변화의 측면, 「예」는 행위의 측면, 「서」는 정치적인 측면, 「시」는 풍자적인 측면, 「악」은 조화를 강조한다는 측면에 장점이 있고, 「춘추」는 인간을 다스리는 데 장점이 있다고 했다. 이처럼 경전은 정신과 인격뿐만 아니라 우주, 정치, 자연 및 사회 각 방면까지 모든 영역을 다루고 있는 것이다.

그러나 오늘날 사상사들은 종종 수술(數術)과 방술(方術) 및 경학 지식을 소홀하게 다루고, 수술과 방술에 대한 연구와 경학 연구를 상호 완전히 절연된 전문 분야로 나누었다. 그래서 철학사와 사상사가 많은 연구자들의 관심을 모으고 있을 때 수술과 방술에 관한 학문이나 경학사(經學史)는 오히려 '그 명맥이 끊어지고', 극소수의 사람들만이 외롭게 관심을 보였을 뿐이다. 필자는 얼마 전 『삼례통론(三禮通論)』을 구해 보았다. 꼼꼼히 살펴볼 틈은 없었지만 「후기」 말미에 "1996년 2월 오강(吳江)의 전현(錢玄)이 와병 중에 기록한다. 지금 내 나이 87세이다"[8]라고 적혀 있는 구절을 읽게 되었는데, 참으로 안타까웠다. 듣자하니 「예」학에 정통한 노년의 전문가는 이제 얼마 남지 않았다고 한다. '예'는 원래 고대에 극히 중요한 지식 가운데 하나였는데, 지금은 오히려 의식 제도에 관한 학문이 날이 갈수록 관심 밖으로 밀려나는 것 같다. 그러나 수술이나 방술,

---

8) 전현(錢玄), 『삼례통론(三禮通論)』, 남경사범대학출판사, 1996, 664쪽.

그 밖에 기타 여러 가지 지식을 떠나면 사상사는 그 형성 배경에서 점차 멀어지게 될 터인데, 과연 경학사를 벗어난 사상사가 중국 사상의 역사를 분명하게 말해 줄 수 있을까?[9]

2

　물론 사상사의 기원만 그런 것이 아니다. 때로 지식의 축적이 사상 수용의 전제가 되며, 지식의 변화는 사상 변화의 조짐이라고 할 수 있다. 위진(魏晋) 시기의 현학(玄學)을 논할 때와 마찬가지로 겉으로 대단히 현학적으로 보이는 철학적 담론의 이면에도 지식에 대한 상당히 복잡하고도 심오한 역사적 배경이 자리 잡고 있음을 알 수 있다. 연구자들은 동한(東漢) 시대의 박학다식한 유학자들의 지식주의 경향이 당시 지식 계층의 지식 습득 방법을 크게 확대시켰다는 점에 그다지 주의하지 않았다. 사실 이러한 지식 확대의 직접적 결과로 지식으로서 유학 경전의 유일성이 와해되었다. '성(性)과 천도(天道)'는 당시 중요한 명제였음에도 불구하고 유가들은 그다지 관심이 없었다. 그래서 일시에 각종 사상이 침투할 수 있는 틈새가 마련되었고, 여러 가지 잡다한 지식이 누구나 즐겨 보는 읽을

---

9) 사실 지식사의 자원을 배제한 채 학술사 문제만으로 사상사의 윤곽을 그리고자 한다면 선진(先秦)과 같은 상고시기의 중국사상 세계의 많은 현상에 대해 명확하게 이야기할 수 없을 뿐만 아니라 청나라 시대와 같은 전근대의 사상사조차도 제대로 쓸 수 없을 것이다. 사상가는 청나라 시대 고증학이 사상사에 미친 영향을 이야기하거나 청나라 시대 금문 경학이 강유위나 양계초 및 그 이후의 사상에 어떤 영향을 끼쳤는가에 대해서 이야기한다. 그러나 전체 사상사에서 이러한 근원을 찾는 배경을 완전히 도외시한다면 사람들이 괴이하다고 여기지 않을까?

거리가 되었다. 바로 이러한 정황 속에서 노장 사상은 자연스럽게 사상 자원으로 재등장하였고, 불성(佛性)에 관한 불교 경전 역시 많은 이들에 의해 연구될 수 있었던 것이다.

또 다른 예를 들자면 청말 사상에서 상당히 중요한 것 가운데 하나는 불학(佛學)의 부흥이다. 많은 연구자들도 이러한 사실을 잘 알고 있다. 그렇다면 어떤 이유로 말미암아 불학이 이 시기에 부흥한 것일까? 간단히 말하면 그동안 우주와 사회를 해석해 왔던 전통적인 지식이 급격한 사회적 변화 속에서 돌연 효과를 상실했기 때문이다. 사람들은 서양 사상과 대등한 위치에서 자존심을 지킬 수 있고, 서양 사상과 같이 세계를 효과적으로 해석할 수도 있는 지식 자원을 찾고자 했다. 그러는 가운데 풍부한 상상과 치밀한 논리를 가진 불학이 어느새 지식 자원으로 자리 잡게 된 것이다. 그리하여 불학은 전통의 사상 세계를 보존하는 한편 새로운 사상을 해석하는 중대한 임무를 맡았다. 그러나 불교가 부흥한 결과 오히려 서양 학문의 침투를 초래했고, 어떤 의미에서는 청말 시기, 또 민국 초기의 사상사에 커다란 변화 국면을 야기했다.[10]

지식의 역사는 늘 더디게 발전한다. 물론 돌발적인 변화가 그다지 흔치 않은 역사 속에서도 필승(畢昇 : 북송 인종仁宗 때의 인물)이 활자 인쇄술을 발명하고, 와트가 증기 기관을 발명했던 것처럼 후세에 커다란 영향을 끼친 사건도 있고, 뉴턴의 역학이론과 아인슈타인의 상대성이론처럼 인류의 인식(認識)에 획기적인 의의를 지닌 발견도 있었다. 그러나 이러한 것들도 결국 일정한 경험과 지식

---

10) 갈조광, 「만청 불학 부흥을 논함(論晩淸佛學復興)」, 『학인(學人)』 제10집, 강소문예출판사 (江蘇文藝出版社), 1996.

의 축적은 물론 정확한 묘사와 전달, 실제 실험과 생산이 밑받침되어야만 대중들의 시야에서 그 영향력과 가치를 발휘할 수 있다. 따라서 지식사(知識史), 특히 일반 지식의 역사는 끊임없이 천재가 등장하는 사상사에 비교할 때 돌연 시대를 초월하거나 상대적 히스테리시스(hysteresis : 어떤 물리량이 그때의 물리 조건만으로는 일의적으로 결정되지 않고 그 이전에 그 물질이 경과해 온 상태의 변화 과정에 의존하는 현상 : 역주)의 파동이나 이상(異常)이 훨씬 적다.

역사는 분명 느슨하고 천천히 움직이지만 질서가 있다. 아날학파의 용어로 말하면 그것은 '장시간'에 걸쳐 '구조 분석'을 하는 데 적합하기 때문에 역사적으로 상당히 오랜 기간 동안 사람들을 감격시킬만한 어떤 장면을 볼 수 없다고 할지라도 브로델이 말한 것처럼 "반정지(半靜止) 상태에 놓여 있는 심층적인 면에서 살펴보아야 역사적 시간의 분화를 통해 형성된 수천수만의 층위를 이해할 수 있다. 일체 모든 것은 반정지 상태의 심층적인 면을 전환점으로 삼는다."[11] 바로 이러한 지식의 배경이 존재함으로써 사상사의 온갖 변화를 지탱하고, 또한 사상사에서 볼 수 있는 기이하고 특별한 사상을 이해할 수 있는 배경과 토양을 갖추게 되는 것이다. 따라서 사상이 이러한 지식 계통의 지지를 벗어나게 된다면 그 즉시 그 배경을 상실하게 될 것이다.

필자는 사상이 지식에 대해 언제부터 오만을 부리기 시작했는지 잘 모른다. 또한 사상사가 자신의 시야를 각종 지식사에서 탈피하려는 습관이 어떻게 생겨났는지도 모른다. 때로 사람들은 초월적

---

11) 브로델, 「장기지속 : 역사와 사회 과학(長時段 : 歷史與社會科學)」, 『자본주의 논총(資本主義論叢)』(중역본), 중앙편역출판사, 1997, 183쪽.

이고 추상적인 철학 이론이나 사상에 대해 미련을 갖거나 심지어 현혹되기도 한다. 그래서 "수많은 단서는 결론적으로 한마디 말로 귀결된다"는 관념이 자신들도 모르는 사이에 진리로 여겨지고, 사상사는 이러한 핵심적인 부분을 지적할 수 있어야만 전체를 아우르고 정곡을 찔렀다고 말할 수 있다고 생각한다. 그러나 다른 한편으로는 구체적인 경험이나 지식에 대해서 괜히 비웃거나 하찮게 여기기도 한다. 그들은 형이하학적인 것은 사상에 있어서 신발을 신은 채 가려운 발을 긁는 것처럼 피상적인 것에 불과하다고 생각한다. 꽤 오랜 기간 동안 이러한 잘못된 생각이 그냥 묵과되거나 끝없는 핑계로 남았으며, 바로 이로 인해 사상사는 진부한 상태로 끊임없이 지속되었던 것이다.

3

　여기서 말하는 '지식'은 수술(數術)이나 방술(方術)과 같은 조작 기술이나 지식, 경전 텍스트에 대한 주석이나 암기와 같은 문자적 지식에만 그치지 않고, 의식 활동과 생활 방법에 대한 이해, 생산 기술에 대한 전수, 그 밖에 사물의 명칭에 대한 분류를 두루 포괄한다. 필자는 「사상사와 학술사」라는 글에서 이렇게 말한 적이 있다. "사상(思想)이란 두 글자는 '마음 심(心)'을 부수로 삼고 있는데, '심'이 주관하는 것은 사고, 즉 생각이다. ……오랜 옛날부터 수많은 철학자와 지식인들 가운데 누구는 우주에 대해 사색했고, 누구는 사회를 개혁하기 위해 노력했으며, 또 누군가는 인생을 체험하기 위해 애썼다. 이렇듯 각 세대마다 생각이 다르고 사람마다 목적이 다르다. 바로 이러한 차이가 시간 축 위에서 서로 만나고 변화하는 것을 서술하는 것이 사상사의 임무이다." 이는 다소 편협하다는 생각이 드는데, 크레인 브린튼(Crane Brinton)은 『세계 사회과학 백과전서』에서 '사상사(Intellectual History)'라는 주제에 관해 다음과 같이 말한 적이 있다. 협의적으로 말하자면 "사상사는 누가 언제 어떻게 지적 능력과 문화의 진보를 이룩했는지를 개략적으로 알려준다." 그러나 광의로 볼 때 사상사는 "지식 소급의 사회학(restrospective sociology of knowledge)에 가깝다." [12] 그는 비록 그 이유에 대해 자세히 밝히지 않았지만 우주와 사회, 그리고 인생에 관한 많은 사상적 내용이 우주·사회·인생에 대한 지식적 내용에서 뽑아낸 것이기 때문에 지식을 소급하는 과정에서 사상사의 시야를 확대할 수 있고, 보다 광범위한 문헌과 자료에서 사상사를 해석할 자원을 얻을 수 있다는 뜻인 것 같다.

사실 이는 많은 논증과 해석이 필요한 문제가 아니다. 사상사가가 그러한 지식 형성의 역사에 보다 관심을 갖는다면 누구나 상당한 깨우침을 얻을 수 있을 것이다. 의료, 약물학, 양생술과 침구(鍼灸) 등의 학설을 통해 고대 중국인이 가지고 있던 '인간'에 대한 관념을 분석할 수 있다거나 '식(式)', '육박(六博)', '일구(日晷: 해시계)', 심지어 장기(將棋) 등을 통해서 고대 중국인의 '천(天)'에 관한 관념을 해석할 수도 있다는 이야기는 식자들이 거의 일상적으로 하는 말이기도 하다. 그러나 만약 자료를 얻는 영역을 계속 확대해 간

---

12) Crane Brinton, 『International Encyclopedia of Social Science』, McMillan Company and Free Press, 1972.

다면 우리들이 미처 주의하지 못했던 지식 속에 상당히 풍부한 사상성을 지닌 내용이 숨어 있음을 발견할 수 있을 것이다. 예컨대 다음 두 가지는 필자가 이 책의 서문을 쓸 때 생각하거나 직접 본 내용이다. 풍계인(馮繼仁)이 자신의 논문에서 주장한 것처럼 공의(鞏義)에 있는 북송(北宋) 황릉의 배치는 본래 건축사가의 연구 대상일 뿐이었지만 송나라 시대 관방 이데올로기의 상징을 보여주는 것이기도 하다. 황제 능의 방향과 건축 제도, 황후의 능과 상·하 궁의 배치에 담겨 있는 '세월(歲月)', '방위(方位)', '길흉(吉凶)'의 관계, 그 밖에 이들 관계의 이면에 내재되어 있는 음양 사상은 북송의 조정에서 유일하게 편찬한 『지리신서(地理新書)』에서 살펴볼 수 있다. 『지리신서』는 이렇듯 북송 시대 일반 지식과 사상, 그 밖에 신앙의 연속을 살피는 데 좋은 자료이며, 북송 시대 관방 이데올로기의 지식 구성을 분석하는 데도 좋은 참고 문헌이 된다.[13] 또한 1980년대 장가산(張家山)에서 한나라 시대 간본(簡本) 『산술서(算術書)』가 출토되었는데, 이를 단지 수학사의 자료로만 간주한다면 사상사와는 무관할 것이다.

　　그러나 그렇지 않다. 필자는 언젠가 북경에서 진방정(陳方正) 박사의 「현대 과학은 왜 서구에서 출현했을까?」라는 강연을 들은 적이 있다. 그는 중국에서 논밭에 매기는 세금과 상업 등에 필요한 실용적 계산 위주의 『구장산술(九章算術)』이 번성하고 천문학의 수리 계산을 위주로 하는 『주비산경(周髀算經)』 계열이 쇠락한 것을

---

13) 풍계인(馮繼仁), 「북송 시대 황릉에 대한 음양 감여의 전면적인 영향에 관해 논함(論陰陽堪輿 對北宋皇陵的全面影響)」, 『문물(文物)』 1994년 제8기, 북경 : 문물출판사(文物出版社) 참조.

계기로 중국의 수학과 서구의 수학이 상이한 방향으로 나아가게 되었으며, 수학이 상이한 방향으로 발전한 것은 근대 과학의 발전에도 큰 영향을 미쳤다고 주장했다.[14] 결론이 어떻든 간에 만약 『구장산술』과 『주비산경』의 상이한 운명에 주목하거나 서한(西漢) 초기의 『산술서(算術書)』 등 새로운 자료에 주의한다면 고대 중국 사상 세계를 이해하는 데 다소나마 보탬이 되지 않을까 하는 생각이 들었다.[15]

　　서로 다른 시대의 지식과 지식의 상이한 전파 방식, 그리고 서로 다른 계층의 지식 취향은 각기 서로 다른 사상을 도출하며, 나름의 사상적 지지 배경이 된다. 그리고 이처럼 각기 다른 지식 속에서 풍부한 사상 세계가 생성되는 것이다. 오늘날 컴퓨터와 인터넷 속

---

14) 이러한 사유 방식은 진방정(陳方正)이 영국 학자 컬런(Christoph Cullen)이 저술한 『고대 중국의 천문학과 수학-주비산경(古代中國的天文學與數學-周脾算經)』과 프랑스 학자 J.C 마르조프(Jean Claude Martzloff)가 지은 『중국산술사도론(中算史導論)』 수정본을 위해 쓴 평론 「체용으로 본 중국 고대 과학(從體用看中國古代科學)」(『21세기(二十一世紀)』, 1997년 4월, 홍콩)을 참고하시오.

15) 유둔(劉鈍)은 『대재언수(大哉言數)』(심양 : 요녕교육출판사遼寧教育出版社, 1993, 439쪽)에서 다음과 같이 이야기한 바 있다. 중국 고대 수학은 인문적 색채가 농후하고 선명한 사회성을 지니고 있었지만, 『주비산경(周脾算經)』, 『구장산경(九章算經)』, 『오조산경(五曹算經)』 등은 모두 '주천(周天)의 역도(曆度)를 확립'하거나 '관방(官方)에서 노동력을 수급'하기 위해, 또는 '행정 관료의 기술적 요구' 등에 의해 생겨났다. 그리고 이것들은 고대 그리스의 수학처럼 '순수 이념적 정신 활동'으로 간주되지는 않았지만, 『주비산경』에서 '주천의 역도를 확립'한 것은 일종의 상상의 산물이며, 순수 수학적 요인이 포함되어 있을 가능성이 크다. 고대 중국 수학사에서 이러한 저서의 운명은 확실히 중국인의 수학적 사유 방향에 영향을 끼쳤다. 또한 강효원(江曉原)은 『주비산경』의 역주본(요녕교육출판사, 1996) 「도언導言: 이끄는 말)」에서 다음과 같이 이야기한 적이 있다. "『주비산경』은 고대 중국의 유일한 기하학적 우주 모형을 구상한 바 있다. 이러한 개천(蓋天) 우주의 기하학적 모형은 분명한 구조를 가지고 있고, 또한 구체적이고 스스로 수리적 체계를 갖추고 있다…… 우리는 그 속에서 확실히 고대 그리스의 숨결을 느낄 수 있다…… 그러나 애석하게도 이러한 숨결은 『주비산경』 이후 그 명맥이 끊겼다."

에서 생활하는 현대인은 문자와 글쓰기에 대한 고대 사람들의 태도를 이해하기 어려울 것이다. 또한 텔레비전을 통해 세계를 관찰하고 3차원의 모의 세계를 통해 현실을 이해하는 사람들은 시각과 경험을 통해서만 세계를 이해하던 고대 사람들의 우주관을 이해하기 어려울 것이다. 온종일 경전 속에 파묻혀 있는 인문학자의 사상은 매일 지하철 신문 판매대에 가득 꽂혀 있는 연예나 화류계 소식을 읽는 사람들과 다르며, 심지어 같은 지식인일지라도 이공계 지식인의 사상과도 현격한 차이가 있을 것이다.

필자는 특히 이공계로 유명한 청화대학에서 근무한 지 5년이 되어 가는데, 때로 교육 배경, 지식 취향과 전문 분야의 차이가 취미와 사상 심지어는 가치 관념의 차이를 형성할 수도 있다는 것을 경험하곤 한다. 우리가 지식사를 사상사의 해석 배경으로 간주한다면 관심을 가져야 할 일은 보다 많을 것이다. 만일 우리가 지식 생성과 전파의 제도, 수준과 방법에 관해 관심을 기울이고자 한다면 사상사는 더욱 더 풍부해질 것이고, 보다 진실하고 생동감 있게 될 것이다.

몇 가지 예를 들어보자. 우선 교육사의 문제도 사상사의 해석 영역에 들어올 수 있다. 고대 서당에서 어떤 교재를 사용했고, 당시 시험의 내용이나 평가 기준이 어떠했는가에 관한 문제가 모두 사상사의 배경이 될 수 있다는 말이다. 왜냐하면 앞서 말한 바대로 사상은 몇몇 천재들의 사치품일 수 있지만 지식은 교육을 받는 모든 이들의 필수품이기 때문이다. 설사 천재라 할지라도 어렸을 때는 다른 사람들과 마찬가지로 일반 지식을 배웠을 것임에 틀림없다. 그의 사상은 이와 같은 일반적인 상식에서 생성된 것이니, 일반 상식은 가장 직접적인 사상 배경이 될 것이다. 만일 지식을 사상사의 서술 범주에 포함시킨다면 계몽 교육, 출생과 성장 환경, 지역 문화 등은 모두 사상사의 고찰 대상이 될 수 있을 것이다. 어느 일본 학자가 운부(韻部)의 분합과 남북 방언의 차이라는 시각에서 당(唐)나라 '고문 운동(古文運動)'의 형성 배경을 논하면서 이를 단서로 남북 방언이 성운(聲韻)을 어떻게 수용하였고, 이후 송나라 시대 각 지역 문화의 부침(浮沈)과 사인(士人)들의 오르내림에 어떤 영향을 끼쳤는가를 분석한 적이 있다.[16] 그는 이를 통해 '남북의 언어 조건상의 불평등 상태'가 남북의 정치, 사상, 문화 중심의 변화에 모종의 의미를 부여했다는 결론을 내놓았다.

또한 기술사의 문제도 사상사의 해석에 끼워 넣을 수 있을 것이다. 이는 초기에 사람들이 보편적으로 주의했던 인쇄 기술의 활용과 종이의 생산 방식도 사상사의 중요한 배경이 될 수 있는 것과 마찬가지다. 사실 최초의 조판 인쇄물은 역사서와 불상이기 때문에 이를 통해 당시 사회의 보편적 지식과 사상적 경향을 체험할 수 있을 것이다.[17] 또한 근대 종이 생산 기술과 인쇄물의 포장 양식, 근대 출판 기구의 변화 등을 통해서 근대 사상의 변화된 모습을 찾는 것도 가능한 일이다. 또 다른 예를 들면 문헌사의 일부 지식 역시 사상사에 상당히 중요한 실마리를 제공할 것이다. 불교의 중국 전래가 사상사에 끼친 의미를 논의할 경우 당시 사람들이 갖추고 있던 불교 지식을 어떻게 측정할 것인가가 불교 사상의 사회적 영향을 확

---

16) 히라타 쇼지(平田昌司), 『당송 과거 제도의 변천에 있어 방언의 배경(唐宋科擧制度轉變的方言背景—과거 제도와 한어사 제6(科擧制度與漢語史第六)』, 중문본은 『오어와 민어의 비교 연구(吳語與閩語的比較研究)』, 상해교육출판사, 1995, 134~151쪽에 실려 있다.

17) 「시헌통서의 의미(時憲通書的意味)」, 『독서』, 1997, 제1기 참조.

정짓는 데 중요한 요인이 될 수 있다. 다시 말해 만일 당시 사람들이 늘 읽고 있던 불교 경전이 어떤 것인지를 확인할 수 있다면 그들이 심리적으로 불교 사상을 어떻게 받아들이고, 또한 얼마나 깊이 있게 이해했는지를 파악할 수 있다는 뜻이다. 이는 결코 불가능한 일이 아니다. 예를 들어 돈황(敦煌) 문서는 비록 절대적으로 정확한 근거라고 말할 수는 없지만 무의식중에 남겨놓은 다양한 형태의 불교 경문과 제문(齋文), 변문(變文) 등을 통해 당시 사회의 종교적 풍조와 불교에 대한 일반인들의 이해 정도를 능히 가늠할 수 있다. 또한 『용문편영(龍文鞭影)』처럼 기본 지식을 제공하는 데 사용한 교재나 『설문해자(說文解字)』처럼 문자의 의미를 설명하는 자전(字典) 및 각종 지식을 검색하는 데 사용하는 『예문유취(藝文類聚)』와 같은 유서(類書) 등 지식을 제공하는 전적들도 천재 사상가를 포함한 일반 사람들에게 기본적인 지식을 제공했을 것이니, 이 또한 당시 사람들의 언어에 대한 이해와 세계에 대한 지식을 살피는 데 도움을 줄 수 있다. 그렇다면 과연 그것이 우리에게 고대 중국인이 지니고 있던 사상의 대체적인 윤곽과 사고 방식에 관해 알려줄 수 있을까?

필자가 이처럼 지식과 사상에 관해 생각하게 된 것은 우연한 계기가 있었다. 특히 근래의 고고학적 발굴을 통해 상당수의 수술과 방술 관련 자료들이 출토되었는데, 이것들은 지식과 사상의 관계를 새롭게 이해하는 데 실마리를 제공했다. 예를 들어 은작산(銀雀山), 방마탄(放馬灘), 수호지(睡虎地), 마왕퇴(馬王堆), 장가산(張家山) 등지에서 발굴된 자료를 통해 필자는 마치 고대 지식 세계와 사상 세계 사이에 가로놓인 '장막' 이 걷어 올려진다는 느낌을 받았다. 당시 발굴된 대량의 죽간이나 목간, 그 밖에 백서에 이미 사라진 것으로 알려진 전적의 내용이 적혀 있었으며, 그 가운데 상당한 비율을 차지하는 것이 바로 수술과 방술 등의 지식과 기술에 관한 것이었다. 이는 고대 사상 세계의 진실한 모습을 다시 한 번 고려하도록 만들었다. 그리하여 고대 중국 사상사에서 가장 먼저 다시 서술해야할 영역 가운데 하나가 되었다. 그래서 필자는 어떤 서평에서 이렇게 말했던 것이다. "죽간과 백서에 대한 고고학적 고찰과 해독이 계기가 된 '다시 쓰기'는…… 그 배후가 역사 문헌의 발견이자 역사적 사실의 변경이며, 역사적 단서에 대한 새로운 정리이다. 따라서 '다시 쓰기'는 오이가 익으면 꼭지가 떨어지고, 물이 흐르는 곳에 도랑이 생겨나는 것과 같이 극히 자연스러운 현상으로 금세기 초에 갑골 복사(甲骨卜辭)가 발견되어 상 · 주(商 · 周)의 역사가 다시 쓰였고, 돈황 문서가 발견되어 중세사가 다시 쓰인 것과 다를 바 없다."[18]

그러나 물론 이러한 언급은 사상사 다시 쓰기가 반드시 고고학이나 문헌의 새로운 발견에 의존해야 함을 의미하는 것은 아니며, 그 밖의 다른 영역에 지식과 사상을 새롭게 이해하는 자료들이 존재하지 않는다는 것을 의미하는 것도 아니다. 문제는 현재 각종 지식에 관한 문헌들을 어떻게 관찰하고, 처리하고, 해석할 것인가에 있다.[19] 사실 교육사, 기술사, 건축사, 문헌학사 등 지식 영역의 문제가 사상사 해석의 자원이 되면서부터 사상사는 이미 다시 쓰이기

---

18) 「고대 중국에 얼마나 많은 오묘한 비밀이 남아 있는가(古代中國還有多少奧秘)」, 『독서』, 1995, 제11기.
19) 앞 절에서 이야기한 '일반 지식과 사상사'에 관한 문헌 처리 방식은 이 영역에서 여전히 활용되고 있다.

시작했다고 해도 과언이 아닐 것이다.

4

　　이러한 생각들은 대개 1990년대 초 점차 분명해지기 시작했다. 당시 필자는 마침 새로 구입한 조셉 니덤의 『중국 과학 기술사』[20] 제2권 「과학 사상사」를 보고 있었다. 비록 새로 구입했다고는 하지만 이미 세 번이나 읽은 바 있다. 처음 본 것은 아마도 1970년대였던 것으로 기억하는데, 당시 본 것이 어느 판본인지는 전혀 기억이 나지 않는다. 지금 생각해 보면 이상하다는 생각이 든다. 어떻게 당시 이런 책을 볼 수 있었을까? 물론 당시에 '본다'는 것은 단지 기이한 책을 찾아본 것일 뿐 참된 독서는 아니었던 것 같고, 더욱이 정확하게 이해했다고 말할 수도 없다. 두 번째는 1980년대였는데, 당시에 본 것은 타이베이(臺北)에서 출판된 책이었다. 아마도 진립부(陳立夫)가 번역한 것으로 기억하는데, 번역이 너무 엉성하여 잘 이해가 되지 않는 부분이 적지 않았다. 다만 천문학과 역법에 관한 문제와 중국인의 사유에 관한 서술에서 적지 않은 시사점을 얻은 것 같다.

　　이것은 나중에[21] 「중묘지문(衆妙之門) — 태일(太一), 도(道), 북극(北極)」이라는 논문을 쓸 때 도움이 되었다. 근래에 다시 읽고 있는 것은 1990년 과학출판사와 상해고적출판사에서 새로이 번역한

20) 우리나라의 번역본 제목은 『중국의 과학과 문명』이다. 서울 : 을유문화사, 1985 : 역주.
21) 『중국 문화』 제3집, 홍콩 : 중화서국, 1990.

책이다. 독일의 한학자 알프레드 포르케(Alfred Forke : 1867~1944년)
이 저술한 『중국인의 우주관(The World-Conception of the Chinese)』[22]
의 일본어 번역본과 대조해 가면서 꼼꼼히 읽고 있자니, 점차 뚜렷
이 떠오르는 생각이 있었다. 그것은 사람들이 당면한 실제 문제를
처리하면서 얻은 경험, 지식과 기술은 우주와 사회의 근본적 의미
와 가치를 해석하는 사상, 신앙과 어떤 일련의 관계를 맺고 있다는
점이다. 예를 들어 북극(北極 : 북극성)의 경우, 이것은 일종의 천문
현상이지만 당시의 사람들이 천문을 해석하고 역법을 세우는 데 필
요한 지식이 되었을 뿐만 아니라 암시와 연상을 통해 사람들이 우
주와 사회를 해석하는 사상이 되었고, 상상과 상징을 통해 사람들
의 신앙을 지탱하는 신화가 되었다. 그렇다면 사상사는 도대체 이
러한 관계를 어떻게 서술해야만 하는 것일까? 북두칠성이 돌면 별
들도 따라 움직이고, 세월도 흘러간다. 시간의 과정 속에서 사상은
그 지식 배경을 벗어나 독립적인 언어 체계를 이루게 된다. 그러나
후세 사람들은 사상사를 서술함에 있어서 사상의 지지 기반이었던
지식 배경에서 지나치게 멀리 벗어나 사상사 자체가 지식과 사상을
격리시키는 또 하나의 칸막이가 된 것은 아닐까?

　　이런 고민을 하고 있을 무렵 이영(李零)이 자신의 새로운 저작
『중국 방술고(中國方術考)』를 필자에게 보여주며 평론을 부탁했다.
그의 책은 매우 시사성이 있는 저작이었다. 그는 고대 중국의 수술
과 방술의 일부 내용과 사상사에서 자주 논하는 문제를 연관시킴

---

22) Alfred Forke, 『*The World Conception of the Chinese : Their Astronomical, Cosmological and Physico-philosophical Speculations*』, Probsthain's Oriental Series vol 14, London, 1925.

과 동시에 사상사 연구가 '지식 체계'의 부족한 점을 보완해야 한다고 강력히 주장하고 있었다. 당시 필자가 생각하고 있던 문제는 바로 지식과 사상에 관한 것이었다. 그래서 이 책을 읽은 뒤 생각을 정리하여 『독서』라는 잡지에 발표했는데, 서평 「사상의 또 다른 형식의 역사」에서[23] 필자는 이렇게 말했다. 서양에 인문 사상이나 형이상학적인 철학 및 실용 과학이 하늘과 땅, 인간과 신이 미분화되고 혼재된 상태에서 점차 분화되어 자신을 형성했던 토양에서 멀리 떨어진 '축심 시대(軸心時代)'가 있었다면 "고대 중국의 경우 이러한 분화가 그리스나 로마처럼 철저하지 않았으며, 인문 사상이나 형이상학적인 철학 및 실용 과학이 상당한 정도로 인간과 신이 혼재된 시대의 사상과 불가분의 관계를 맺고 있었다. 따라서 그 사이에 가로놓인 장막에 여전히 틈새가 남아 있기 때문에 사람들은 이를 통해 그 전후 맥락을 파악할 수 있다."

필자가 이 문장에서 말한 '장막'은 지식과 사상 간의 경계를 가리킨다. 사상이 지식을 통해 자신을 단련한 뒤, 사상가는 늘 자신의 출신을 인정하지 않고 의식적이든 무의식적이든 자신의 지식적 배경을 묻어버리기 일쑤였다. 이는 황제지학(黃帝之學 : 황제의 학)이 후세에 줄곧 지식과 기술의 입장을 견지해 왔지만, 이후 사상사들이 이를 방술과 수술의 분야에 집어넣으면서 비록 한때 크게 유행했던 지식이었음에도 불구하고 사상가의 인명부에 이름을 올릴 수 없게 된 것과 마찬가지이다. 또한 유가가 사상가의 학파가 되자 기존의 유가 사상과 의식(儀式)의 관계를 망각한 채 예악과 관

---

23) 「사상의 또 다른 형식의 역사(思想的另種形式的歷史)」, 『독서』, 1992, 제9기.

76

련된 의식(儀式)을 모두 사상으로 만들어버린 것과 같다. 그래서 유가의 경우 '예의(禮儀)'의 '의(儀)' 자는 점차 '예의(禮義)'의 '의(義)' 자로 자리를 내주게 된 것이다. 만일 후세에 저술된 저작에서 시작하여 유가의 사상사를 거슬러 올라간다면 마치 처음부터 유가가 순수한 윤리나 도덕의 문제를 논구했다는 느낌을 받을 것이다.[24] 마찬가지로 천인합일의 명제 역시 이후 정치 이념이 되자 더 이상 그 명제 이면에 있는 천문학적 배경에 대한 논의가 사라지고, 그 출처조차도 점차 불분명하게 되었다.

그래서 실제로 고대의 지식 전통을 이어받아 천문학이나 역법을 새롭게 대전통(大傳統)의 차원으로 격상시키고자 했던 참위학파(讖緯學派) 사상가들의 노력조차 결국 무위로 돌아가고, 오히려 중심에서 이탈되고 말았다. 이렇듯 사상은 오만하게도 자신과 자신의 형이하학적인 지식 배경을 분리시켜 사상사와 지식사의 '분리'를 조장했던 것이다.

그나마 다행인 것은 고대 중국에서 이러한 '분리'가 결코 철저

---

24) 장태염(章太炎), 「원유(原儒)」 "수(需)는 구름이 하늘 위로 오르는 것을 말한다. 따라서 유(儒) 역시 천문을 알고 가뭄과 장마를 예견할 수 있었다…… 영성무자(靈星舞子)가 탄식하면서 비가 내리기를 기원하였는데, 그를 일러 '유(儒)'라고 했다. 그래서 증석(曾晳: 증자의 부친인 증점曾點)이 광자(狂者 : 뜻은 높으나 말이 따르지 못하는 자)로서 무우(舞雩)에서 바람 쐬고 노래하는 데 뜻을 두었고, 원헌(原憲)이 견자(狷者 : 지식은 미치지 못하나 행실이 바른 자)로서 화관(華冠 : 무관鶍冠이라고도 한다)을 쓰고자 한 것은 모두 세상에 분한 마음을 지닌 무자(巫子)로 귀도(鬼道)에 뜻을 둔 것이다(儒者云上于天, 而儒亦知天文, 識旱澇……靈星舞子吁嗟以求雨者, 謂之儒, 故曾晳之狂而志舞雩, 原憲之狷而服華冠, 皆以忿世爲巫, 辟易放志于鬼道)." 시라가와 시즈카(白川靜), 『중국 고대 문화』(중역본), 타이베이 : 문진출판사文津出版社, 1983, 176쪽. 호적, 「설유(說儒)」, 『호적론학 근저(胡適論學近著)』 상책, 권1, 상무인서관, 3쪽. 염보극(閻步克), 「악사와 '유'의 문화 기원(樂師與儒之文化起源)」, 『북경대학 학보』, 1995, 5기. 이외에도 『중국 사상사』 제1권 제2편 제3절 「사상 전통의 연속과 발전(1) 유(儒)」를 참고하시오.

하지 않았다는 점이다. 따라서 아무리 배경이 요원하고 모호해졌다고 할지라도 사상의 지식 배경을 이해할 수 있다.

3장

'도' 또는 '궁극적인 의거'

1

　몇 년 전 어느 날의 일인지 지금은 정확하게 기억이 나지는 않지만, 한가하고 무료하던 차에 문득 『마왕퇴 한묘(馬王堆漢墓)』를 꺼내들어 그 유명한 T자형 백화(帛畵)를 살펴보았다. 천상(天上)과 인간(人間), 그리고 지하(地下)의 삼중 세계가 서로 겹쳐져 있었는데, 천천히 아래쪽으로 눈길을 돌리다가 맨 아래층에 어떤 괴인(怪人)이 두 손을 머리 위로 올리고 앞서 말한 세 가지 세계를 지탱하고 있는 모습을 보게 되었을 때 문득 마음속에 어떤 느낌이 떠올랐다. 정확한 이유는 알 수 없었지만 그 그림을 보면서 나는 콜링우드가 『자서전』에서, 어떤 철학자의 경우 사람들에게 과학적 방법론은 제공하면서도 이와 관련된 역사적 방법론은 제공하지 못하고 있다고 하면서 이것은 독자들에게 "세계는 한 마리 큰 코끼리의 등 위에 놓여 있다. 그러나 그는 사람들이 그 큰 코끼리를 지탱하고 있는 것이 무엇인지 더 이상 따져 묻지 않기를 바란다"고 이야기하는 것과 같다고 한 비유 하나가 생각이 났다.[1] 당시 필자는 마왕퇴 백화를 보면서 콜링우드가 이야기한 것에 대해서 한참 동안 생각을 했다. 왜냐하면 사상사를 저술할 준비를 하고 있었기 때문이다. 나는 나 자신에게 다음과 같이 자문을 해보았다. 사상사가 시간의 흐름 속에서 사상의 현상을 서술할 때 사상을 역사에서 기정사실화하거나 이미 이루어진 것으로 서술한다면 사상사 역시 일종의 역사라고 할 수 있기 때문에 그다지 문제가 되지는 않을 것이다. 그러나 만약 사상사가 사상의 궁극적인 의거(依據)가 무엇인지에 대한 대답을 회피한다면 이것은 '사람들이 큰 코끼리를 지탱하고 있는 것이 무엇인지 더 이상 따져 묻지 않기를 바라는 것'이 아니겠는가?

　　확실히 이러한 문제가 존재한다. 속담에, 아무리 총명한 사람일지라도 어리석은 사람이 계속해서 왜냐고 질문을 하게 되면 끝내 답변을 할 수 없을 것이라는 말이 있다. 이 말 속에 숨어 있는 진리는 총명한 사람이 어떤 문제에 대해 서술을 하거나 해석을 하고자 할 때 언제나 그가 제시한 논리적 기점이 오히려 자신의 맹점이 될 수 있다는 것이다. 논리적 기점이란 일반적으로 논증하거나 고민할 필요가 없는 궁극적인 의거를 뜻한다. 사람들은 불언이유(不言而喩: 굳이 말을 하지 않아도 알 수 있다)라거나 불증자명(不證自明: 증명하지 않아도 이해할 수 있다), 이소당연(理所當然: 당연한 이치다)과 같은 말로 그것을 지칭한다. 그것은 마치 사람의 눈과 같다. 사람들은 그것을 이용하여 모든 것을 볼 수 있지만 아무리 시력이 좋은 사람일지

1) 콜링우드, 『자서전』(중역본), 진정(陳靜) 등 옮김, 중국사회과학출판사, 1993. 원저의 이름은 『An Autobiography』이다.

라도 자신의 눈은 볼 수가 없다. 그러나 고집스러운 바보는 도대체 무엇이 당연한 것이고, 무엇이 말을 하지 않아도 알 수 있는 것인지 이해를 하지 못한다. 그리하여 총명한 사람도 억지를 부리며 끝까지 캐물으니 결국에는 대답을 할 수가 없는 지경에 이르게 된다. 이와 마찬가지로 하나의 문화, 하나의 지식, 하나의 사상 역시 그것을 지탱하는 기점이 있기 마련인데, 사람들은 이것을 '초석(礎石)'이라고 하기도 하고, 또 어떤 사람들은 '공통 인식'이라거나 '예설(預設)'이라고 부르기도 한다.

　　독일의 역사학자 슈펭글러(Oswald Spengler)는 『서구의 몰락(Der Untergang des Abendlandes)』이라는 책에서 여러 가지 문화를 분석하면서 다음과 같은 점을 발견했다. 모든 문화의 근원은 각기 나름의 세계에 관한 개념들이며, 그것은 그 문화만이 지니고 있는 특유한 것이다. 모든 문화는 각기 기본적인 상징을 지니고 있으며, 사람들은 이것을 통해서 세계를 이해한다. 한 문화의 모든 표현 형식은 각기 이러한 상징의 건립에 의해 결정된다.[2] 사상가 미셸 푸코(Michel Foucault)는 『성의 역사(The History of Sexuality)』에서 이와 유사한 관점을 제시한 적이 있는데, 다만 그는 그것을 '상징'이라고 이야기하는 대신 '공통 인식'이라고 지칭했을 뿐이다. 그는 이러한 공통 인식이 무의식적인 구조인 것 같지만 그것은 오히려 "일체의 수사와 과학, 그리고 그 밖의 다른 언어 형식이 연계된 총체적인 관계다"라고 이야기하고 있다.[3] 신학자인 폴 틸리히(Paul Tillich)는 이

---

2) 존 맥콰이어(John Macquarrie), 『20세기 종교 사조 ― 1900년에서 1980년까지 철학과 신학의 주변』(중역본), 하광호(何光滬) 등 옮김, 타이베이 : 계관도서고빈공사(桂冠圖書股彬公司), 1992.
3) 『성의 역사(The History of Sexuality)』, 장정심(張廷琛) 등 옮김, 상해과학기술문헌출판사, 1989.

에 대해서 더욱 현학적으로 이야기하고 있는데, 그는 그것을 '궁극적인 원칙'이라고 표현했다. 그의 말에 따르면, "이러한 궁극적인 원칙과 그것들에 대한 인식은 개체 심령의 변화와 상대성에서 벗어나 독립적으로 존재한다. 그것들은 영원토록 변함없이 비추는 빛처럼 사상의 기본적인 범주 안에서 발현되며, 논리와 수학의 공식 안에서 발현된다."[4]

고대 중국인들은 이러한 것들을 '도(道)'라고 불렀을 것이다. 그러나 나는 이 책에서 이것을 '의거(依據)'라고 부르고자 한다.

2

인류는 역사적 전통 속에서 자기 자신의 기본적인 관념과 주체 의식을 형성해 왔는데, 여기서 이야기하는 '형성(形成)'이란 끊임없이 갈라지고 다시 바르기를 계속하는 것과 비슷하다. 그래서 의식의 가장 밑바닥에서 깊고 아득하며 은폐된 하나의 배경이 형성되는데, 그것을 지주로 삼아 지식과 사상의 계통을 세우는 것이다. 이는 마치 나무뿌리가 나무의 줄기와 가지, 그리고 잎을 지탱하며, 그것의 생존을 위한 수분과 영양을 주는 것과 같다. 그 배경은 모든 지식과 사상의 의거(依據)가 되고, 실제로 인간들의 모든 판단과 해석을 지배하며, 지식과 사상의 합리성을 부여한다. 이러한 배경이 형성되면서부터 그것은 부단히 지식과 사상에 의해 확인된다. 역사에

---

4) 『문화 신학(*Paul Tillich : Theology of Culture*)』(중역본), 진신권(陳新權) 등 옮김, 북경 : 공인 출판사(工人出版社), 1988, 14쪽.

서 그러한 사실을 한두 번 인정하게 되면 그것은 서서히 굳어져 그것에 의지하는 인간들에 의해 '높은 누각에 갇히게 된다(束之高閣).' 그렇기 때문에 이것에 대해 보다 철저하고 분명하게 이야기할 수 없게 된다. 오랜 시간을 거쳐 이처럼 이해의 틀, 해석의 구조, 관찰의 각도, 그리고 가치 판단을 지탱하는 배경은 시종일관 지식과 사상의 절대적이고 궁극적인 의거가 된다.

이러한 의거가 있어야만 지식과 사상은 안정된 바탕을 마련할 수 있게 된다. 이것은 마치 괴인이나 큰 코끼리가 튼튼한 발판 위에 서서 우주 전체를 받들고 있는 것처럼 지식과 사상을 완전하게 만들 뿐만 아니라 상호 해석이 가능한 네트워크를 형성한다. 이러한 네트워크는 사람들에게 어떤 인상, 즉 모든 것이 그 안에 망라되어 있어서 그 어떤 것일지라도 그 시야에서 벗어날 수 없으며, 또한 그 어떤 것일지라도 해석되지 않는 것이 없다는 인상을 준다. 그리하여 이러한 궁극적인 의거는 붕괴되어 사라지기 전까지 지식과 사상 세계에 '뜻밖의' 돌연한 변화나 '예상을 벗어난' 놀랄만한 단절이 없는 한, 모든 것은 여전히 기존의 지식과 사상 속에서 추론되고 연역되며, 길게 이어지고 확장된다. 그것이 지탱하고 있는 상징과 부호의 계통 안에서 사람들은 모든 것을 이해하고, 안전한 느낌을 얻는다.

지식의 풍부성과 사상의 복잡성은 부단히 성장한다. 시간의 흐름 속에서 그 배경과 의거는 서서히 사라지지만, 여러 가지 지식과 사상은 그러한 토대 위에서 성장하여 마치 위로 뻗은 가지가 하늘을 향하듯이 각자의 영역과 시각, 그리고 서로 다른 사상적 맥락을 지니게 된다. 그래서 장자는 비애에 젖어 이렇게 말한 것이다. "백가의 학자들이 각기 자신의 길만 치달아 근본으로 되돌아오지 않으니 그들은 결코 도와 합치할 수가 없었다. 후세의 학자들은 불행하게도 천지의 순일(純一)함이나 옛 사람들의 전체 모습은 보지 못하게 되었으니 올바른 도술은 장차 천하의 학자들에 의해 여러 갈래로 찢겨지고 말 것이다."[5] 그러나 '열(裂 : 찢김)'은 장자가 말한 것처럼 궁극적인 '도'에서 벗어나는 것을 의미하는 것이 아니라 각기 나름의 하나를 얻는 것일 따름이다. "제자는 왕궁의 관리에서 배출되었다(諸子出於王官)"는 말은 비록 틀림없는 역사적 진실이라고 볼 수는 없지만 이러한 지식과 사상의 분화 현상에 대한 상징으로 보기에 충분하다. '천하 사람들이 대부분 하나의 식견을 얻어 스스로 좋아하던' 시절에 사람들은 각기 다른 환경과 문제를 반영하여 유가, 묵가, 도가 등 서로 다른 사상적 맥락이 존재하게 되었고, 또한 각종 수술과 방술이 나타났으며, 실제 정권을 장악하고 있는 사람들에 의해 다양한 책략이 선보였다. 이와 관련된 각종 저술, 즉 '전(傳)', '논(論)', '찬(撰)', 심지어 '초(抄)'는 공통의 지식 근원 속에서 약간의 자원을 얻어 마치 땅에서 온갖 식물이 자라듯이 매우 다양하게 나타났는데, 보는 사람들로 하여금 어지러움을 느끼게 할 정도의 상황을 연출한다.

그러나 어찌 되었든 간에 고대 사람들은 은연중에 이러한 '의거'의 중요성을 인식하고 있었다. 그래서 자신들이 전달하고자 하는 지식의 권위와 자명성을 확보하여 다른 사람들이 무조건적으로 수용하고 확신하도록 할 필요가 있을 때면 언제나 소위 말하는 '도리(道理)'를 이야기하곤 했다. '도리'의 '도'와 '리'는 물론 궁극적

---

5) 곽경번(郭慶藩), 『장자 집석(莊子集釋)』 권10 하, "百家往而不反, 必不合矣, 後世之學者, 不幸 不見天地之純, 古人之大體, 道術將爲天下裂", 중화서국, 1961, 1069쪽.

인 의거이다. 근래에 안휘성(安徽省) 부양(阜陽)에서 출토된 한간(漢簡) 「만물(萬物)」은 원래 약물의 약성(藥性)과 치료법 및 채약의 방법에 대해 논한 글이다. 그런데 첫머리에서는 약물에 관해 논하지 않고, "천하의 도는 불가불 듣지 않을 수 없고, 만물의 근본은 불가불 살피지 않을 수 없으며, 음양의 변화는 불가불 인식하지 않을 수 없다"[6]와 같은 궁극적인 문제에 대해 논하고 있다. 이것은 깊고 그윽한 배경이 시종일관 은연중에 그것들을 지배하고 있으며, 이로써 우주와 사회와 인류를 해석할 수 있도록 만들고, 아울러 합리적인 지식과 사상을 지닐 수 있도록 한다.

"여산(廬山) 안에 있으면 여산의 진면목을 알 수 없다"는 속담은 이미 흔한 말이 되고 말았지만 실제로 어떤 일은 당사자보다 그 옆에 있는 방관자들이 더욱 잘 아는 경우가 적지 않다. 외국 사상가들은 이미 앞서 언급한 내용을 인지하고 상세하게 논술한 바 있는데, 그 몇 가지 예를 들면 다음과 같다. 우선 한어를 전혀 모르는 엘리아데(Mircea Eliade)는 『세계종교사』에서 중국의 고대 사상에 대해서 논하면서 다음과 같이 말했다. "세계의 기원과 형성의 문제는 노자를 비롯한 도가의 중요 관심 화제였는데, 이것은 고대인들의 우주 창조에 관한 사고(思考)의 한 단면을 보여준다. 노자와 그의 제자들은 고대 아르카이크(archaique : arche, 즉 시초라는 말에서 유래) 신화 전통의 계승자들이었기 때문에 도가가 사용한 핵심 용어들인 혼돈, 도, 음양 등의 개념 역시 이미 다른 학파들도 사용했다는 점에서 알 수 있는 것처럼 고대 중국의 보편적인 사상이었다고 볼 수 있을

---

6) 학술의 불씨는 대대로 전해진다. 부양(阜陽)에서 출토된 한간(漢簡) 「만물(萬物)」, 번역문은 『문물』 1988년 제4기에 실려 있다.

것이다."[7)

　　엘리아데의 이러한 관점은 정확하다. 필자 역시 고대의 유가(儒家), 묵가(墨家), 명가(名家), 도가(道家), 법가(法家), 음양가(陰陽家) 등등으로 분류할 수 있는 사상의 배후에 분명 공통된 지식 계통이 배경으로 자리하여 각기 사상적 합리성을 유지하게 한 사실에 대해 주목한 바 있다. 각각의 사상가들은 굳이 논증할 필요가 없는 핵심적인 단어나 개념을 사용하고 있는데, 이러한 배후에는 말하지 않아도 알 수 있는 궁극적인 의거가 내재하고 있다.

　　철학가 홀(David L. Hall)과 중문에 능통한 한학자 안락철(安樂哲 : 영문명 Roger T. Ames)은 『공자철학사미(孔子哲學思微)』에서 대부분의 공자 연구자들에게 보이는 결함은 "중국 전통을 지배하는 예설(預設)을 명확하게 표현할 수 있는 방법을 찾아낼 수 없다는 점이다"라고 이야기한 바 있다. 그들이 말하는 예설이 바로 내가 이야기한 의거이다. 그들은 '예설'이란 "일반 사람들이 말하지 않는 어떤 전제를 뜻한다. 이러한 예설은 철학 토론의 전제인데, 이것이 있어야만 사람간의 교류가 가능해진다"[8)라고 말했다. 그들은 내재론적 우주, 개념의 양극성, 그리고 전통을 해석 배경으로 삼는 것이 바로 고대 중국 사상에서 말하지 않아도 알 수 있는 '예설'이라고 보았다. 그들은 이러한 '예설'로 인해 고대 중국인들의 사상은 외재적인 우주 본체론과 양원성(兩元性), 그리고 모든 것을 이성으로 해석

---

7) Mircea Eliade, 『*A History of Riligious Ideas II : From Gautama Buddha to the Triumph of Christianity*』, The University of Chicago Press, 1982. 『세계 종교사』(일역본), 제2권, 시마다 히로미(島田裕己), 시바타 후미코(柴田史子) 등 옮김, 도쿄 : 치쿠마쇼보(築摩書房), 1991년, 12, 13쪽.
8) 『공자철학사미(孔子哲學思微)』(중역본), 남경 : 강소인민출판사, 1996, 4쪽.

하려는 배경을 지닌 서구인들의 그것과 다를 수밖에 없다고 주장했다. 어쩌면 이러한 '예설'에 관한 사상은 벤야민 슈바르츠(Benjamin I. Schwartz)와 연원 관계를 지니고 있는지도 모른다. 슈바르츠는 자신의 『고대 중국 사상의 세계』라는 책의 마지막 부분에서 고대 중국의 여러 사상가들이 지니고 있는 공통적인 예설은 다음 세 가지라고 이야기했다. 첫째 모든 것을 수용하는 사회 정치 질서 관념, 우주를 근본으로 하는 왕자(王者)의 관념이 그 중심에 있다. 둘째 천인을 모두 포함하는 질서 관념이고, 셋째 내재주의(內在主義 : immanentist)의 정체(整體) 관념이다.[9]

그들의 관점은 분명 옳다. 그렇지만 엘리아데는 심도 있는 논의가 부족하고, 흘과 안락철, 그리고 슈바르츠가 각기 언급한 세 가지는 그다지 다른 것 같지 않다. 그런데 고대 중국이 지니고 있던 각종 핵심적인 사상과 학술은 물론이고, 그 외의 다른 비경전적인 지식과 기술까지를 포함한 모든 지식의 절대적인 예설(Absolute presupposition)로써 고대 중국의 이러한 지식과 사상, 관념 안에는 여전히 더욱 깊은 내원과 기본적인 의거가 존재한다. 필자는 바로 이러한 점을 근본적으로 규명해 보고자 한다. 사상사를 더욱 파고들어 과연 이러한 키워드가 어디에서 왔으며, 그것들이 왜 통용될 수 있었는지, 내재하는 우주론과 개념의 양극성, 그리고 역사를 해석 배경으로 삼는 습관이나 사상적 방법론이 어떻게 확립되었으며, 또한 이러한 관념들이 무엇에 의지하여 자명한 '예설'이나 말을 하지 않

---

9) Benjamin I. Schwartz, 『*The World of Thought in Ancient China*』, The Belknep Press of Harvard University Press, Cambridge, Massachusetts, and London, 1985. 이 외에 유술선(劉述先)의 「슈바르츠 '고대 중국 사상 세계' 평가」(『당대』, 1986년 제 2기, 178쪽, 타이베이)을 참고하시오.

아도 알 수 있다는 '공통 인식'이 되었는지 알고 싶었다. 다시 말해 그것들이 고대 중국인의 마음속에서 어떻게 그 자신의 합리성을 확립하게 되었느냐는 것을 탐구하겠다는 뜻이다.

당연히 합리적이라고 생각하는 많은 것들이 사실 자세히 살펴보면 이른바 '천경지의(天經地義 : 천지의 대의로 영원히 변하지 않는 이치)'가 아니라 일정한 역사 시기를 거치면서 대다수 사람들의 동의를 얻게 된 것에 불과한 경우가 적지 않다. 그 근원을 깊이 따지고 들어간다면 결코 부서지지 않는 토대 위에 건립된 것이 아님을 알 수 있다.

레비스트로스는 일찍이 『슬픈 열대』라는 글에서 문명 사회의 법률과 감옥을 예로 들어 말한 적이 있다. 우리가 볼 때 법률은 공평을 의미하고, 감옥은 정의를 상징한다. 그러나 그는 식인종의 습관을 통해 이에 대해 반론을 제시하고 있다. "인육을 먹는 습속에 따르면 위험한 인물들을 처리하고자 할 때 유일한 방법은 그들을 먹어치우는 것이다. 먹어치우면 위험이 사라져 무형이 되고 만다. 문명 사회는 위험한 인물을 사회 공동체 밖으로 추방하는 방식을 통해 영구적 또는 일시적으로 위험을 자신들과 격리시켜 위험한 이들이 자신들과 접촉할 기회를 상실케 만든다." 식인종의 식인 습관은 우리들이 볼 때 상식적으로 이해하기 어렵다. '상식적으로 이해하기 어렵다'고 말하는 까닭은 그것이 우리들이 지닌 문명 체계의 '이(理 : 도리, 이치)'에 부합하지 않기 때문이다. 그러나 20세기에 들어와 인류가 점차 깨닫게 된 도리 가운데 하나는 이 세상에 영구하며 그 어느 곳에서도 모두 통용될 수 있는 '도리'는 존재하지 않는다는 점이다. 역사적으로 많은 '도리'는 역사의 깊은 곳에서 나왔다. 그것은 후세 사람들이 이미 익숙하여 일상적인 경험과 지식으로 여기는 것에 의존하고 있는데, 인간들에게 이미 일상적인 것으로 익숙해져 있기 때문에 때에 따라 더 이상 추론하지 않는 경우가 대부분이다.

　그의 말을 들으니 고대 중국인들이 즐겨 말하는 '도'가 생각난다. '도'에 관해 고대에 두 가지 설이 있었다. 하나는 『노자』에서 말한 "도가 가히 도로 칭해지면 도가 아니다(道可道 非常道)"라는 것이다. 그것은 사상사의 은밀한 곳에 숨어서 사상과 지식에 깊은 영향을 주었기 때문에 그것은 '가히 말할 수 없는 것', 즉 '불가도(不可道)'가 되었다. 또 다른 하나는 『역』「계사」에서 말한 것인데, "한번은 음, 한번은 양으로 변화하는 것을 일러 도라고 말한다. ······백성들은 매일 이용하면서도 알지 못한다(一陰一陽之謂道, ······百姓日用而不知)"는 것이다. 그렇다면 왜 알지 못하는 것일까? 사람들이 이미 그것에 습관이 된 지 오래되었기 때문이다.[10] 필자가 생각건대 고대 중국인들이 가장 쉽게 느끼고, 또한 모든 것을 포괄할 수 있다고 여긴

---

10)　『십삼경 주소』, 78쪽. 이러한 논술은 『역』「계사」에서 반복해서 볼 수 있다. 예를 들면 다음과 같다. "견내위지상 형내위지기 제이용지위지법 이용출입 민함용지위지신(見乃謂之象 形乃謂之器 制而用之謂之法 利用出入 民咸用之謂之神 : 보이는 것은 상象이라 하고, 형체를 지닌 것은 기器라고 하며, 제정하여 사용하는 것은 법이라고 한다. 이용하고 출입하며 백성들이 모두 사용하는 것을 일러 신神이라고 부른다)" 82쪽. "형이상자위지도 형이하자위지기 화이재지위지변 추이행지위지통(形而上者謂之道 形而下者謂之器 化而裁之謂之變 推而行之謂之通 : 형이상자는 도이고, 형이하자는 기인데, 변화하여 그것을 재단하는 것을 일러 변變이라고 하고, 미루어 행하는 것을 일러 통通이라고 한다)" 83쪽. "유심야 고능통천하지지 유기야 고능성천하지무(唯深也 故能通天下之志 唯幾也 故能成天下之務 : 오로지 깊기에 능히 천하의 뜻을 통하게 할 수 있고, 오로지 기幾를 지녔기에 능히 천하의 일을 이룬다)" 81쪽. "역간 이천하지리득의 천하지리득 이성위호기중의(易簡 而天下之理得矣 天下之理得 而成位乎其中矣 : 변역變易이 가능하고 간략하여 천하의 도리를 얻을 수 있으니, 천하의 도리를 얻어 그 안에 자리를 만든다)" 76쪽.

것이나 나중에 중국인들이 쉽게 습관이 들어 때로 떨어질 수 없게 된 것은 아마도 공간과 시간이 되는 천지였을 것이다.

3

이리하여 또다시 오래된 문구 한 구절이 우리들의 입가를 맴돈다. "천은 불변하며, 도 또한 불변한다(天不變 道亦不變)."

이러한 '도'는 확실히 내력이 유구하며 '천(天)'과 관련이 있다. 필자는 이 책에서 고고학적 발굴을 통해 발견된 양저(良渚)의 옥종(玉琮)과 복양(濮陽)의 방각용호(蚌殼龍虎), 그리고 능가(凌家) 탄옥판(灘玉版)의 사상사적 의미에 대해 언급하고자 한다. 물론 일종의 추측을 해 보겠다는 뜻이다. 의심스럽기는 하지만 아마도 고대 중국 사상 세계의 여러 가지 지식과 사상을 지배하는 관념은 하늘이 둥글고 땅은 모나다는 천원지방(天圓地方)과 음양변화(陰陽變化), 그리고 중심사방(中心四方)과 같은 천문 지리적 경험에서 생겨났으며, 그 안에서 토대를 마련했을 것이다. 고대 중국의 지식과 문화를 가장 먼저 장악한 이들은 분명 무격(巫覡)들이었다. 무격이란 직업은 천상(天象)이나 지형(地形)과 관련이 깊다. 천상과 지형이 당시 인간들의 마음속에서 시간과 공간의 틀을 형성하고, 우주 안의 모든 것들이 이러한 틀 속에서 각자 나름의 자리를 얻게 되었다. 고대 중국의 천원지방, 천도좌선(天道左旋), 중앙사방(中央四方), 음양변화, 사계유전(四季流轉 : 사계절의 변화) 등에 관한 의미는 상징적인 암시와 의식의 신격화, 그리고 인간들이 이것으로 저것을 유추해나가는 과

90

정을 통해 점차 절대적으로 변할 수 없는 이치로 자리 잡게 되었으며, 이로써 인간들의 마음속에 점차 더욱 많은 지식과 사상이 쌓이게 된 것이다. 영원히 불변하는 '천'은 영원히 불변하는 '도'의 배경이다. 영원히 불변하는 '도'는 수많은 '도리(道理)'를 지지했으며, 그러한 도리는 더욱 많은 지식에 합리성을 부여했다. 사실상 이러한 '천'은 이미 인간들이 살필 수 있는 '천상(天象)'에서 점차 벗어나기 시작했다.

처음에 '천'은 인간들이 경험하고 관측할 수 있는 것이었다. 그러나 고대 중국의 생활 세계에서 형성된 '천도(天道)'는 모든 것의 합리성을 암시하고 지식과 사상의 '질서'를 구축했다. 그리고 오랜 역사 속에서 그것은 의식과 상징, 부호를 통해 인간들의 마음속에서 하나의 정형화된 관념을 형성하게 되었다. 또한 유비와 연상을 통해 모든 지식과 사상에 침투했으니, 예를 들어 천과 관련이 있는 '명당(明堂)'이나 '환구(圜丘 : 하늘에 제사 지내는 곳)' 같은 장소나 '봉선(封禪)', '교제(郊祭)' 같은 의식이 그러하며, 천상을 본 따 여러 가지 건축물들을 질서 있게 배치한 황궁(皇宮)과 황성(皇城)의 설계 방식 또한 그러하다.[11] 이 외에도 천상의 사계절과 열두 달, 그리고 365일에 대응하여 인체의 생리 구조를 설명한 것도 마찬가지이다. 이에 대한 고대 중국인의 엄숙한 의미는 사실 현대 중국인들이 이해할 수 있는 것이 아니다. "처음 만물이 시작하던 태시(太始)

---

11) 이 점에 대해서 갈조광의 「중묘(衆妙)의 문 - 북극(北極), 태일(太一), 도(道), 태극(太極)」 (『중국 문화』 제3집, 홍콩 : 중화서국, 1990)과 마세지의 「중국 고대 도성 설계에서 보이는 '상천(象天)'의 문제(中國古代都城規劃中的象天問題)」(『중주학간(中州學刊)』, 1992년 제1기, 정주鄭州); 상민걸(尙民杰), 「수당(隋唐) 장안성의 설계 사상과 수당의 정치(隋唐長安城的設計思想與隋唐政治)」(『인문 잡지』, 1991년 제1기, 서안) 참조.

에 하나에서 도가 세워지고(一)", "하나가 삼(三)을 관통하니 왕이 되며(王)", "천이 상(象)을 드리워 길흉을 드러내고(示) 사람들에게 보이는 까닭에 둘을 좇고, 세 가지가 드리워진 것이 일월성(日月星)이니 천문을 살펴 시절의 변화를 관찰했다."[12] 이러한 것들은 언뜻 보아 그다지 이치에 맞지 않는 문자 해석인 듯하며, 그 속에 내재하고 있는 합리적인 부분들 또한 현재의 우리들이 이해할 수 있는 것들이 아니다. 이러한 의식, 상징, 부호로 암시하는 방식은 사람들의 마음속에서 '천'에 대한 관념과 실천을 규칙적으로 반복하게 한다. 그것은 어떤 의미에서 볼 때 이미 사람들에게 수용을 강요하는 담론 권력의 일부분이 되었을 뿐만 아니라 가장 은밀하고도 가장 저항하기 힘든 일부가 되고 있었던 것이다.[13]

---

12) 『설문해자 의증(說文解字義證)』 권1 「일부(一部)」, 제남(齊南) : 제로서사(齊魯書社), 1987, 1~5쪽.
13) 의심할 여지없이 '인간' 역시 고대 중국 지식과 사상 세계의 중요한 지점 가운데 하나이다. 상당히 많은 지식과 사상이 인간의 본성과 정감, 그리고 인간의 생존에 필요한 합리적인 근거에 관한 내용을 담고 있다. 성선설을 주장한 맹자나 성악설을 주장한 순자는 말할 필요도 없고, 『대학』의 저명한 사상 맥락인 "정심수신제가치국평천하(正心修身齊家治國平天下)" 역시 그 기점을 '인간'에서 시작하고 있다. 그러나 고대 중국, 좀 더 정확하게 이야기하면 당송 이전까지 중국의 경우 '인간'을 지식과 사상의 합리성을 갖춘 궁극적 의거로 간주한 적이 없다. '인간'은 언제나 '천'에 둘러싸여 주로 사회 질서를 세우는 토대였을 뿐 우주안의 모든 지식, 사상, 신앙의 절대적인 예설이 아니었던 것이다.
  『중용』에서 말한 "천명지위성, 솔성지위도, 수도지위교(天命之謂性, 率性之謂道, 修道之謂敎 : 천명을 일러 성性이라고 칭하고, 성을 따르는 것을 도라고 칭하며, 도를 닦는 것을 가르침이라고 말한다)"는 내용에서 볼 수 있다시피 인성은 부차적인 의거일 뿐이며, 그 자체의 합리성은 언제나 '천'이 부여하는 것이다. '천'과 '인간' 사이의 진정한 변화는 대략 송나라 시대 이학이 출현하고 난 이후에야 비로소 시작된다. 그러나 송나라 시대 이학의 중요한 관심사는 더 이상 자연 세계가 포함되어 있지 않았다. 그렇기 때문에 그들은 우주 공간과 시간에 속하는 '천'을 단지 아득히 먼 곳에 두어 몽롱한 배경으로 삼았을 뿐이다. 그리고 '인간'이란 의거를 지식과 사상의 초점으로 돌출시켰던 것이다. 그렇다고 할지라도 그들 역시 '천'에 대해 의심하거나 부정한 적은 없었다. 왜냐하면 당시 관심을 둔 문제가 주로 인문정신이나 사회질서에 관한 것이었기 때문이다.

고대 중국의 지식과 사상, 그리고 신앙의 세계에서 '천'이라는 이미 확립된 궁극적 의거는 시종일관 변함이 없었다. "천은 불변이고, 도 역시 불변이다(天不變 道亦不變)"라는 말은 이를 웅변적으로 대변하고 있는데, 이것은 자연스럽게 합리적인 질서와 규범으로 자리 잡고 있다. 불변하는 천은 천문과 역법을 제정하는데 토대가 되었으며, 인간들의 자연 현상에 대한 해석의 근거가 되었고, 인간들의 생리와 심리적 체험과 치료를 지지했으며, 또한 황권과 등급 사회의 성립, 정치 의식 형태의 합법성과 제사 의식의 상징적 의미를 지지했다. 도시와 황궁, 심지어 일반 백성들의 거주 양식에 대한 기본적인 구조 역시 이를 따르게 되었고, 심지어 인간들의 놀이나 규칙 또는 문학 예술에서의 미에 대한 감각과 이해 역시 이를 따르게 되었다.[14]

이른바 '천인합일(天人合一)'은 사실 '천(天 : 우주)'과 '인(人 : 인간)'의 모든 합리성을 근본적으로 동일한 기본적인 의거 위에 세웠다는 것을 의미하는 말이다. 그것은 실제로 고대 중국의 지식과 사상을 결정적으로 지지하는 배경이다. 설사 고대 중국의 천상에 관한 지식이 장기간에 걸쳐 직접적으로 연관이 있는 사상이 아니었다 할지라도 사상을 지탱하는 배경으로 그것은 오히려 지극히 중요한 것이 아닐 수 없었다. 이러한 배경 속에서 하나의 문화 시대를 지속시키고, 전체적으로 통괄하는 지식과 사상 체계가 건립되었으며,

---

14) 예를 들어 바둑이나 고대의 육박(六博)이 그러하다. 노간(勞榦)은 「육박과 박국의 변천(六博及博局的演變)」이라는 글에서 "육박의 배치는 고대 궁실의 형성을 토대로 삼았다"라고 이야기한 바 있다. 『역사 언어 연구소 집간(歷史言語研究所集刊)』 제35본, 타이베이, 1964, 25쪽. 그러나 고대에 천지를 모방한 '식(式)'과 더욱 관련이 있는지도 모른다. 이 점에 대해서는 이령(李零)의 『중국 방술고(中國方術考)』(북경 : 인민중국출판사, 1993)를 참고하시오.

일정한 시기에 걸쳐 절대적인 안정성을 보장받을 수 있었던 것이다. 이러한 바탕에서 사람들은 사고와 연상, 그리고 표현을 운용했고, 지식과 사상은 언어와 문자를 통해 더욱 완미하게 세계의 질서와 존재의 질서를 표현할 수 있었다. 그러나 일단 이러한 바탕이 동요하고 질서가 흔들리게 되면 지식과 사상 역시 세계를 이해하고 해석하는 유효성을 상실하게 된다.[15]

　서양 선교사들이 천상(天象)과 역산(曆算)에 관한 지식을 중국에 처음 소개할 당시 거의 통제를 받지 않았던 것은 단지 기술적인 문제만을 다루었기 때문이다. 그러나 그것이 근본적으로 고대 중국인의 '천'의 문제까지 건드리기 시작하자 궁극적인 의거가 동요하면서 결국 사상의 대전환을 불러일으키게 된다. 그래서 일부 예민한 사대부들은 격렬하게 서양의 천학(天學)에 대항했던 것이다. 오늘날 이미 서양 과학을 수용한 우리들의 입장에서 볼 때 그들을 완고하다고 여길 수도 있다. 그러나 전통 사상 세계의 지식과 사상의 체계에서 볼 때 그들의 사고는 다른 일반인들보다 더욱 심원한 것이 아닐 수 없다. 그들은 가장 기본적인 근거가 흔들린다는 것이 무엇을 의미하는지 정확하게 인지하고 있었기 때문이다. 이러한 점을 이해하지 못하고 지금의 과학 지식만으로 당시 사대부들을 멸시한다면 이것은 그들을 진정으로 이해한 것이라고 말할 수 없

---

15) 이 점에 대해 푸코는 『언어와 사물 — 인문 과학의 고고학』이란 책에서 논술한 바 있다. 그의 논점에 따르면 고전 유형의 지식 체계는 그 일반적인 배치에서 일종의 수리(數理) 원칙에 따라 해석할 수 있다. 일부 분류 방식과 생성 분석의 연결 계통으로…… 그 중심에서 그것은 도표를 형성하고, 모종의 지식은 그 내부의 어떤 계통 안에서 전개된다. 이것이 바로 질서이다. 그래서 격렬한 사상적 논쟁 역시 이러한 질서를 갖춘 체계 속에서 자연스럽게 해소된다. 영문판 『The Order of Things : An Archaeology of the Human Siences』, New York : Vintage/Random House, 1973, 74~75쪽.

다.[16) 그래서 필자는 중국의 우주관과 명청 시대에 선교사들이 전파한 서양의 천문학 지식에 관해 쓰면서 '천붕지열(天崩地裂)' 이란 네 글자로 제목을 삼았던 것이다. 내가 보기에 이 네 글자야말로 당시 사대부들의 마음속에 자리한 우환과 공포를 가장 잘 표현한 것이며, 또한 이 네 글자만이 '천' 의 변동이 사상에 얼마나 큰 진동과 충격을 주었는지 제대로 표현하는 것이라고 생각한다.[17)

이왕 말이 나온 김에 조금 더 이야기하자면 1990년대 중국의 사상 세계에서 '천인합일' 에 관한 논제가 여러 사람들의 주목을 끈 적이 있었다. 상당히 많은 학자들이 비록 오래되기는 했지만 각기 다른 심정으로 나날이 새로워지고 있는 이 명제를 새롭게 발견한 것처럼 생각을 했다. "황하의 물은 30년 동안 동쪽으로 흐르다가 다시 30년 동안 서쪽으로 흐른다" 는 말이 있듯이 사람들은 세월의 유장한 흐름 속에서 휘황찬란했던 동방 문화가 새롭게 거듭날 수 있다는 희망을 발견한 것이다. '인류' 와 '자연' 의 분열, 과학 기술을 통해 인류가 자연을 '정복' 할 수 있다는 희망으로 가득 찬 서구인들이 나름대로 총결한 사상의 배경 하에서, 동양 사람들은 전통적인 문헌에서

---

16) 예를 들어 선교사들이 천문학에 대해 토론할 때 어떤 사람들은 항시 이와 상대되는 중국의 천학(天學)을 '위과학(僞科學 : 거짓 과학)' 이라고 칭했다. 나는 이 단어를 싫어한다. 왜냐하면 그 단어의 배후에 자리한 근거가 바로 서양 과학과 반과학의 이원적인 대립이기 때문이다. 그들은 과학을 절대적인 진리로 간주하고 과학에 부합하지 않는 중국 천학의 지식을 '위과학' 이라고 칭한 것이다. 한 예로 황일농(黃一農)은 「예수회 선교사의 중국 전통 성점과 술수에 대한 태도(耶蘇會士對中國傳統星占術數的態度)」라는 뛰어난 논문에서 중국 천학(天學)의 몇 가지 특징에 대해 논의하고 있다. 그는 천문의 학문 이외에도 성점(星占), 술수, 그리고 인문 정신까지 모두 포함하고 있다. 그러나 그는 보다 진일보한 토론을 전개하지 못했으며, 여전히 '위과학' , '보수주의' 등의 단어를 사용하고 있다. 『구주학간(九州學刊)』, 홍콩, 1991, 21쪽.
17) 갈조광, 『중국 사상사』 제2권 제3편 제1절과 제2절의 「천붕지열(天崩地裂)」 참조.

'천인합일'이란 것을 다시 찾아내어 다음 세기는 동양 문화의 시대가 될 것이라는 증거로 삼고자 했다.

그러나 '천인합일'에 대한 대부분의 논의는 때로 '자연 환경 보호'의 기치가 되거나 '야생 동물 애호'의 구호가 되었으며, 그저 '인간'이 '천'과 더욱 친해야 하는 것이 대자연의 섭리라고 해석하는 데 활용되었을 뿐이었다. 이러한 명제를 좋아하는 사람들이 오히려 그것이 우주의 시공을 총괄하는 틀이자 합리적인 근거라는 사실을 무시하고, 그 의미를 실용적인 측면에만 제한시켰다. '천인합일'의 기치를 높이 들고 고함을 치든 아니면 구호를 외치든지 간에 아주 적은 몇 명만이 그것의 심층적 의미에 대해 이해하고 있었을 뿐이었다. 그것은 분명 고대 중국의 지극히 중요한 사상적 의거이며, 하나의 의거로서 모든 방면에 파고 들어가 일체의 합리성을 지탱하는 배경이 되었다.

물론 이것을 확대해서 해석한다면 환경 보호나 자연과 친해져야 한다는 논의에도 적용이 될 수 있을 것이다. 그러나 그것은 절대로 녹색 운동의 기치나 생활 태도를 표방하는 구호만이 아닌 것이다.

4

앞서 이야기한 것처럼 사상과 지식의 의거는 아주 오랜 세월에 걸쳐서 서서히 확립되는데, 나중에 그 안에서 생활하는 사람들이 그것에 대해 무관심한 사이에 굳이 말하지 않아도 알 수 있는 배경이 되어 점차 엷어지게 되고, 배후에서 여러 가지 지식이나 사상의 합리성을 지탱하게 된다. 그러나 역사가 끊임없이 변동하면서 지식과 사상, 그리고 그것들을 확립시킨 배경이 극렬한 변동 속에서 훼손될 때 낡은 사상과 지식 역시 표류하는 배처럼 새로운 지식과 사조에 의해 매몰되게 된다. 그럴 경우 사람들은 어쩔 수 없이 자신을 위해 지식과 사상의 또 다른 초석을 찾게 된다.

그래서 이홍장(李鴻章)이 말한 '변국(變局 : 변화 국면)'이나 푸코가 말한 '단열(斷裂)'이 생겨나게 된다. 일단 변화 국면이 되면 '단열'이 그치지 않고 발생하며, 이후 시간은 마치 기억의 요새를 조성하는 것처럼 단열의 요새로 간격을 만들어버린다. 이후 사람들은 과거에 지니고 있거나 의존했던 여러 가지 사상적 의거에 대해 낯설게 된다. 그래서 사상사 역시 푸코가 말한 바와 같이 '지식의 고고학'를 통해 사상의 뿌리를 찾아야만 하는 것이다. 이때 사상사는 단열의 요새를 뛰어넘고자 노력하면서 자신의 사상적 방법을 이용하여 고대의 사상 맥락을 추적하고, 이미 사라진 본원을 상상하고, 아울러 그 토대에 의식적으로 접근하여 고대 사람들이 어떻게 편안하게 그러한 토대에서 자신들의 지식과 사상, 그리고 신앙의 세계를 건립했는가를 체득해야만 한다.

예부터 중국에는 '천경지의(天經地義)'란 성어가 있다. 절대적이고 궁극적인 의거란 뜻이다. 그러나 그것이 그 누구도 이에 대해 의문을 제기하지 않으며, 굳이 다른 것으로 증명할 필요도 없는 것은 아니다. 어찌 그것이 사상사가 끝까지 추구하는 데 면책 특권을 지니고 있겠는가? 다만 대부분의 경우 사람들이 그것에 대해 굳이 질문을 던지지 않고, 단지 그것을 저절로 그러한 이치라고 받아들여 모든 이치 가운데 가장 근본적인 이치로 간주하기 때문일 뿐이다. 예를 들어 『주자어류(朱子語類)』는 지극히 흥미롭고 대단한 책이다. 주희는 일찍이 자신의 제자들에게 천지와 우주의 이치에 관해 많은 이야기를 한 적이 있다. 그가 남긴 대부분의 이야기는 자신의 제자들에게 한 것들이다. 그에 따르면 우리들이 지금 말하고 있는 작은 이치들은 모두 천지가 원초적으로 보여주고 있는 큰 도리에 근거하고 있다.

"태극은 천지 만물의 이(理)일 따름이다. 천지로 이야기하자면 천지 속에 태극이 있고, 만물의 입장에서 이야기한다면 만물 속에 각기 태극이 있다. 천지보다 앞선 것은 있지 않으니 필경 먼저 그 도리가 있었을 것이다. 움직임 속에서 양이 생기는데, 그 역시 이이다. 고요함 속에서 음이 생기는데 그것 역시 이이다."[18]

후학들이 주희(朱熹)의 어록을 편찬하면서 이 말을 권두에 둔 것은 이 문장의 뜻을 모든 도리의 근본적인 의거로 삼고자 함이었다. 그것은 마치 수당(隋唐) 이래로 수많은 유서(類書)들이 모든 지식과 사상을 현시하고 포용하는 데 '천지'를 항시 권두에 두었던 것과 마찬가지로 고대 중국인들의 마음속에 있는 것을 무의식적으로 드러낸 것이라고 이야기할 수가 있다.

한번은 주희가 학생들의 질문에 대해 답을 하면서 " '인(人)' 이란 글자는 '천(天)' 과 닮았고, '심(心)' 은 '제(帝)' 와 닮았다"[19]고 이야기한 적이 있다. 물론 주희는 문자학의 근거에 따라 이렇게 말한

---

18) 『주자어류』권1, "太極只是天地萬物之理 在天之言 則天地中有太極 在萬物言 則萬物中各有太極 未有天地之先 畢竟是先有此理 動而生陽 亦只是理 靜而生陰 亦只是理", 중화서국, 1986, 1쪽.
19) 위의 책, 4쪽.

것이 아니라 단지 감각에 의지하여 인심(人心)의 의거에 대해 말한 것일 뿐이다. 그러나 공교롭게도 고문자학의 말에 근거해 보면, 글자의 형태로 볼 때 고대 중국인들의 마음속에서 인간의 모든 것을 명시하는 '천'은 실제로 '사람의 인지전(人之顚 : 정수리)', 즉 '머리꼭지'를 나타내기 때문에 사람들은 그것으로 머리 위에 있는 하늘을 지칭하곤 했다. 또한 고대 중국인의 마음속에서 우주 만상을 움직이는 '제(帝)'는 자형(字形)으로 볼 때 아마도 단지 '화지체(花之蒂 : 꽃의 꼭지)' 즉 꽃을 지탱하는 것을 의미하는 것이었는데, 사람들이 그것을 모든 것의 시작이나 지주로 확대 해석하게 된 것일 터이다.

그렇다면 머리 위에 있는 푸르고 아득하게 넓은 하늘은 정말로 그렇게 많은 이치를 지니고 있는 것인가? 꽃을 지탱하고 있는 아름답고 여린 꽃턱은 정말로 최초, 시작, 열음의 뜻인 '태(台)', '시(始)', '태(胎)' 등 비슷한 글자와 마찬가지로 옛사람들이 말한 것처럼 모든 것을 의탁할 수 있는 것이 될 수 있을까? 그리하여 일체의 시작을 암시하고, 아울러 고대 중국인의 우주와 인간에 관한 지식과 사상의 세계를 지탱하는 것일까?

4장

연속성 : 사로*, 장절 및 그 밖의 문제

1

　사상사의 찬술(撰述)은 '역사 속에서 사상의 노정을 만드는 안내도'로 비유되곤 한다. 그러나 일반적으로 안내도를 그리는 사람의 책임은 단지 정확도의 높낮이에 있는 것이기 때문에 그가 그린 지도의 노선에 대해 분석을 하거나 평가를 할 수는 없다. 다만 안내도를 이용하는 여행가가 길가에서 여러 가지 풍광을 보면서 자신의 느낌과 평가를 할 따름이다. 사상사가(思想史家)가 이러한 안내도 제작을 한껏 모방할 지라도 거의 이러한 여행가와 입장이 비슷해지게 된다. 왜냐하면 사상사의 편찬자가 만든 지도에 있는 사상의 역

---

* '사로(思路)'는 사고(思考) 방향, 사고 방식, 또는 사상적 맥락 등으로 해석할 수 있는데, 약간의 차이는 있지만 크게 다르지는 않다. 본문은 전체 문장의 맥락에 따라 이상 세 가지 가운데 하나로 풀이한다. '사로'는 영문 'The Ways of Thought'의 역어인데, 갈조광은 'train of thought'라고 썼다 : 역주.

사 노선이나 정거장 등은 기본적으로 그의 마음속에서 구상될 수밖에 없으며, 또한 여행 안내도가 없어 황무지를 다녀야만 하는 여행자의 행적, 즉 진정으로 시간 속에서 나타나는 지식과 사상의 역사적 진로와 결코 같은 것이 될 수 없기 때문이다. 만약 역사의 시간 속에서 실제로 존재하는 사상 역정을 『사상사』라고 칭한다면 이러한 사상 과정의 진행에 대한 그 어떤 진술도 마땅히 『사상사』로 인정해야만 할 것이다. 사상사가 후세 사람들의 상상과 이해, 그리고 해석이 덧붙여지고 문자로 기록되어 『사상사』로 완성되었을 때, 비로소 그것은 '역사 시간 안에서 제작된 사상 노정의 안내도'가 될 수 있을 것이다.

단체 여행에 참가했던 적이 있는 사람들은 이런 느낌을 받았을 것이다. 어쩌면 품을 덜기 위한 것인지도 모르겠는데, 안내원은 선의로 여행에 참가한 모든 사람들이 사전에 규정된 노선을 따라 여행을 하면서 이곳에서 저곳으로, 그리고 다시 저곳에서 이곳으로 순서에 따라 움직이기를 희망한다. 그리하여 천태만상의 생생한 풍광은 안내원에 의해 그림 속의 만화경으로 변하고, 착실한 여행객들은 여행 후에 대체적으로 비슷한 인상을 받게 된다. 산천 경계가 아무리 좋다고 할지라도 다 볼 겨를이 없으니 그저 그렇고 그런 산수의 인상만 남게 될 뿐이다. 실존하는 사상사가 이미 과거가 되고, 아무도 그러한 사상의 역정을 중복하는 이가 없을 때 『사상사』의 편찬자 역시 마찬가지로 항시 자신이 이해하는 것 가운데서 가장 간결하고도 합리적인 노선을 따라 독자를 인도할 것이다. 그리하여 사상사라는 이름의 단체 여행에서 모든 참가자들이 서로 비슷하거나 똑같은 관찰, 즉 고대인들은 원래 이런 사상을 지녔었고, 고대 사

102

상은 원래 이렇게 연속되었다는 등의 동일한 관찰을 경험하게 될 것이다. 그는 주제넘은 안내자와 마찬가지로 항상 모든 사람들이 사상사를 체험할 수 있는 자유를 박탈하고, 그 대신 자신이 이해를 했거나 구상하는 사상사의 연속성 맥락을 집어넣는다.

　이는 정말 어쩔 수 없는 일이다. 『사상사』는 형식적인 측면에서 다음과 같은 세 가지 저술 방법을 택할 수 있다. 그러나 그 세 가지 모두 편찬자의 사고 방향의 영향에서 벗어날 수 없다. 『사상사』 찬술 방법의 첫 번째는 '사실을 확립하는 것' 이다. 표면적으로 볼 때 그것은 그저 남이 내놓은 대로 역사 문헌에 따라 사상사의 역정을 환원시키는 일이다. 이것은 마치 성실한 안내도 제작자가 확대경을 쓰고 풍광의 상세한 지도를 제작하는 것과 같다. 이러한 편찬자는 반드시 보아야 할 풍광, 예를 들어 누가 어떤 책을 썼고, 누가 어떤 사상을 내놓았으며, 또한 이러한 저작과 사상이 언제 생겨났는가 등등에 대해 행여 놓칠까 두려워하지 않을 수 없다. 그것은 마치 '장편(長編)' 과 같다. 가능한 한 정확한 사실을 시간의 실마리에 따라 연결을 하면서 사람들이 마치 사상의 박물관이나 진열실에 들어가 자신이 체험한 사상의 참 모습을 두루 훑어보게 만든다. 그러나 그 박물관이나 진열실은 역사의 모든 유물을 나열할 수 없을 뿐만 아니라 어떤 물건을 전시하고 어떻게 진열할 것인가는 모두 작가가 이미 생각하고 있었던 것들이다. 그것은 작가의 사고 방식이 마치 냉혹하고 객관적인 역사 전시물 속 깊이 숨겨져 있는 것에 불과하다.

　두 번째는 '진리를 평가하는 것' 이다. 이러한 편찬 방법은 사실을 서술하는 것 외에 사상의 역사에 대한 평가에 더욱 관심을 둔다. 무엇이 좋고 무엇이 나쁘며, 어떤 것이 인류의 진보에 도움을 주고 어떤 것이 인류의 진보에 방해를 하는가 등이다. 그것은 마치 고집스러운 가이드와 같다. 모든 풍광에 대해 이러쿵저러쿵 비평을 하며 자신의 구미와 이상에 따라 사람들에게 통일된 해설서를 제공한다. 따라서 다른 이들은 무엇을 듣고 싶은지 여부와 상관없이 이미 결정된 해설에 만족할 수밖에 없다. 이러한 저술에서 작가의 의도와 작가가 좋아하고 싫어하는 것은 공개적인 것이어서 굳이 숨길 필요가 없다. 역사는 그들의 붓 아래에서 항시 '이동을 하면서 보는' 한 폭의 그림이 된다. 그리고 독자의 입장에서 볼 때 역사는 '따라가며 보는' 안내도로 바뀌게 된다.

세 번째는 '따라가며 여행하는 것이다.' 일부 사상사가들은 나름대로 자신감을 가지고 고대 사상사의 사상적 맥락을 새롭게 만들어간다. 그들은 가능한 한 옛사람들의 심정을 체험하고 사상의 맥락을 이해하며, 시간의 흐름에 따라 사상의 전환과 연결을 하나씩 진술한다. 그들은 이렇게 역사를 '따라가면서' 새롭게 길을 가려고 하는데, 필자 역시 마찬가지이다.[1] 그러나 그렇다고 이런 방법이 편찬자의 주관을 피할 수 있는 것이 아님을 인정하지 않을 수 없다. 왜냐하면 시간의 흐름 속에서 여러 가지 지식과 사상의 자료나 문헌이 지극히 혼란스럽게 섞여 있고, 때로 두서가 없는 경우가 많아 따라가면서 보는 이 역시 선택을 하지 않을 수 없기 때문이다. 그러다 보면 때로 어떤 풍경에 눈길을 주느라 다른 것을 놓칠 수도 있고, 왼편에 있는 산수에 정신을 팔다가 오른편에 있는 산수를 그냥 스쳐

---

1) 갈조광, 『중국 선 사상사(中國禪思想史) ─ 6세기에서 9세기까지』 21쪽에 나오는 「도언 : 중국 선 사상사의 연구」를 참고하시오. 북경대학출판사, 1995.

지나갈 수도 있을 것이다. 사상사의 전환과 연결의 중요한 시기를 선택하는 것 역시 대부분 편찬자 자신의 의도와 이해에 따른다. 설사 그가 고대 사상사의 행적을 좇는다고 할지라도 역사의 윤곽과 맥락을 드러내고자 한다면 온갖 변화무쌍하고 첩첩으로 쌓인 역사 속에서 『사상사』의 사고 방향을 찾아나가지 않을 수 없다. 이리하여 사상사는 한 권의 『사상사』가 되는 것이다.

2

　　사상사와 『사상사』가 서로 같지 않은 것 가운데 하나는 『사상사』의 연속성, 정체성, 그리고 연관되는 맥락 속에 존재한다. 『사상사』 편찬자가 편찬을 시작하면서 역사를 하나의 맥락으로 연결시킬 때 사상사는 이미 있었던 원래의 상태에서 벗어난다. 아마도 역사 속에 진정으로 존재했던 사상은 그것이 처음 출현했을 때 사전에 특별한 의도나 설계가 없었을 것이다. 그것은 마치 개척자가 온갖 수풀로 가득 찬 원시림에서 길을 찾아 떠날 때 그 어떤 사전적인 안배나 의도적인 배치는 물론이고, 어떤 사람이 지나간 작은 길조차 없는 상태에서 단지 머리 위의 하늘을 보고 대체적인 방향을 짐작한 것과 같다. 당연히 그 어떤 질서도 존재할 수 없다. 그러나 역사학자는 사상사를 이처럼 '원시 상태'로 내버려 둘 수는 없다. 또한 『사상사』 편찬자 역시 독자들이 우거진 풀숲 속에서 길을 잃도록 내버려 둘 수 없다. 왜냐하면 독자들이 스스로 사상의 역사를 송두리째 끄집어낼 수 없으며, 역사학 또한 역사가 질서 없이 어지러운 상태로 있는 것을 용인하지 않을 것이기 때문이다.

애써 역사에 질서를 부여하여 사상의 맥락을 보다 분명하게 만드는 것은 역사학의 일관된 방법이었다. 그러나 『지식의 고고학』에서 푸코는 오히려 역사학자들을 난처하게 만드는 관점을 제기한 적이 있다. 그의 관점에 따르면 연속성, 정체성, 그리고 연관되는 맥락이란 역사학이 전통적으로 추구하는 것이지만 이것은 이미 '낡은 문제'이자 현대인들이 항상 말하는 '법칙성 문제'로서 장차 또 다른 유형의 문제에 의해 치환될 것이다. 특히 과학사, 철학사, 사상사 영역의 경우는 더욱 그러하다. 예언하건대, 미래의 역사학 관점에서 볼 때 "역사는 더 이상 끊임없이 완벽해지는 역사일 수 없으며, 더 이상 계속해서 이성화되거나 추상화되는 역사일 수 없다." 오히려 "단열 현상이 끊임없이 나타나고 증강될 것이다." 따라서 역사학은 '비연속성', 다시 말해 이른바 '단열 현상'을 찾아야만 한다. 예를 들어 난관이라든지 결렬(rupture), 파열(break), 전화(mutation), 변형 등이 그것이다.

언뜻 보기에 이러한 논법은 역사학의 존재 근거 자체에 의문을 던지는 것처럼 보인다. 만약 역사학이 더 이상 역사의 연속성을 추구하지 않고 역사를 흩어진 파편처럼 단편적인 것으로 간주한다면 역사학자는 문헌 정리자의 입장에 만족할 수밖에 없을 것이니 역사학의 사상과 지혜가 무슨 소용이 있겠는가? 그래서 필자는 비록 앞에서 여러 차례 푸코의 말을 인용하기는 했지만 역사학은 더 이상 '연속성'을 토론할 필요가 없다는 그의 말에 전적으로 동의하는 것은 결코 아니다. 특히 최근에 들어와 필자는 생각을 하면 할수록 푸코의 말이 역사학의 사상적 개입이나 이론적 정리를 부정한 것이 아니라는 느낌이 든다. 내가 느끼기에 그는 다음과 같이 생각하고 있는 것 같다. 역사학자들이 제시한 여러 가지 이론은 주관이 개입되어 있다. 그래서 이를 통해 "사람들이 이미 기원을 탐구하고 끊임없이 기존에 확립한 계보를 따라 거슬러 올라가는 데 '익숙'해지도록 하고(원문은 '습관'이라고 썼다 : 역주), 역사의 전통을 다시 세우거나 진화의 곡선에 따라 나아가는 데 익숙해지도록 하며, 목적론을 역사에 투사하고, 끊임없이 생활 속의 은유를 반복하는 데 익숙해지도록 만든다." 여기에서 푸코가 '익숙해짐(습관)'이란 말을 쓴 것은 오히려 사람들이 익숙해지지 않은 역사학의 사고 방향을 찾아 나서기를 희망하고 있는 것이자, 주체의 개입과 참여가 비교적 적은 관점을 통해 '확정성'과 '연속성'의 억지 해설을 자제하면서 문헌과 문물이 보여주는 역사 현상, 특히 과거에 인과의 사슬 밖으로 배제된 현상들을 정리함으로써 더욱 진실에 가까운 역사의 모습을 재정립하기를 희망하고 있는 것임을 알 수 있다.[2]

어떤 사람은 역사란 깨진 거울, 깨져서 수없이 많은 파편으로 흩어진 거울과 같다고 이야기한다. 그 깨진 조각을 주어 든 사람 앞에서 거울 조각은 모두 파란 하늘을 비추고 있다. 물론 누구라도 그 수많은 파편으로 조각난 거울 속 하늘을 한데 이을 수는 없다. 이러한 주장은 나름대로 일리가 있다. 그러나 또 다른 사람은 이렇게 주장한다. 역사학자의 책임은 바로 그렇게 산산조각 난 그림 속에서 상상하는 것이라고. "역사 편찬학은 과거가 어떤 역사를 지녔는지 매 세대마다 상상하는 것이다." 그렇기 때문에 산발적인 사건 기록,

---

2) 푸코, 『지식의 고고학』(일역본), 나카무라 유지로(中村雄二郎) 옮김, 가와데쇼보, 1981, 1994, 23쪽. 『위대한 전통에 대한 새로운 해독』, 위요우 중역, 북경 : 사회과학문헌출판사, 1993, 109쪽.

무언의 유물, 단편적인 기록, 또는 의미가 있는지 여부와 상관없이 주관이 뒤섞인 사서 속에서 역사가 단절된 곳은 역사의 연속성을 회복하고, 역사의 공백 지점에는 역사의 존재를 채워 넣어야 한다. 이러한 주장 역시 나름대로 옳다. 사실 역사학자가 대면해야 하는 여러 가지 사실로 볼 때 역사학자는 어쩔 수 없이 후자를 선택할 수밖에 없을 것이다. 그래서 사상사 역시 가능한 한 문헌, 유물, 그림, 저술 속에서 이해하고(understanding), 가능한 한 이치에 부합하는 것을 통해 추측함(guessing)으로써 옛사람들에게 가장 근사한 것에서 『사상사』의 연속성을 찾는 사상적 맥락을 새롭게 만들어야 하는 것이다.

　『사상사』의 연속성을 재정립하는 데는 물론 여러 가지 방법론이 존재한다. 예를 들어 '부정의 부정'이라는 방법론을 사용하여 진화론의 토대 위에서 매 세대의 변화를 당대 사상의 과거 사상에 대한 비평과 지양으로 이해할 수도 있으며, '환경에 대한 반응'이라는 방법론을 사용하여 사회 배경에 대한 분석에 치중할 수도 있다. 말이 나온 김에 말하자면, 이는 마르크스주의 사학의 주도적인 방법론이라고 할 수 없다. 『고대 중국 사상 세계』를 저술한 벤자민 슈바르츠 역시 '사상사의 중심 과제'는 "인류가 처한 환경(situation)에 대한 '의식적 반응'을 분석하는 것"이라고 말한 적이 있다.[3] 근래에 여영시(余英時)가 제기한 '내재적 논리 이론(theory of inner

---

[3] 벤자민 슈바르츠(Benjamin I. Schwartz), 「중국 사상사에 관한 약간의 초보적인 고찰」(중역본), 장영당(張永堂) 옮김, 『중국 사상과 제도론집』, 연경출판공사, 1976, 1977년. 슈바르츠의 저작 『The World of Thought in Ancient China』, The Belknep Press of Harvard University Press, Cambridge, Massachusetts, and London, 1985, Introduction 2~3쪽.

logic)' 역시 사람들의 주목을 끌고 있는 것으로 상당히 중요하다. 그의 말에 따르면 "모든 특정한 사상 전통은 그 자체적으로 일련의 문제를 지니고 있으며, 끊임없이 해결할 필요가 있다. 그 문제들 가운데 어떤 것은 일시적으로 해결되기도 하고, 또 어떤 것은 해결되지 않은 상태에 있다. 어떤 것은 당시 상당히 중요했으나 시간이 흐르면서 중요하지 않게 되는 경우도 있다. 뿐만 아니라 낡은 문제로부터 새로운 문제가 파생되면서 끊임없이 유전된다. 그 사이에 능히 실마리나 질서를 찾을 수 있다."

인용문에서 말한 실마리나 질서가 바로 그가 말한 '내재적 논리 이론'이다.[4] 나는 이러한 사고 방법에 대해 몇 마디 덧붙이고자 한다. 그의 주장은 물론 지극히 당연하다. 그러나 전체 사상사의 시각에서 볼 때 그의 주장은 치우친 감이 없지 않다. 그는 이러한 방법론의 '내재성'을 지나치게 강조한 나머지 때로 '외연성'의 의미를 거절함으로써 적지 않은 사람들의 비판을 받았다. 그의 예증 범위는 다소 협소한 편이다. 시간적으로 주로 송·원·명·청 시대에 국한되어 있다. 당시는 중국 사상사에서 내부 변화와 조정의 시기라고 말할 수 있다. 따라서 그의 '내재적 논리 이론'의 논법은 전체 중국 사상사의 역정(歷程)을 모두 포함하기에 어려움이 있다. 따라서 사상사를 정리하기 위해서는 이러한 방법론의 내용과 유형을 좀 더 확장하여, 그것이 진정으로 사상사에 유효한 방법론이 될 수 있도록 해야만 할 것이다.

---

4) 「청나라 시대 사상사의 새로운 해석(淸代思想史的一個新解釋)」, 『역사와 사상』, 타이베이 : 연경출판사 사업공사, 1976, 1992, 124~125쪽.

3

　그러나 현존하는 사상사에 나타난 연속성의 유형을 분석하기에 앞서 필자는 먼저 이러한 연속성을 드러내는 『사상사』의 장절(章節) 형식에 대해 논의하고자 한다. 왜냐하면 기존의 『사상사』 중에서 사람들이 연속성의 의도를 찾는 것이 때로 무의식적으로 『사상사』의 장절 형식 속에서 소실되기 때문이다.

　연속성은 사상사 속에 존재하기 마련이므로 『사상사』에도 당연히 존재해야 한다. 통상적으로 『사상사』는 가능한 한 실제로 존재했던 사상의 '연속'을 드러내고자 한다. 그러나 이러한 사상의 연속성을 보다 명확하고 합리적으로 『사상사』에 표현하는 일은 결코 쉽지 않다. 현존하는 『사상사』 저작들 역시 가능한 한 주관을 가지고 연속성을 나타내고자 했으나 이러한 연속성의 '맥락'이 때로 장절에 의해 간략화되거나 아예 끊어져 단지 작자의 몇 마디 '방백(傍白)'으로 남게 되는 경우가 허다하다. 다시 말해 이른바 '사상의 연원'이나 '사상의 영향'이라는 표제 하에서 저자의 주제넘은 자신만의 표현에 의해 억지로 '맥락'을 연결시키는 경우가 적지 않다는 뜻이다.

　현재 사상사의 서술 방법은 통상 이러한 곤경에 처할 수밖에 없다. 앞서 이야기한 것과 마찬가지로 사상사의 서술 방식은 통상적으로 시간의 순서에 따라 사상가들에 관한 장절을 안배하는 것이다. 일반적으로 비중 있는 사상가는 한 장(章)을 모두 차지하고, 비교적 비중이 적은 사상가는 한 절(節)에서 취급한다. 만약 등급이 그다지 높지 않은 사람들의 경우는 한데 묶어서 한 절로 처리하고, 그 이하는 아예 몇 줄로 처리하기도 한다. 책에 몇 자 적어 그것으로 사상사의 각색을 맡기고, 이러한 사상가의 조합을 사상사라고 칭한다. 대부분의 『사상사』는 모두 이렇게 쓰여졌다. 이러한 저작 방식은 낡은 역사 텍스트의 전통이기도 하고, 새로운 역사학의 영향을 받은 것이기도 하다. 전통적인 '학안(學案)'은 오늘날 사상사의 추형(雛形)이라고 할 수 있다. 그것은 '소전(小傳)'과 '문선(文選)'의 방법으로 사상 혹은 학술사를 쓰는 방법이다. 또한 현재 서양이나 동양(일본을 가리킴 : 역주)의 영향을 받은 철학사나 사상사는 처음부터 한 사상가의 '생애/배경/사상/영향' 등으로 구성된 하나의 '절'과 시간적으로 연속되는 약간의 '절'로 구성된 '장'을 기본적인 틀로 삼아 써 내려간다. 일정한 편폭 내에서 거의 비슷한 분량의 장절, 거의 일치하는 내용, 그리고 일률적인 문풍으로 거의 차이가 없는 『사상사』를 만들어낸다. 의심할 바 없이 이러한 방법은 인물의 시대 선후에 따라 사상사의 장절을 배열하기 마련이고, 장절의 요점을 간추려 독자들에게 명확한 결론을 제공함으로써 대다수 사람들이 공동으로 인정하는 지식을 기억하거나 공부하기 좋게 만든다.

그러나 이러한 서술 방법의 이면에는 사상사의 관념이 자리잡고 있다. 책의 장절은 어떤 의미에서 작자의 서술 대상에 대한 인식을 반영한다. 사상사의 구성이 현재 저술 중에 있는 사상사 저작에 의해 몇몇 장절로 이루어질 때 이전의 『사상사』, 즉 실제로 역사 속에 존재하던 사상의 역사는 은폐되고 이후의 『사상사』, 즉 저자의 이해 속에 존재하는 사상의 역사가 이를 대신하게 된다. 그래서 장절은 역사를 가르고 연속성은 장절 속에서 소실되고 만다. 또한 사상은 사상사가에 의해 분할 포장된 상태로 독자들에게 제공되어 임의로 선택되고 읽히게 된다.

이러한 것은 사상사가 아니라 교과서이다. 20세기 초엽 중국의 인문 지식이 점차 전통적인 형태에서 현대적인 학과로 바뀌면서 서양 특히 동양(일본)으로부터 배운 저작 방법은 교과서적인 것이었다. 현재에 이르기까지 역사를 쓰고자 하는 학자들은 이러한 수법을 떠올리곤 한다. 필자 역시 마찬가지여서 본래 중국 사상사에 관한 강의 원고를 쓰려고 했을 때 최초 저작의 문장 풍격이나 장절 구조 등은 거의 '강의' 형식에 가까웠다. 그래서 한동안 그 원고는 「중국 사상사 강의」라고 불리기도 했다. 교사의 한 사람으로 필자 역시 교과서식 저작이 갖는 긍정적인 의미를 잘 알고 있다. 모든 세대의 학생들은 먼저 교과서식 저작을 읽으면서 사상사를 배우게 된다.

이에 따른 선입관이 그들에게 사상사 이해에 대한 틀을 제공하게 되고, 장절을 구분하는 구조 또한 그들에게 사상사에 대한 기억의 패턴으로 자리 잡게 된다. 그러나 연구자의 한 사람으로서 필자는 점차 이러한 교과서식 사상사 저작의 부정적인 영향을 심각하게 느끼기 시작했다. 왜냐하면 교과서는 일반적으로 하나의 전체적인 인식의 틀을 통해 여러 가지 의견을 하나로 묶어버리고, 복잡한 사상사를 암기하기 쉽도록 도식화시키는 경향이 있기 때문이다. 그것은 마치 '24사(二十四史)'를 증류시켜 '삼자경(三字經)'으로 만드는 것이나 3천여 년의 역사를 한 장의 계보도로 축소시키는 것과 다를 바 없다.

사상사를 인물 생애 사전이나 저작의 요점 선독용(選讀用) 텍스트로 만드는 것은 주로 강의나 기억 또는 시험을 치르는 데 편리하도록 하기 위함이다. 이는 일반적인 지식을 가르치는 데 효과가 있지만, 사상의 맥락을 찾아 연구하려고 한다면 이러한 방법은 결코 좋은 것이라고 말할 수 없다. 특히 교과서식 저작이 하나의 잘 짜여진 틀로써 이해의 폭을 그 범주 안에 한정한다거나 개성이 결핍되었음에도 불구하고 오히려 권위적인 언어를 통해 학술적인 서술을 관청의 서류처럼 만든다거나 혹은 판에 박은 듯한 형식으로 사상적 맥락을 상투적인 공식으로 만들 경우, 결국 교과서 안에서 잘 포장된 상투적인 인물만을 배양하게 될 따름이다.[5]

근년에 들어와 필자는 현재 수많은 간행물들의 평범함과 천편일률이 바로 이러한 교과서식 저술의 후유증 때문이라고 생각한다. 교과서식 저술의 배후에는 통일된 시험이 존재하고, 통일된 시험의 배후에는 확고한 권위를 상징하는 듯한 사상사의 담론이 존재한다. 그것은 교과서가 갖는 '권의(權宜 : 임시방편적 기능)' 를 '권위(權威)'로 바꾸어 놓았고, '권위' 는 읽기와 시험을 통해 사상사의 서술 방식을 암시하였다. 이러한 서술 방식은 장절의 형식과 내용을 일정한 틀로 삼아 사상사의 연속적 사유 방식을 나누어 기술함으로써 사람들에게 권위적인 집체적 담론을 보여준다. 권위적인 집체적 담론은 이러한 서술 방식의 합리성을 확인시킨다.[6]

그러나 이런 집체적인 담론 속에서도 능히 사상사를 쓸 수는

---

5) 「학술적 신화상전(學術的 薪火相傳 : 학술의 불씨는 대대로 전해진다)」, 『독서』, 1997년 제8기 참조.
6) 언젠가 진인각(陳寅恪) 선생이 진(晉)에서 당대(唐代)까지의 역사를 연구하는 선택 과목 강의를 시작하기 전에 학생들에게 참고서를 소개하면서 '여기저기에서 베끼고 관련 범위 또한 협소한' 몇몇 교과서에 대해 완곡하게 비판했는데, 유독 하증우(夏曾佑)의 『중학 역사 교과서』만은 칭찬을 했다. 그 이유에 대해 별 다른 언급은 하지 않고 다만 "작자가 공양학(公羊學) 금문학자(今文學者)의 시각에서 역사를 평론하여 독특한 견해를 제시했다"고 이야기했다. 만약 이러한 '독특한 견해' 가 현재 등장한다면 아마도 교과서 심사자의 눈에 들지 못해 교과서, 특히 중학교 역사 교과서의 자격을 얻기 힘들었을 것이다. 『진인각 선생 편년사 집(陳寅恪先生編年事輯)』 증간본, 상해고적출판사, 1997, 94쪽.

있다. 또한 대단히 많은 유사한 사상사를 쓸 수도 있다. 만약 이러한 교과서 방식을 굳이 탈피하고 싶지 않다면 그냥 그렇게 쓰면 그 뿐이다. 왜냐하면 그것 역시 그것 나름의 실용적인 합리성을 지니고 있기 때문이다. 잠시 필자 개인의 체험을 이야기하고자 한다. 이 책을 쓸 당시 필자는 청화대학에서 중국 사상사 과목을 개설한 적이 있었다. 처음 시작할 때 필자는 '사람'을 하나의 단원으로 삼아 그의 배경, 생애, 사상 등을 기계적으로 서술하는 기존 사상사 교과서의 기술 방식을 탈피하여 사상사가 전후로 서로 이어지는 사상적 맥락에 근거하여 강의하기로 마음먹었다.

그러나 강의를 하면 할수록 이러한 강의 방법의 어려움을 실감하게 되었다. 우선 교사가 강의하는 데 너무 힘이 든다. 왜냐하면 이러한 사상사의 사상적 맥락을 따라 진행하는 방법은 사상가를 순서대로 강의하는 방법과 전혀 달라 보다 세밀한 정리와 분명한 기술이 필요하기 때문이다. 만약 그렇지 않을 경우 이처럼 복잡한 사상사를 분명하게 설명할 방법이 없다. 또한 학생들도 수업을 듣느라 매우 고생하게 된다. 사상사의 사상적 맥락을 따라 강의할 경우 분명한 틀을 제공하기 어렵고, 더욱이 정확하게 구분된 장절에 따라 내용을 외우도록 할 수 없기 때문이다. 어떤 학생은 이에 대해 이의를 제기하기도 했다. 그래서 한 동안 필자 역시 힘만 들고 좋은 소리도 듣지 못하는 이런 방법을 포기할까 하는 생각이 들기도 했다. 그러나 일단 포기하면 그것은 곧 사상사의 연속성이라는 사유 방식에 따라 서술하는 방식을 포기하는 셈이 된다.

한참을 고민한 끝에 필자는 설사 내 방식에 따라 쓴 내용이 『사상사』로 인정을 받지 못하는 한이 있더라도 내 자신의 방식을 고수하리라 마음을 먹고 기존의 교과서 방식을 따라야 한다는 생각을 완전히 지워버렸다. 필자가 생각할 때 기존의 사상사는 연속성이 단지 한 가지일 뿐이지만 후세의 사람이 쓰는 『사상사』는 그들이 이해하는 시야 속에서 여러 가지 연속성을 지니게 될 것이다. 사상사를 쓰는 데 개인의 주관성을 인정하고 사상사의 새로운 기술 방식을 허락한다면 새로 기술한 『사상사』는 적어도 서점에 진열된 책 더미 속에 전혀 의미가 없는 책 한 권을 보태는 것에 그치지는 않을 것이며, 사상사는 도리어 새로운 연속성의 사유 방식을 보여줄 수 있을 것이다.

물론 이는 필자가 지금 쓰고 있는 『사상사』가 능히 '새로운 연속성의 사유 방식을 전개할 수 있다' 는 말은 아니다. 사실 필자 역시 이러한 교과서식의 저술을 통해 사상사에 진입했고, 그러한 낡은 투의 수법이 얼마나 지독한지도 잘 알고 있다. '머리를 치면 꼬리가 덤벼들고, 꼬리를 치면 머리가 달려드는' 장사진(長蛇陳) 식의 집체적 담론의 구조는 결코 약한 것이 아니어서 쉽게 붕괴되지 않을 것이다. 개인적으로 사상사의 연속성을 이해하는 사유 방식 또한 쉽게 세울 수 있는 것이 아니다. 필자는 이 책을 쓰면서 항상 마늘에 관한 수수께끼를 생각하곤 했다. "형제 7, 8명이 기둥을 에워싸고 앉아 있는데, 한 명이라도 일어나게 되면 옷이 찢어지고 만다." 사실 내가 걱정하는 것도 바로 이런 점이었다. 개인적인 사유 방식이 사람들에게 이미 익숙해진 사상사 쓰기의 방식에서 벗어날 경우 낡은 옷은 이미 찢어졌는데 새로운 옷을 아직 찾지 못하는 그런 상황이 오는 것은 아닐까?

그러나 그래도 괜찮다. 적어도 인물을 장절로 삼는 사상사의 서술 방식을 새롭게 바꾸는 것은 사람들도 쉽게 이해할 것이다. 왜냐하면 필자가 이해하는 것처럼 사상사에서 서술을 하거나 정리를 해야 할 것은 단지 정영(精英 : 엘리트) 사상이나 경전만이 아니라 일반 지식과 사상, 그리고 신앙 세계의 역사도 모두 포함하기 때문이다. 이러한 세계의 역사는 '인물'이나 '서적'으로 장절을 구분하지 않을 뿐만 아니라 일정한 시간에 따라 장절을 구분하여 처리하기도 어렵다. 또한 사상사에서 서술해야 할 엘리트 사상은 단지 사상가의 천재성에 속하거나 사상가의 깨달음만을 뜻하는 것이 아니라 그들의 전시대와 후, 지식 배경과 시대 분위기 속에서 전후 관계로 얽혀있다. 사상가는 이러한 것들을 '이야기하거나' '저술하여', 사상에 일종의 '표기(標記)'나 '명명(命名)'을 하는 것일 따름이다. 사상사의 의의는 그들의 공적을 평가하는 것이 아니다. 사상사는 죽은 귀신들의 출석부가 아니기 때문이다. 사상사에서 토론해야 하는 엘리트 사상 역시 서명권과 특허권을 지닌 한 권의 저작물이 아니다. 일반적으로 각각의 전적에 다양한 사상이 섞여져 있기 때문이다.

특히 고대 중국 사상사에서 동시대의 저작물은 상호 인용이나 차용하는 경우가 많았다. 또한 고대인의 저작은 새롭게 조합되고 맞춰졌으며, 후대 사람들의 새로운 해석이 그 안에 끼어들기도 했고, 초기 텍스트를 베끼는 와중에 후대의 어휘가 끼어드는 일도 적지 않았다. 과거에 어떤 사상의 발명권을 저작자에 따라 분배하고, 저작자를 시대의 선후에 따라 장절에 집어넣는 작업을 할 때면 항시 저작자의 진위와 선후 문제를 해결하기 위해 상당히 많은 정력을 소모하지 않을 수 없었다. 심지어 몇 대에 걸친 사상의 전파 과정을 한 사람에게 모두 포함시키는 일도 있었다.[7] 사마천은 『사기』를 쓸 때 특별히 '호견법(互見法)'을 사용했고, 사마광이 『자치통감』을 쓴 후 '기사본말(紀事本末)' 체가 생겨났다. 사실 이는 인물 위주로 전기를 쓰거나 매년 일어난 일만 기록함으로써 분열되는 것을 피하기 위함이었다. 그렇다면 현재의 사상사 역시 다시 한 번 생각해 보아야만 하지 않을까? '연속성'이란 분명 하나의 연속된 과정을 뜻한다. 그것은 일개 사상가나 한 권의 사상사 저작 속에서만 존재하는 것이 아니다. 특히 오랜 시간이 흘러 변화의 양태가 나타나는 일반 지식이나 사상, 그리고 신앙 세계의 경우 '인물'로써 장절을 삼는 사상사의 서술 방식으로 어떻게 설명할 수 있을 것인가?

4

사상사의 연속성 맥락은 『사상사』에서 어떻게 구현되는가? 오랜 시간에 걸쳐 끊임없이 이어진 일반 지식, 사상 및 신앙 등은 『사상사』에서 가장 기본적인 연속성을 지닌 내용이라고 말할 수 있다. 그러나 그 밖에 엘리트 사상이나 경전 사상의 연속성을 지닌 사상

---

7) 주책종(周策縱)은 최근의 문장에서 『노자』를 예로 들어 다음과 같이 이야기한 바 있다. "고대에는 현재 우리가 사용하는 장정본이 존재하지 않았다. 이른바 당시의 서적이란 주로 죽간, 목간이나 견백(絹帛:명주 천)에 쓴 것으로 오늘날 바인더 노트처럼 끼워 넣거나 바꾸기가 용이했다. 고대 사람들은 판본 문제에 대해 그다지 주의하지 않았기 때문에 베낄 때 일부를 바꾸는 일 또한 흔히 있었다. 일부 학자들은 '성서(成書)', 즉 언제 책이 만들어졌다는 말을 쓰길 좋아하는데, 이는 지나치게 막연하고 관념 또한 정확하지 않은 어휘가 아닐 수 없다." 「5·4 사조의 한학에 대한 영향과 그 검토(五四思潮對漢學的影響及其檢討)」, 『한학 연구의 회고와 전망(漢學研究之回顧與前瞻)』 하책, 중화서국, 1995, 164쪽.

적 맥락 역시 『사상사』에서 표현할 수 있다. 아래에서 사상사의 연속성의 세 가지 유형에 대해 예를 들어 설명해 보고자 한다.

첫 번째 연속성은 전통 사상의 명제에 대한 부단한 해석 속에 존재한다.[8] 예를 들어 공자는 "미지생 언지사(未知生 焉知死 : 삶에 대해서도 아직 다 모르는데 어찌 죽음을 알겠는가?)", "미능사인 언능사귀(未能事人 焉能事鬼 : 살아 있는 사람도 채 섬기지 못하면서 어찌 귀신을 섬기려고 하는가?)"라고 말한 적이 있다. 그런가하면 그의 제자는 "부자지언성여천도 부득이문(夫子之言性與天道 不得而聞 : 공자께서 성과 천에 대해 말씀하신 것을 들은 적이 없다)"이라고 말하기도 했다. 이러한 것들은 공자가 의식적이든 아니면 무의식적이든지 간에 소홀하게 다루었던 명제로써 후대 사람들에게 끊임없이 해석할 여지를 남겨주었다. 어쩌면 이는 공자가 귀신, 천도(天道), 인성(人性) 등 미지의 영역에 대해 완곡하게 부정하면서 가정, 가족, 사회 등 현실 세계에 대해 긍정하는 내용이었을지도 모른다.

그러나 후대 사람들은 오히려 이것이 공자가 의도적으로 후세 사람들에게 남겨준 화제라고 이해했다. 맹자와 순자의 시대에는 천도와 인성에 관해 이미 공자 시대의 한계를 벗어난 해석이 등장했다. 그들의 해석은 공자가 소홀하게 다루었던 사상 명제에 대해 새로운 의의를 부여한 것이자 공자나 그의 70여 제자를 포함한 초기 유학자와 전국시대 중엽의 유학자 사이에 분명한 한계를 짓는 것이

---

8) A. O. Lovejoy의 『The Great Chain of Being : A Study of An Idea』에 따르면 이러한 방법은 '금 세기의 것'과 '후세기의 것'이란 두 가지 관건이 되는 개념에 대한 서로 다른 해석의 역사 연구를 통해 서구 사상의 역사를 토론하는 것이다. 이홍기(李弘祺), 「사상사의 역사 연구에 관한 시론(試論思想史的歷史研究)」, 『중국 사상사 방법론 문선집』, 타이베이 : 대림출판사, 1981, 252쪽.

기도 하다. 3세기에 현학이 발흥한 후 새로운 사상을 모색하는 이들 역시 이러한 사상 공간을 이용하여 노자와 장자의 사상에서 새로운 자원을 얻어 새로운 길을 개척했다. 순찬(荀粲)은 "자공이 공자께옵서 성과 천도에 대해 말한 것을 듣지 못했다고 한 것을 생각해 보면 비록 육경(六經)이 존재한다고 하나 실로 성인 말씀의 쭉정이에 지나지 않는다"[9]고 말하고 유가 경전을 한 구석으로 밀쳐놓았다. '노자와 장자의 논의를 좋아했던' 하안(何晏)은 『논어집해』에서 '성과 천도' 의 구절을 해석하면서 "성이란 사람이 태어나면서 받는 것이다", "천도란 원형(元亨)으로 나날이 새로워지는 도로서 심히 미묘하여 이해하기 어렵다"[10]고 하여 '성과 천도' 에 관한 화제를 사상에서 선점해야 하는 중요한 문제로 보았다. 나이 어린 천재 왕필(王弼) 역시 유가의 경전을 통해 유가적 사유가 도가의 현묘한 사유로 전화되어 가는 근거를 찾았다. 상당히 많은 한나라 시대 경학가(經學家)들이 『주역』에 대해 해석한 주해(註解)를 통해 또 다른 지식으로 옮겨가고 또 다른 사상을 발휘할 수 있는 공간을 찾았다.[11]

마찬가지로 4세기에 불교가 중국에 전래되면서 그것 역시 이러한 명제에 대한 해석 공간을 전면적으로 이용했다. 「모자이혹론

---

9) 『삼국지』 권10, 「위서 순욱순유가후전(魏書荀彧荀攸賈詡傳)」 주석, 319쪽, "常以爲子貢稱夫子之言性與天道, 不可得聞, 然則六籍雖存, 固聖人之糠粃". 또한 유소(劉邵)는 『인물지』에서 전국시대 유가의 오행설과 도가의 자연설을 이어받아 '중용' 을 도가적으로 해설했는데, 이역시 한 예라고 할 수 있다. 탕용동(湯用), 「인물지를 읽고(讀人物志)」, 『위진 현학 논고(魏晉玄學論稿)』, 『탕용동 학술 논문집』, 중화서국, 1983, 196~213쪽.

10) 『논어주소』, 『십삼경 주소』, 2474쪽, "性者, 人形之所受以生也." "天道者, 元亨日新之道, 深微, 故不可得而聞也."

11) 예를 들어 『주역 주』를 보면 마융(馬融 : 觀卦 卦辭注), 송충(宋忠 : 革卦 卦辭注), 정현(鄭玄 : 革卦 上六爻辭注, 泰卦 初九爻辭注) 및 우번(虞飜)과 왕숙(王肅)의 해석을 차용하고 있다. 카가에이지(加賀榮治), 『중국 고전 해석사 위진편』, 도쿄 : 게이소쇼보(勁草書房), 1964, 201~202쪽.

(牟子理惑論)」에 보면, 자로가 사후의 세계에 대해 언급하자 이에 대해 공자가 대꾸하지 않은 것은 "자로가 본질을 묻지 않음을 경계한 것이며, 이로써 그를 억제하고자 함일 뿐이었다"[12]라는 완곡한 설명이 나온다. 이는 다시 말해 공자는 능히 사후 세계에 대해 말할 수 있었으나 다만 자로와 이에 대해 언쟁하기를 꺼렸을 뿐이라는 뜻이다. 이 역시 불교가 삼세(三世) 귀신에 대해 강론할 수 있는 여지를 마련해 준 셈이다. 5세기에 종병(宗炳)은 『명불론(明佛論)』에서 유가의 한계에 대해 언급하면서 "삶에 대해서도 아직 다 모르는데 어찌 죽음에 대해 알겠는가?", "살아 있는 사람도 채 섬기지 못하면서 어찌 귀신을 능히 섬기려고 하는가?", "성과 천도에 대해 들을 수 없었다" 등 세 가지를 예로 들고 있다. 유가가 남긴 사상적 공백은 이렇듯 불교의 사후 세계와 인과응보설, 그리고 '인성이 곧 불성이다' 는 등등의 사상과 지식이 차지할 해석 공간과 존재 이유를 마련해 주었던 것이다.[13]

---

12) 『홍명집』 권 1, 9쪽, "疾子路不問本末, 以此抑之耳", 서부비요본(四部備要本), 중화서국.

13) 『홍명집』 권 2, 23쪽. 물론 이것이 현학(玄學) 흥기의 외재적 요인이 존재한다는 것을 부정하는 것은 아니다. 예를 들어 위정통(韋政通)은 『중국 사상사』(타이베이 : 대림출판사, 1980, 717쪽)에서 경학이 "미혹되고 금기로 삼았던 것을 집대성하여 정치, 사회적으로 엄중한 혼란을 이야기시키자 양웅, 환담, 왕충 등의 비판과 반동을 불러왔다. 그리하여 사상 역시 새로운 변화를 겪게 된 것이다"라고 말한 바 있다. 이는 기본적으로 '쇠락 ― 반동'의 학설, 즉 부정에 대한 부정의 사고 방식을 택한 것이라고 말할 수 있다. 아가즈까 다다시(赤家忠) 등이 편찬한 '사상사' (장소중 옮김, 『중국 사상사』, 타이베이 : 유림출판사, 1981, 169쪽)에서도 한진(漢晉) 사상의 전변에 대해 토론하면서 경학과 유학이 한나라 시대 왕조의 의식 형태로 고정되었으나 "전한 말기와 후한 말기의 혼란을 겪으면서 왕조 체제가 동요하면서 새롭게 전반적으로 사상을 파악하려는 욕구가 생겨나게 되었다." 그래서 역학과 노장 사상이 부활하게 되었다고 말한 바 있다. 이 역시 외부의 정치적 배경을 통해 이해하는 사고 방식이라고 말할 수 있다. 그러나 이러한 외연의 작용을 강조하는 것만으로는 '저 사상'이 아니라 '이 사상'의 자원이 새롭게 흥기하게 된 필연적인 연고를 정확하게 해석할 수 없다.

필자의 생각에 또 다른 사상사의 연속성은 언뜻 보기에 단절된 것처럼 보이는 곳에서 드러나는 것 같다. 이는 항시 인간들의 이성이 날로 우세를 점하는 상황에서 조성되는 사상과 지식 간의 '탈피', 즉 허물벗기 과정이라고 할 수 있다. 예를 들어 유가의 기원 문제와 관련해서 과거의 사상사는 유가의 출현을 주로 그들의 사상과 어휘의 내원, 즉 '천'에 대한 관점이나 '인' 개념, 또는 '덕' 사상 등등에서 찾았다. 사실 이러한 것은 일종의 '회소성 추인(回溯性追認)', 즉 거슬러 올라가 추인하는 것이라고 말할 수 있는데, 이럴 경우 우리는 먼저 이러한 사상과 어휘가 유가의 전매품이라는 것을 확인해야만 한다. 그런 다음 위로 거슬러 올라가 그것의 내력을 찾아 그 시원을 확인하고 모든 것을 그것에게 돌려버리곤 한다.[14]

　　그러나 우리들이 고대의 생활 습관이나 제사 의식에서 이러한 습관이나 의식이 파생할 수 있는 여러 가지 관념을 빗질하듯 도출하는 경우는 드물다. 예를 들어 고대 의식에서 진퇴의 질서를 중시한 것이나 의식을 행할 때 사용하는 상징물에 대한 존중에서 '예악'과 '인애', 그리고 '명분' 등에 대한 사상을 도출해낼 수 있지 않을까? 필자는 유가가 의복의 색채, 형제(形制), 상징적 의미에 대해 중시한 것에서 유가의 기원을 흐름에 따라 순조롭게 이해할 수 있다고 생각한다. 이성이 사상을 점차 구체적이고 신비하며 또한 실용적인 의미가 있는 형식에서 탈피하여 순수한 '사상'으로 변화시

---

14) 이 점에 대해 조지프 에서릭(Joseph W. Esherick)은 『의화단 운동의 기원(*The Origins of The Boxer Uprising*)』 중문판 서문에서 일본 학자 고바야시 가즈미(小林一美)의 말을 인용하면서 이러한 "심친(尋親 : 원래 친족을 찾는다는 뜻이나 본문에서는 사상의 계보를 찾는다는 의미이다 : 역주)에 몰두하는" 방법에 대해 비판한 적이 있다.

킬 때 조작할 수 있는 지식이나 기술적인 내용은 점차 이성에 의해 '사상' 에서 벗어나 단순한 기술로 변하고 만다. 그래서 사상과 기술 사이에 존재하는 장막이 합쳐지면 '단절' 이 '연속' 을 대신하게 되는 것이다.[15] 이는 도교의 경우도 마찬가지이다. 도교 역시 그 형성과 상층 세계로의 진입 과정에서, 정치 권력에 의해 '이단' 으로 취급받고, 정치 이데올로기에 의해 '음사(淫祀)' 로 간주되었으며, 또한 이성주의 사상에 의해 '무속' 으로 치부되었던 전통이 끊임없이 벗겨지는 현상이 숱하게 생겨났다. 초기 도교가 지니고 있던 준(準) 군사적 조직과 상당히 힘들고 신비한 의식, 음란하고 복잡한 숭배 계보, 그리고 고대 중국의 주류였던 윤리의 준칙에 위배되는 여러 가지 수행 방법 등등이 모두 이러한 과정에서 점차 사라지게 되었던 것이다.

그래서 필자는 이러한 역사의 한 시절을 일러 '청정도교(淸整道敎)' 라고 명명했던 것이다. '청정' 이란 말은 구겸지(寇謙之)가 한 말인데, 이 말은 또한 '탈매(脫魅)' 또는 '탈피' 의 자각 과정에 대한 표명이라고 말할 수 있다. 도교에서 이러한 과정이 끝이 난 후, 당시 사람들이나 후세 사람들에게 그릇되고 지나친 습속이거나 무격의 방술로 간주되던 것들이 도교에서 말끔히 퇴출되어 '소전통(小傳統 : 작은 전통)' 으로 향해가고, 대신 도교는 '소전통' 에서 지식 계층의 '대전통(大傳統 : 큰 전통)' 으로 진입하게 된다. 그래서 그 안에서 또

---

15) 이러한 역사에 관해서 일찍이 장태염, 호적 등이 상당히 심도 있는 연구를 한 바 있다. 현재 염보극(閻步克)과 진래(陳來) 역시 이에 대해 새로운 이해와 해석을 제기하고 있다. 염보극, 『사대부 정치의 변화와 발생사(士大夫政治演生史稿)』, 북경대학출판사, 1996 ; 진래, 『고대 종교와 윤리 － 유가 사상의 근원(古代宗敎與倫理 － 儒家思想的根源)』, 북경 : 삼련서점, 1996.

다시 '단절' 처럼 보이는 연속이 생겨나게 되는 것이다.

　세 번째 연속성은 외래의 지식과 사상의 극렬한 충격을 받았을 때 생겨난다. 역사 전통에 익숙한 사람들은 변화에 직면하게 되면 자신을 돌이켜 원래 지니고 있던 지식과 사상의 자원 속에서 새로운 지식과 사상에 대한 새로운 이해와 해석을 찾게 된다. 이때 연속성이 발생하게 된다. 이러한 이해와 해석 속에서 외래의 지식과 사상은 전통 속으로 융해되고, 또한 전통을 변화시킨다. 이때 지식과 사상은 언뜻 '단절' 된 것 같지만 여전히 연속되고 있다.

　아마도 불교가 중국에 들어왔을 때도 이러했을 것이다. 진인각(陳寅恪)은 전혀 아랑곳 하지 않고 뽑아낸 것 같은 '격의(格義)' 와 '합본자주(合本子注)'[16]의 형식을 통해 고대 중국인들이 자신의 지식과 사상 자원을 이용하여 불교를 여러 가지로 이해하고 해석함으로써 불교를 중국 사상 세계에 편입시켰으며, 또한 중국 사상을 불교에 융합시켰다고 보았다. 만청(晩淸)의 대변환 시대에 불학이 새롭게 부흥한 까닭도 근대 중국인들이 서구의 지식과 사상을 수용하면서 불학이 서구의 자원을 이해하는 데 도움을 줄 수 있을 것이라고 여겼기 때문이다.

　예를 들어 자신들이 과거에 생각하지 못한 미시적 세계는 불교의 "일적수중유사만팔천충(一滴水中有四萬八千蟲 : 한 방울의 물에 사만 팔천의 벌레가 있다)" 이라는 말로 이해했으며, 또한 자신들이 알

---

16) '격의(格義)' 의 원래 뜻은 어떤 지역의 문화나 사상이 다른 곳에 전파될 때 일정하게 굴절되는 현상을 말한다. 특히 중국에 불교가 전래되면서 도가의 사상으로 불가 사상을 해석하여 원시 불교와 또 다른 독특한 중국 불교가 이루어졌다. '합본자주(合本子注)' 는 원문과 주석을 배합하는 형식으로 남북조 시대에 크게 유행했다 : 역주

지 못하는 광활한 우주에 대해서는 불교의 "지륜외유수륜 수륜외
유풍륜(地輪外有水輪 水輪外有風輪 : 지륜 밖에 수륜이 있고, 수륜 밖에
풍륜이 있다)"는 말을 통해 상상하고자 했다. 과거에 중국인들이 잘
알지 못했던 '나집(邏輯 : Logic의 음역)'의 경우 인도에서 전해진 인
명학(因明學)으로 견주고자 했고, 분석이 세밀하고 분류가 복잡한
서구의 심리학은 더욱 세밀하고 복잡한 유식학(唯識學)으로 초월하
고자 했다. 그래서 이를 통해 이해와 해석의 근거를 마련했을 뿐만
아니라 이를 수용하고 소화하는 데 자신감을 지니게 되었던 것이
다. 만청 시절에 불학이 흥기하면서 이처럼 서학에 대한 사람들의
이해가 변화했을 뿐만 아니라 아울러 불학에 대한 이해도 변화하게
된 것이다.[17] 사상사는 이렇게 연속되면서 현실에 반응하여 역사의
기억을 소생시키며, 역사의 기억은 칩거하고 있던 지식과 사상의
자원을 다시 불러들인다. 그리고 이러한 자원은 이해의 소재가 되
어 선택을 통해 새로운 지식과 사상을 해석하게 된다. 이러한 상황
에서 역사는 한편으로 전통의 자원과 하나로 연결되면서 새로운 자
원을 받아들여 시간 속에서 양자가 서서히 융합되는 것이다.

5

이 책(『중국 사상사』)에서 필자는 나름의 이해를 통해 사상사의
연속성 맥락을 찾고자 한다. 따라서 공자나 노자, 아니면 동중서나

---

17) 갈조광, 「만청 불학 부흥을 논함(論晩淸佛學復興)」, 『학인(學人)』 제10집, 강소문예출판사,
     1996.

왕필이든 관계없이 특정한 인물에 따라 장절을 구분하지 않는다. 또한 모종의 사상이나 논설을 어떤 사상가의 연대에 정확하게 귀속시키는 경우도 없을 것이다. 연대 역시 비교적 광범위하고 심지어 느슨할 것이다. 필자는 비교적 긴 시간 안에서 사상사의 흐름을 서술하고자 한다. 따라서 혹시 과거 사람들이 중요하게 여겼던 사상현상을 놓치는 경우도 있을 것이며, 많은 이들이 덜 중요하다고 생각하는 사상 현상을 과다하게 서술하는 경우도 있을 것이다. 이는 필자 개인의 관점이 다른 사람들과 다르기 때문이다. 예를 들어 필자는 어떤 사상가의 생애나 저작에 대해서는 별로 관심이 없다. 또한 어떤 사상가의 역사상의 지위가 어떠했는가에 대해서도 그다지 쓸 생각이 없다. 오히려 필자는 어떤 사상가 개인에게 속하지 않는 사상의 역사에 대해 보다 많은 지면을 할애할 것이다.

예컨대 고대 의식(儀式)은 어떻게 그 상징적인 의미 속에서 체계를 갖춘 사상을 만들어 냈으며, 고대 수술(數術)과 방기(方技)에 내재한 지식과 사상은 어떻게 자신의 문화적 품격을 경전의 지위 체계까지 올릴 수 있었는가? 불교가 전래되면서 중국은 어떤 자극을 받았으며, 중국의 '사이(四夷)'에 관한 관념은 어떻게 바뀌었는가? 무격(巫覡)의 그것과 다를 바 없던 초기 도교의 지식과 기술, 그리고 군대와 유사한 교단의 형식이 어떻게 정치 권력의 압제 하에서 주류의 전통을 바꾸고 융합하였는가? 등등이다.

필자의 개인적인 이해에 따르자면, 이러한 것들이 더욱 중요하다. 왜냐하면 사상사는 옛날 사상가에게 차례대로 자리를 마련하여 과연 어떤 사상가가 위대하고 고명한지를 평가하는 것이 아니며, 또한 사상의 연표를 만들어 다른 나라의 사상가와 발명권이나 저작

권을 다투기 위한 것이 아니기 때문이다. 필자가 생각하기에 사상사 독자가 반드시 알아야 할 것은 인명이나 연대를 암기하는 데 있지 않다. 그런 것들은 단지 시험 답안을 찾는 데 필요할 따름이다. 이보다 더욱 확실하게 알아야 할 것은 과연 현대 중국의 지식, 사상, 신앙이 도대체 어떻게 고대 중국에서 연속되었으며, 고대 중국의 지식과 사상, 그리고 신앙이 어떤 사상적 맥락을 통해 연속되었고, 그러한 지식, 사상, 신앙의 연속되는 사상적 맥락 속에서 어떤 사상 자원이 지금의 사상으로 새롭게 해설될 수 있는가에 관한 것이다.

1980년대 이래로 사람들은 수많은 화제를 토론하였다. 그 대부분의 화제는 이미 사람들의 뇌리에서 사라졌으나 몇 가지는 여전히 끊임없이 제기되고 있다. 그 가운데 하나가 바로 '다시 쓰기'이다. 문학사, 문화사, 철학사 다시 쓰기가 마치 유행처럼 행해졌는데, 사상사 다시 쓰기도 당연히 포함된다. 다시 쓰기란 대단히 엄숙한 일이며, 또한 상당히 사람을 유인하는 일이기도 하다. 어쩌면 이는 필연적인 일일 수도 있다. 역사가 일정한 시간을 지나게 되면 언제나 고개를 돌려 그 이전의 그림자를 돌아보게 된다. 역사의 한 페이지가 넘어갈 때 사람들은 언제나 지나왔던 길을 다시 돌아보면서 끊임없이 새로운 이해와 해석을 하기 마련이다.

이는 지식과 사상이 더욱 새로워지는 과정이며, 그 과정이 바로 역사를 구성한다. 필자 역시 거듭 새롭게 생각하고자 했다. 그러나 필자가 쓰고자 하는 사상사가 반드시 사상의 진정한 역정을 정확하게 서술하고 있다고 말하고 싶지는 않다. 오히려 필자가 설명하고자 하는 것은 『사상사』가 필자의 사상사의 연속성에 대한 개인적인 이해에 불과하며, 개인의 사상사는 단지 자신이 이해한 하나의 사상적 맥락을 제공하는 것일 뿐이라는 것이다. 이는 결코 필자의 관점에 동의해 달라고 권유하거나 독자들에게 필자의 사상적 맥락에 따라 표준 답안을 제출해 달라는 말이 아니다. 단지 중국 사상사의 연속적인 과정이 아마도 이러할 것이며, 아울러 『사상사』 다시 쓰기가 가야할 길은 여전히 멀기만 하다는 것을 말하고자 할 뿐이다.

5 장

그리지 않은 곳도 모두 그림이다.

    사상사는 사상이 정체되어 보이거나 눈에 띄게 평범한 시대는 서술하지 않는다. 다음과 같은 이유 때문이다. 우선 사상사의 서술 형식면에서 볼 때 엘리트 사상이 결여될 경우 사상가에 따라 장절을 배분하는 데 익숙한 서술자가 이를 처리할 방법이 없기 때문이다. 따라서 사상사는 어쩔 수 없이 '공백'으로 남고 만다. 다음 사상사 서술 관념의 측면에서 본다면 아마도 진화론적 낙관주의로 인해 사상가들이 그런 시대를 생략해도 좋다고 믿게 되고, 자신들의 책임은 사상사를 옛 것을 비판적으로 계승하고 새로운 것을 창조하는 거대한 연결고리로 삼는 데 있다고 간주하고 있기 때문이다.

    마지막으로 사상사의 서술 심리적인 측면에서 볼 때 평범한 시대는 역사학자를 고무시키기 어렵고, 전혀 변동이 없이 천편일률적인 침체가 지속되어 깊이 있는 탐구 욕망을 사그라지게 만들기 때문일 것이다. 그러나 한편으로는 '현재에서 과거로 소급하는' 사고 방식을 통해 오늘날 사람들이 그 시대를 '공백'이라고 단정하는 것은 때로 마음속에 미리 사상사의 가치 판단의 척도를 준비하고 있기 때문이고, 다른 한편으로는 '위인설관(爲人設官)' 식 서술 방법으로 인해 사상사가가 장절에 배치할 수 있는 사상가가 없을 경우 이러한 '2류 또는 3류' 사상을 일률적으로 생략해버리기 때문이다. 그래서 사상사는 단절과 공백이 있는 것처럼 보이게 된다.

그러나 사고 방식을 바꾸어 생각한다면 어쩌면 '공백'은 의미 있는 내용의 한 가지이고, '단절'은 의의를 지닌 연속의 한 가지라고 볼 수도 있다. 중국 서화론(書畵論)에서 가장 중국적인 이론에 따르면 그림을 그리지 않은 여백 또한 그림이며, 글씨의 필획이 끊긴 곳에 정신이 드러난다. 종이에 착색되지 않은 공간은 구름이거나 물빛일 수 있으니, 이는 감상하는 이가 체험을 통해 보충을 하거나 상상을 할 수 있는 영역이라는 것이다. 그래서 여백은 상당히 풍부한 포괄적 내용을 담고 있으며, 비백(飛白 : 물을 적게 하여 붓 자국에 흰 잔줄이 생기게 쓰는 서체)은 특별한 의취를 드러내기도 하는데, 반대로 필획이 풍부하고 윤택하면 아마도 지나치게 '실(實)'하다는 비판을 받게 될 것이다.

문제는 사상사는 예술적인 서화가 아니라는 점이다. 따라서 단지 한 번의 필획으로 스쳐 지나가면서 독자들에게 나름대로 상상하여 사상사의 공백을 메울 것을 바랄 수 없다. 이치에 따르자면, 사상사는 '변화'로 충만한 시대를 써내야 할 뿐만 아니라 평온하게 '지속'하는 시대도 써내야 한다. 역사를 읽는 이가 예술 감상자와 구별되는 가장 큰 이유는 그가 공백 상태의 역사를 제멋대로 상상할 수 없다는 데에 있다.

그럼에도 불구하고 사상사를 저술하는 이들은 평범하고 정체된 것처럼 보이는 역사 시기는 무시하고 사상사의 공백으로 남겨놓는다. 그러나 이러한 공백은 서화의 여백이나 비백처럼 사람들에게 심오한 의미를 제공하는 것이 아니라 오히려 앞뒤로 이어지는 사상사의 맥락을 방해할 뿐이다. 이는 정상적인 현상이라고 말할 수 없다. 다음과 같은 이유 때문이다. 사상사는 언제나 기성의 것을 보존하려는 경향과 변화시키려는 경향 사이를 오가기 때문에 표면적으로 볼 때 기복(起伏)은 물론이고, 긴장과 이완이 연속된다. 이른바 질서를 안정화하는 경향과 기존 질서의 변화를 추구하는 경향 사이에 벌어지는 긴장이나, 전통을 지속하려는 생활 방식과 이미 굳어진 사회 구조를 타파하려는 의도 사이의 긴장이 거의 모든 사상 시대를 뒤덮고 있다.

그래서 기존의 문화 질서를 보존하고 탐색하는 경향이 짙은 시기에는 사상사가 평범하고 범속한 안정 형태로 드러나고, 이와 달리 새로운 문화 형식을 창조하기 위한 탐색의 시기에는 사상사 또한 다른 시기와 다른 도약의 모습을 드러낸다. 사상은 이렇듯 '변이(變異)'와 '면연(綿延 : 끊임없음)', '철현(凸顯 : 두각)'과 '칩복(蟄伏 : 잠복)' 사이에서 자신의 역사를 써 내려가고 있는 것이다. 바로 이러한 이유 때문에 마치 정체된 것만 같은 시대에도 사상의 역사는 계속 앞으로 나아가고 있으며, '공백(空白)'의 배후도 발표되지 않은 문자로 가득 채워지고 있는 것이다.

1

　　전통적인 사상사 기술 방법의 이면에는 '사상사는 사상가의 사상사'라는 관념이 은연중에 숨어 있다. 또한 '사상사는 사상가의 사상사'라고 하는 사고의 이면에는 사상사의 가치 판단 관념이 암암리에 자리하고 있다. 한 시대를 '진화의 계보' 속에서 진보와 전환의 상징적인 인물로 충당될 수 없을 때 사상사는 한 단계 격을 낮춰 '2류나 3류' 인물에 대해서는 서술하려고 하지 않는다. 그들에 대해 쓰는 것을 마치 사상사에다 지나치게 무거운 짐을 지우는 것처럼 여긴다. 그들은 사상사란 역사를 서술하는 데 그치는 것이 아니라 역사를 평가하는 일이기도 하다고 생각한다. 따라서 역사란 영광스러운 과거 시험 합격자의 명단처럼 아무나 손쉽게 이름을 올릴 수 있는 것이 아니다. 일단 합격 점수가 낮으면 뒷문으로 들어올 여지가 생겨 사상사가 지극히 방대해질 것이라고 생각한다. 그래서 사상사의 인물 선정에 있어 "차라리 빼놓을지언정 넘치지 않게 한다"는 나름의 척도를 정해야 역사의 기치를 높이 들고서 저술의 양을 가능한 간소화하고, 또 역사의 표준을 확정할 수 있을 것이라고 여긴다.[1]

　　물론 이 역시 상당히 존중할 만한 서술 방식이기는 하다. 그러

---

1) 이는 철학사 서술의 영향을 받은 때문인 듯하다. 아더 라이트(Arthur F. Wright)는 사상사 연구 방법론에 관한 글에서 철학사를 사상사로 대체할 것을 건의했다. 그가 이렇게 주장한 것은 조지 보아스(George Boas)가 말한 것처럼 철학사가 단지 '사상의 핵심'과 '기재해야 할 본질'만을 연결시키는 데 관심을 지니고 "전면적인 지성(知性) 생활은 언급하지 않으면서 관념의 생성, 폐기, 시대 낙후, 또는 효능 상실 이후에 여전히 잔존하는 원인에 대해서 소홀하게 다룬다"고 생각했기 때문이다. 장단혜(張端穗) 편역본, 『중국 사상 연구 방법(研究中國思想的方法)』, 『월간 중화 문화 부흥(中華文化復興月刊)』, 제15권 제5기, 타이베이, 1982, 17쪽 참조.

나 한편으로 이것은 인문 사상의 역정을 건축 공사장에서 쓰는 진도표 정도로 간주하여 마치 단계적으로 향상되는 것이 없으면 합격 자격이 부족하다고 보는 것과 다를 바 없다. 다른 한편으로는 구(舊)시대 역사학에서 "한 글자의 포상은 빛나는 곤룡포보다 영예롭고, 한 글자의 폄하는 도끼보다 매섭다"는 포폄 원칙을 뒷문으로 들어오도록 하는 것처럼 잘못된 표창을 하면 사상의 방향을 잘못 이끌 수 있다. 그렇다면 지금까지는 따져 물은 적이 없지만 다음과 같은 질문을 던질 수 있을 것이다.

우선 사상사에서 1류나 2류의 구분이 본래부터 존재하는 것이었는가, 아니면 사상사를 저술하는 사람이 저술 과정에서 지속적으로 돌출시킨 결과인가? 사상사 저작은 진실로 이른바 엘리트 사상을 표창하고 거듭 서술하기 위함인가? 왜 그 밖의 다른 사상 현상은 사상사의 장절이 되지 못하고, 인정받았다고 여겨지는 엘리트들로만 장절을 삼아야 하는가?

하나의 예를 들어보자. 당나라 시대의 사상, 특히 7세기에서 8세기에 이르는 200년 동안의 유학을 중심으로 한 주류 지식 상황과 사상 형태가 일반 생활 세계에 미친 지대한 영향에 대해서는 대부분의 사상사나 철학사에서 그 기간을 공백으로 남기고 있다. 비교적 영향력이 있는 몇 가지 사상사나 철학사에서 이것을 쉽게 확인할 수 있다. 1916년 출판된 사무량(謝無量)의 『중국 철학사』 제2편 '하'에 보면 제6장 「문중자(文中子)」, 제7장 「당나라 시대 철학 총론」, 제8장 「당나라 시대 불교 약술(略述)」에서 곧장 제9장 「한유(韓愈)」로 이어진다. 또한 1929년 대학 교재로 출간되었다가 곧바로 영향력을 상실하게 된 종태(鍾泰)의 『중국 철학사』도 마찬가지이다.

이 책은 상권 제2편에서 왕통(王通)에서부터 수당 불교 종파까지 다룬 다음 곧이어 9세기 한유에 대해서 언급하고 있다. 이 책과 거의 동시에 출간되어 지금까지 영향을 미치고 있는 풍우란(馮友蘭)의 『중국 철학사』는 수당(隋唐) 시대로 들어와 당시 불교 사상을 서술한 다음 제10장에서 7세기에서 8세기까지의 주요 이데올로기를 논하고 있는데, 몇 백자 정도로 간략하게 수대(隋代) 왕통에 대해 언급한 후 곧바로 중당(中唐) 시대 한유로 넘어간다.[2] 이러한 서술 방식은 1930년대 이전 학계가 마치 약속이나 한 듯 비슷한데, 아마도 이것은 국외의 영향을 받은 때문인 듯하다. 당시 중국 학계는 일본인 엔도 류키치(遠藤隆吉)의 『지나사상발달사(支那思想發達史)』, 다카세 다케지로(高瀬武次郎)의 『지나철학사』, 와타나베 히데카타(渡邊秀方)의 『중국 철학사 개론』 등에 일정한 영향을 받았다. 그런데 이러한 책들은 대부분 왕통에서 한유로 이어지고 중간에 수당 불교를 한 대목 덧붙였을 뿐이다.[3]

---

2) 사무량(謝無量), 『중국 철학사』 제 2편, 중화서국, 1916, 45~55쪽 ; 종태(鍾泰), 『중국 철학사』 상권, 상무인서관, 1929, 1934, 170~182쪽 ; 풍우란(馮友蘭), 『중국 철학사』 하책, 상무인서관, 1930, 중화서국(重印本), 1984, 800~801쪽.

3) 엔도 류키치(遠藤隆吉), 『지나 사상 발달사』(도쿄 : 후산보富山房, 1903, 1907) 제4편은 왕통(王通)에서 끝나고, 제 5편 「사회의 대성(社會の大成)」은 「총론(總論)」, 「당나라 시대의 정치적 혁신(唐代の政治的革新)」 뒤에 「불교 사상의 과정(佛敎思想の過程)」을 소제목으로 삼아 두순(杜順), 종밀(宗密), 한유(韓愈)를 서술하고 있다. 앞에 나오는 두 사람은 불교 화엄 계통이기에, 당나라 시대 주류 사상에 관한 내용은 왕통과 한유만 있을 뿐 그 중간은 공백 상태라고 할 수 있다. 다카세 다케지로(高瀬武次郎) 『지나 철학사』 제4편 「당나라 시대 철학」도 대동소이하여 몇 마디 당나라 시대 유학 상황을 개략적으로 설명한 뒤 한유로 넘어간다. 『지나 철학사』 의 중문본은 『중국 철학사』라는 이름으로 출간되었다. 조남평(趙南坪) 옮김, 기남(曁南)대학 출판부, 1925 ; 와타나베 히데카타(渡邊秀方)의 『중국 철학사 개론』 제2편 「육조 철학」은 왕통에서 끝나며, 제3편 「당나라 시대 철학」은 '총론' 뒤에 역시 곧바로 '한유' 와 '이고' 로 이어진다. 일문판, 와세다 대학 출판부, 1924 ; 중문판, 유간원(劉侃元) 옮김, 상무인서관, 1926, 1933.

이러한 서술 방식은 이후 수십 년간 아무런 변화도 없었다. 조기빈(趙紀彬)이 1940년대에 출간한 『중국 철학 사상』은 제6장에서 불학을 중심으로 당나라 시대의 사상을 서술했는데, 다만 불학과 반불학(反佛學)의 대립 구도를 만들면서 초당 시기 부혁(傅奕)과 여재(呂才)는 불교의 유심론을 비판했다는 점에서, 그리고 중당 시기 유우석(劉禹錫)과 유종원은 한유나 이고(李翶)와 차별성을 갖는다는 점에서 당나라 시대 사상사의 계보에 포함시켰을 뿐이다. 그러나 이외의 당나라 시대 사상사에서 장기간에 걸친 성당(盛唐) 시기는 여전히 공백으로 처리하였다.[4]

1950년대에 출간된 저작물로 분량이 가장 많은 후외려(侯外廬)의 『중국 사상 통사』는 제4권에 여재(呂才)와 유지기(劉知幾)를 끼어 넣은 후 곧장 한유로 넘어간다. 비교적 늦게 나온 저작으로 임계유(任繼愈)가 주편한 『중국 철학사』는 부혁(傅奕) 등 유물론적 무신론(無神論)과 유지기의 진보적 역사관, 이전(李筌)의 유물론적 관점과 변증법적 군사 사상 등 몇 가지를 덧붙이기는 했지만 그들을 포함시킨 이유는 단지 '유물론적 관점'과 '진보성' 때문이다. 따라서 당시 사회 생활에서 실로 깊은 영향을 끼친 주류 이데올로기와 일반 지식 및 사상과 신앙은 앞서 인용한 세 권의 책과 마찬가지로 수대에서 중당 시기까지 공백인 상태라고 할 수 있다.

아울러 지적할 점은 공백으로 처리하는 것이 단순히 사상사 집필자의 사상적 입장이나 정치적 경향 때문만이 아니라는 사실이다. 왜냐하면 해외에서 출판된 소공권(蕭公權)의 『중국 철학 사상사』나

---

4) 조기빈(趙紀彬), 『중국 철학 사상』, 제6장, 상해 : 중화서국, 1948, 138~145쪽.

노사광(勞思光)의 『신편 중국 철학사』 역시 다른 책들과 마찬가지로 왕통에서 한유로 건너뛰면서 불교를 제외하고 200년을 공백으로 남겨놓았기 때문이다.[5] 분명 이러한 공백이 출현하게 된 것은 전체 중국 사상사 기술 방법상의 보편적인 문제였던 것이다.

그래서 필자는 이른바 '도통(道統)'의 수립을 새삼 생각하게 된다. 한유에서 주희, 즉 중당에서 남송까지 도통을 중건하는 과정은 지금 생각해 보면 완전히 사상사의 계보를 다시 쓰는 일이었던 같다. 그들이 위로 요·순·우·탕·문·무 등 이른바 4제(四帝) 2왕(二王)까지 거슬러 올라간 것에 대해서는 굳이 말할 필요가 없다. 이미 고고학적 발굴을 통해 이러한 고대의 계보가 그들의 선배들, 즉 선진시대 학자들에 의해 만들어진 게 증명되었기 때문이다.

그러나 공자에서 자사(子思)를 거쳐 맹자까지, 연이어 한유·이정(二程)과 주희까지는 그들 자신이 새롭게 구축한 계보이니 그들이 사상사를 새롭게 쓴 것이나 마찬가지이다. 그들의 말에 따르면, 공자와 『논어』, 증자와 『대학』, 자사와 『중용』, 맹가와 『맹자』는 그들의 사상사에서 연속되는 인물과 전적이다. 이들 네 사람의 위대한 사상가와 네 권의 위대한 경전은 맹자 이후로 전승이 단절되었으며, 한유 또는 정호(程顥)와 정이(程頤)에 이르러서야 다시금 잠재하고 있던 덕(德)의 그윽한 광채가 발휘될 수 있었던 것이다. 그렇기 때문에 그들의 사상사는 거의 1천여 년 동안의 공백이 있을 수밖에

---

5) 소공권(蕭公權), 『중국 정치 사상사(中國政治思想史)』 상책, 타이베이 : 연경출판사, 1996, 431~433쪽 ; 후외려(侯外廬) 주편, 『중국 사상 통사』 제4권, 인민출판사, 1959, 1980, 108쪽 이하 ; 임계유(任繼愈) 주편, 『중국 철학사』 제3책, 북경 : 인민출판사, 1966, 3~112쪽 ; 노사광 (勞思光), 『신편 중국 철학사』 제3책 상, 삼민서국, 1995.

없었던 것이다.[6] 그러나 당시에 이미 누군가 조심스럽게 의문을 제기한 적이 있었고,[7] 후세에 전혀 거리낄 것이 없는 누군가가 이렇게 따져 묻기도 했다. 만약 역사학적으로 고찰해 볼 때 이른바 4제 2왕이란 것도 전설에 불과하고, "도심유미(道心惟微 : 도심은 은미하여 잘 드러나지 않는다)"라고 한 열 여섯 글자의 심법(心法)이란 것도 위고문(僞古文)에 나오는 것으로 증자나 『대학』과 과연 관련이 있는 것인지 의심스럽다.[8]

또한 자사가 과연 『중용』을 집필했는지에 대해서도 의문 부호를 부치지 않을 수 없고, 맹자에서 당송 신유학까지 1천여 년에 걸친 연관 관계라는 것도 그렇게 잇는다고 이어지는 것이 결코 아니다. 그렇다면 역사학은 그러한 역사가 시간 속에서 연속되었음을 설명

---

6) 주희(朱熹), 『중용 장구 서(中庸章句序)』, 『대학 장구 서(大學章句序)』 및 『맹자 장구 집주(孟子章句集注)』의 끝장에서 반복해서 이야기하고 있는 것이 바로 이러한 계보이다.

7) 섭적(葉適)은 일찍이 공자가 증자, 증자가 자사, 자사가 맹자에게 유가의 도통을 전했다는 관점이 역사와 부합하지 않는다는 점에 주목했다. 그는 그 이유에 대해 이렇게 이야기하고 있다. "공자가 「선진」편에서 제자 10인의 재질을 논하면서 덕행(德行)은 안연과 민자건, 언어는 자공, 정사는 계로, 문학은 자유와 자하 등이 뛰어나다고 말한 적이 있는데, 증자는 그 안에 들어가 있지 않다. '증자는 노둔하다(參也魯)'는 평가를 받았기 때문이다. 만약 공자가 말년에 유독 증자를 내세우거나 증자가 공자보다 나중에 사망했다면 이후 더욱 덕을 쌓고 행실을 연마하여 홀로 공자의 도를 이어받았다고 할 수 있다. 그러나 이에 대한 명확한 근거가 없다." 그러나 역사 자료에 근거한 그의 질문은 더욱 중요한 진리의 계승이라는 필요에 의해 가려지고 말았다. '도통'을 세우는 것이 '역사'로 되돌아가는 것보다 더욱 중요했기 때문이다. 그리하여 섭적 자신도 어쩔 수 없이 말을 바꾸어 이렇게 말하고 말았다. "고대에 이른바 '전(傳)'이란 것이 어찌 직계에게 직접 전수하고 받는 것을 말하는 것이겠는가? 후세 사람들이 맹자로써 공자의 도통을 전하는 것은 거의 또는 대체로 가능한 일인 것 같다." 『습학기언서목(習學記言書目)』 권 49, 「황조 문감 3(皇朝文鑒三)」, 중화서국, 1977, 738~739쪽.

8) 이 말은 위서(僞書)로 알려진 『서경(書經)』 「우서(禹書)」 '대우모(大禹謨)'에 나오는 "인심유위 도심유미. 유정유일 윤집궐중(人心惟危 道心惟微. 惟精惟一 允執厥中 : 사람의 마음은 위태하고 도심은 은미하다. 오로지 전일(專一)함을 연마하고 성실하게 중도를 유지해야 한다)"이라는 구절을 말한다 : 역주.

해야 하는 것이 아닐까? 그러나 이러한 사상의 연속성을 주축으로 삼는 '도통'을 견지하는 사람들은 오히려 이렇게 말한다. 설사 역사적 사실이나 문헌 자료에 문제가 있기는 하지만, '도통'설이 성립되는 진정한 토대는 '천성전심(千聖傳心 : 수많은 성인들이 마음으로 도통을 전했다는 말)'이기 때문에 마음으로 이치를 체득하는 것이다.

　그렇기 때문에 시간적으로 그처럼 오랜 시간이 공백으로 남은 것은 1천여 년에 걸쳐 마음으로 도통을 전할 수 있는 사람을 찾지 못해 진리의 계보가 그렇게 오랫동안 중단되었으며, '도통' 역시 어쩔 수 없이 공백으로 남게 되었던 것이다. 바로 이러한 공백 속에서 "우리는 송유(宋儒)와 선진(先秦) 유가의 연관성을 살필 수 있다."[9]

　후대 사람들은 이러한 연관 속에서 "마치 풀 속 뱀처럼 끊긴듯 하면서도 실은 연결되어 있는 것이다"라고 말할지도 모르겠으나 역사 사실에서 사상의 전승을 토론하는 데 익숙한 사람들은 이러한 '이심전심'식의 설법이 '지나치게 현허(玄虛)하다'고 느낄 것이다. 논자들의 주장에 따르면, 현재의 중국 사상사나 학술사의 서술은 역사적으로 『송원학안(宋元學案)』, 『명유학안(明儒學案)』까지 그 연원이 거슬러 올라가고, 『송원학안』과 『명유학안』의 형식은 다시 주회

---

9) 유술선(劉述先), 『주자 철학 사상의 발전과 완성(朱子哲學思想的發展和完成)』, 학생서국(學生書局), 1982, 421쪽. 사상의 연속성을 사상사의 실마리로 삼는 것은 고대의 관습적인 서술 방식의 지지를 받는 것일 뿐만 아니라 현대 서양 사상가의 호응도 받을 수 있는 것 같다. H. Stuart Hughes, 『의식과 사회 : 유럽 사회 사상의 재인식, 1890~1930(Consciousness and Society : The Reorientation of European Social Thought 1890~1930)』, 「도론」, "역사학자가 '경위(經緯)가 분명한' 사상사를 쓰고자 하는 것은 일종의 환상이라고 할 수 있다. 그러나 '논리적 관점에 입각한 시간 순서에 따라 전후 일관된 사물을 이루어낼 수 있어야만 역사의 주제를 만들 수 있다…… 사상사는 사상의 관점으로 이러한 제재를 처리하는 방법을 대표한다." 『의식과 사회』, 이풍빈(李豊斌) 중역본, 타이베이, 3쪽.

의 『이락연원록(伊洛淵源錄)』까지 거슬러 올라간다고 한다.

　이렇듯 그 근원을 좇아가면 오래고 낡은 조종(朝宗)의 학술 사상에 관한 역사가 바로 이렇게 쓰여졌다는 것을 알 수 있다. 물론 현재의 사상사나 학술사 역시 이렇게 쓸 수도 있다. 하지만 바로 여기에서 사상의 입장과 역사의 입장 간에 차이가 존재하게 된다. 사상의 입장에 선다면 '사상'이 없는 시대에 어찌 사상사가 있을 수 있겠는가? 따라서 사상사가 마땅히 돌출되어야 하고 표창해야 할 것은 바로 하나의 '도통', 즉 진리의 계보인 것이다. 그러나 역사의 입장에 선다면 그 어떤 시대에도 사상이 없을 수 없다. 마치 그리지 않은 곳에도 그림이 있는 것과 마찬가지이다. 어떤 의도를 지니고 애써 어떤 것은 높이고 어떤 것은 깎아내릴 필요가 없으며, 또한 '도통'의 건립 역시 굳이 고려할 필요가 없다. 이리하여 사상적 계보의 연속성에 집착하는 것과 역사 과정의 연속성에 집착하는 것 사이에 긴장이 고조되기 시작하는 바, 곧이어 제기해야 할 것은 바로 사상사는 과연 사상이어야 하는가, 아니면 역사이어야 하는가의 문제일 것이다.

2

　우선 이 문제는 잠시 제쳐두고, 사상적으로 평범했던 시대가 사상사 서술에서 과연 의의를 지닐 수 있는가에 관한 문제부터 논의하기로 하자.

　사실 사상사에서 얼핏 보기에 평범하고 자족적이며, 수성(守成)적인 시대일지라도 나름의 뛰어난 인물이나 경전이 존재하지 않

는다거나 사람들에게 별도의 '역사 기억'을 환기시킬 수 없는 시대
란 존재하지 않는다. 이는 마치 행복과 만족 속에 머물러 있는 사람
이 우환과 변혁을 생각하는 것이 어려운 것과 같을 뿐이다. 사실 행
복과 만족이란 좀처럼 얻기 힘든 귀중하고 아까운 것이다. 때로 미
래의 변화에 부응하는 사상 자원은 항시 잠복 상태에 있어 역사 기
억에 진입하거나 별도로 해석할 필요성이 없을 수도 있다. 따라서
그러한 사상 자원의 의의가 두드러질 리가 없다. 누군가 말한 것처
럼 역사가 더 이상 인심을 격동시키지 않거나 평범한 사람들과 다
른 인물이 존재하지 않는 시대에는 시간도 역사도 존재하지 않는다
고 한다. 판에 박은 듯 평범하기만 한 과정이 지속된다면 이후 사람
들이 역사를 회고하면서 마치 시간 개념이 상실된 것처럼 느끼고,
당시에 과연 어떤 일이 발생했으며, 어떤 상황이 사람들에게 영향
을 끼쳤는가를 완전히 잊은 채 모든 것이 회색빛 영상 속에서 희미
하게 사라져 시간도 단축되고 심지어 소실되기에 이른다.

　　그리하여 사후의 기억 속에서 당시의 모든 것이 아예 발생하지
않은 것처럼 간주되어 한 세기, 심지어 그보다 더 많은 세월이 망각
의 뒤편으로 사라지게 된다. 사람들은 놀랄 만한 위기가 출현했을
때 비로소 심각한 사고와 고통스러운 추억을 지니게 된다. 그러나
반문컨대 추억과 사고가 깊이 매장되어 있던 시대라면 마땅히 역사
에서 생략될 수도 있다는 말인가? "달은 어두운 면도 있고 밝은 면
도 있으며, 이지러질 때도 있고 찰 때도 있는 법이다." 그렇다면 달
을 그리는데 단지 보름달처럼 환하게 빛나는 달만 그리고 음영을
전혀 그리지 않는다면 그것을 온전한 달 그림이라고 할 수 있을까?

　　물론 사상도 일일이 드러낼 것은 분명하게 드러내어 우리의 역

사 기억에서 도망치지 못하도록 해야 하지만 역사 또한 하나하나 분명하게 서술해 우리의 역사 기억 속에서 생략되는 일이 없도록 해야 할 것이다. 물론 엘리트 사상과 경전은 사상사에서 짙은 필묵으로 중점적으로 다루어야만 한다. 그러나 사상적 광채가 희미한 회색 부분도 사상가들이 깊이 사색하고 애써 묘사할 만한 가치가 있는 시대일 것이다. 먼 시대는 차치하고서라도 가까운 시대, 예컨대 문화대혁명 시대의 경우를 예로 들어보자. 당시는 오직 한 가지 사상만 존재하던 시절이다. 수억만의 사람들이 너나할 것 없이 붉은 색 보전(寶典 : 모택동 어록을 말한다 : 역주)을 흔들고 '힘을 한 곳으로 몰고, 마음을 한 곳으로 집중하여 생각하며' 거의 모든 사람들이 '통일된 사상과 행동'으로 나아갔다. 그렇기 때문에 우라극(遇羅克)·고준(顧準)·장지신(張志新)처럼 생각할 때마다 숙연한 존경심이 절로 일어나는 이들이 당시에 범상치 않은 사유를 멈춘 적이 없었다. 하지만 유감스럽게도 그들의 사고 방식 또한 그 시대의 시대적 상황을 초월할 수 없었고, 논증의 논리나 서술 용어에 이르기까지 당시의 풍경을 절로 떠올리게 한다고 말할 수밖에 없다.

그렇다면 문화대혁명, 그 10년의 세월은 뛰어난 사상가가 없다는 이유로 사상사에서 짙은 필묵으로 중점적으로 서술해야 할 시대가 아니란 말인가? 만약 20세기 중국 사상사가 당시에 걸출한 사상가가 없다는 이유 때문에 그 시대를 생략해 버린다면 과연 그러한 사상사가 사상의 역사가 될 수 있을까?

사람들은 모두 생각할 것이다. 사상이 위대한 것인지의 여부와 관계없이, 그리고 그들의 사상이 후세 사람들의 기억 속에 진입할지의 여부와 상관없이 그러한 사상 역시 후대에 그야말로 숙연한 존경심을 불러일으키는 사상과 마찬가지로 똑같이 흘러 사라져가는 역사 시간 속에 존재했다는 사실을 생각할 것이다. 바로 이러한 이유로 우리는 잠시 영광스러운 과거 급제 방문(榜文)식의 서술 방식과 직선적 진화론의 사고 방식을 일단 제쳐놓아야 한다. 그리고 사상사가 역사를 거슬러 올라가 서술하면서 사상사를 사상가의 영광스러운 계보로 삼거나 이미 설정된 표준으로 진화의 노선을 상상하지 않음으로써 모든 사상의 시간을 평등하게 서술하고, 사상의 의의를 새롭게 헤아려 평가해야 한다.

사실 어떤 경우 한 번 보자마자 잊어버리게 되는 평범하기 그지없는 사상도 그 배후에 상당히 심각한 내용이 담겨져 있을 수도 있다. 아마존 인터넷 서점에서 일반 독자들이 '별 다섯 개'로 높이 평가한 황인우(黃仁宇)의 『만력(萬曆) 15년(1587 : A Year of No Significance)』이 좋은 예다. 다시 말해 1587년은 그 어떤 중대한 의미도 없던 해라는 뜻인데, 비록 필자는 그 책에 대해 다른 견해를 지니고 있기는 하지만 어쨌든 서명 속에 하나의 역사 관념이 깃들어 있다는 점에서 깊이 동감하고 있다. 필자는 본서(『중국 사상사』) 제2권에 특별히 「태평성세의 평범」이란 제목으로 한 절을 마련하여 성당 시대의 사상에 대해 논하였는데, 그 목적은 특별히 뛰어난 사상이 없는 시대에도 사상사적 의의가 존재할 수 있다는 것을 설명하기 위해서였다. 사실 지식과 사상, 그리고 신앙이 전면적으로 합리화 및 체계화를 이룩하게 되면 이후에 '하나로 모든 것이 정해지는' 시대가 출현하기 마련이고, 당시의 모든 지식과 사상, 그리고 신앙 역시 그 '하나'의 그물에서 벗어날 수 없게 된다. 그래서 얼핏 보기에 상당히 원만한 결과로 인해 통찰력과 비판력이 상실될 수도 있다. 그러나 이러한 통찰력과 비판력의 상실이야말로 사상사가 토론해야만 하는 역사 현상 아니겠는가?

어쩌면 혹자는 이러한 결론에 불쾌감을 느낄 수도 있을 것이다. 흔히 '성당기상(盛唐氣象)'이라고 일컬어지던 성당 시대의 역사 기억은 중국인들에게 자랑스러운 유산이 아닐 수 없다. 그러나 이러한 태평성세에 사상이 없었다는 것은 참으로 심각한 깨우침을 줄 수 있다.

또 한 가지 깊이 생각해 봐야 할 점이 있다. 만약 한 사상이 권력의 이데올로기가 되어 모든 것을 뒤덮었을 때 그러한 이데올로기를 선전하는 공허하고 상투적인 발언이 반복적으로 재현되고, 그러한 담론들이 모든 책에 기록되며 누구나 암송해야 할 교조(敎條)나 심지어 금과옥조로 간주된다. 그렇다면 그 안에 사상적 의의가 있는가? 아니면 없는가? 그러나 우리가 주목해야 할 점은 바로 이러한 중복과 공동(空洞), 천편일률적인 것의 배후에 "이것 외에 다른 소리는 결코 내지 말라"는 상당히 중요한 암시, 그리고 "이데올로기를 초월하는 어떤 사상도 범죄다"라는 상당히 중요한 사상이 존재한다는 것이다.

그렇기 때문에 필자는 일찍이 명나라 시대와 청나라 시대 초기의 사상에 대해 주목한 바 있다. 명나라 시대와 청나라 시대는 동일하게 황제 권력이 보편주의적인 진리 관념을 통해 사상을 농단하고 압제하던 시절이다. 이러한 압제는 주로 문자옥(文字獄)을 통해 실현된 것이 아니라 오히려 더욱 유효한 진리 담론을 독점함으로써 실현된 것이라고 할 수 있다. 명나라 시대 전기에『맹자절문(孟子節文)』,『대고(大誥)』,『성리대전(性理大全)』, 그리고 청나라 시대 전기에 『대의각미록(大義覺迷錄)』, 『간마변이록(揀魔變異錄)』, 『명교죄인(名敎罪人)』 등이 출간되었는데, 이는 모두 정의와 도덕에 관한 문자로 가득 차 있다. 이러한 문자에 포함된 절대적이고 보편적 진리 담론은 사실 문자옥보다 한층 더 심하게 지식과 사상, 그리고 신앙을 압제했던 것이다.

왜냐하면 이들 진리의 천경지의(天經地義)적 성질로 인해 또 다른 사상 자원의 도전이 전무한 상황에서 사람들은 반박할 방법을 찾을 수 없어 결국 인정하지 않을 수 없었으며, 그러한 진리에 대한 인정은 곧 담론 권력에 대한 복종, 그야말로 정성을 다해 기꺼이 복종하는 것을 의미했기 때문이다. 진리가 오직 하나일 때 황제 권력은 권력의 합법성을 독점할 뿐만 아니라 '대의(大義)'와 '명교(名敎)' 등의 진리를 차지하게 되고, 이에 대한 비판자들은 '마(魔)', '이(異)', '죄인' 등으로 간주되어 황권이 '미혹됨을 깨우치도록 해주기'를 기다릴 수밖에 없다. 이런 상황에서 일반 사람들은 어쩔 수 없이 이러한 진리의 권위를 인정하고, 아울러 연대하여 황권의 합법성과 합리성을 승인하지 않을 수 없다. 그렇기 때문에 일반적으로 권위와 진리의 담론으로서 민족주의, 예를 들어 '화이(華夷)'에 대한 구분 등등도 이러한 권위에 저항할 방법이 없게 된다.

그렇다면 어찌 사상사가 비록 수준이 높은 것은 아닐지라도 일반적인 지식과 사상, 그리고 신앙을 무시할 수 있겠는가? 앞서 말한 평범하고 공허하며 또한 중복되는 담론이 모든 사상을 한꺼번에 덮어버릴 때 이런 시대는 이질적인 다른 부류를 없애버리고, 비판을 와해시키며, 심각성을 말살시킨다는 것을 알 수 있다. 그러나 바로 이러한 상황이 또한 사상사의 새로운 변화를 이끌 수 있다. 사람들이

144

다시금 새롭게 사고하고, 다른 부류의 자원을 유입시켜 평범함에 만족하지 않는 이들이 별도의 사상 자원을 주변부에서 중심으로 진입시킬 때 그 속에서 새로운 사상을 찾아낼 수 있는 가능성이 있다는 말이다. 중당에서 송나라 시대에 이르는 사상사의 변화나 만청 시대에 제자학과 불학이 새롭게 해석된 것은 그 좋은 예가 될 것이다.

이외에 또 다른 가능성도 존재한다. 표면적으로 개인의 사고가 말살되어 진정한 사고가 개인적인 담론으로 분열되고, 공공의 담론과 분리된 채로 잠재적 사상 자원이 되거나 학술적 담론과 사상적 담론을 분열시켜 사상적 담론의 지식 배경을 끄집어내어 높다란 공중 누각에 매달리게 하는 경우이다. 필자가 생각하기에 청나라 시대 고증학의 배경은 바로 이러한 공공 담론과 개인 담론의 분열이라고 말할 수 있다. 표면적으로 볼 때 당시 사람들은 언제나 보편적인 진리만을 말하고 있는 듯하다. 공공장소에서 관방(官方)의 문장이나 사회의 공식적인 담론이 두루 통행하면서 도덕과 윤리의 보편적인 원칙을 숭고한 표준으로 삼아 사람들은 언제나 요순(堯舜)을 모범으로 삼고 있는 것처럼 보인다.

그러나 개인적으로 사람들은 너나할 것 없이 나름의 방식대로 행하고, 마음 깊은 곳에서 온갖 방법을 통해 이른바 진리의 통제를 벗어나고 싶어 한다. '공공의 공간'에 개별적인 존재의 여지가 없을 때, 사람들은 경전을 주석함으로써 합법적인 학술 담론을 취득하고, 지혜와 심령의 자유스러운 활동과 자아 수련의 영역을 마련하게 되는 것이다.[10] 그리하여 공공의 담론이 엄폐되는 가운데 생

---

10) 아이얼만에 대한 필자의 평론을 참고하시오. 『18세기의 사상과 학술 : 아이얼만 「이학에서 박학으로」에 대한 평가(十八世紀的思想與學術 : 評艾爾曼「從理學到朴學」)』, 『독서』 1996년 6기.

활은 두 가지 방면으로 분열되고, 이러한 분열이 더 이상 유지할 수 없을 때가 되면 결국 정신과 생활 세계의 전면적인 붕괴에 직면하게 되는 것이다.

3

시간을 계산하는 방법에는 두 가지가 있다고 한다. 그 하나는 정확한 각도에 따라 시간을 계산하는 방법이다. 이 방법에 따르면 사람들의 이목이 집중되는 사건이 없다고 할지라도 시간은 여전히 예전과 같이 유유히 흘러간다. 다른 하나는 사건에 따라 역사를 기억하는 것이다. 이러한 시간 계산법에 따르면 사람들의 기억 속에 남을 만한 사건이 없다면 시간이 흐르지 않은 것과 마찬가지이다. 역사를 편찬할 때는 물론 앞의 방법에 따라 진행하겠지만, 역사를 반추하면서 느끼는 것은 항시 후자의 방법에 따라 이루어진다.

그래서 역사 저작물에 격동적인 사건이 발생하지 않았거나 각별히 숭배할 만한 인물이 배출된 적이 없던 시대는 우리의 기억에서 잊혀지게 된다. 사람들은 항상 자신의 기억을 통해 역사를 편찬하게 되는데, 문제는 사람들의 기억 또한 언제나 역사에 축적된 모종의 표준과 목적의 필요 가치에 따라 사건과 인물을 선택하게 된다는 데에 있다. 이러한 표준과 가치는 그다지 영원하거나 정확하다고 말할 수 없다.

사실 역사는 사관(史官)이 존재하던 때부터 줄곧 마땅히 기록해야 할 것들을 선택하여 기록해 왔다. 그리하여 기록과 생략, 기억과 상실이 시종일관 짝을 이루어왔다. 이것은 역사 안에서 발생했던 사건이나 존재했던 인물이 지나치게 많았기 때문에 역사학자가 이것을 일일이 등록할 방법이 없기 때문이다. 황제의 일거수일투족을 기록하는 '기거주(起居注)'의 경우도 하루하루에 일어나는 모든 일에 대해 기록하는 것은 불가능하다. 나름의 예상을 통해 '중요함', '다음으로 중요함', '그리 중요하지 않음' 등이 항상 서술을 지배한다. 그래서 사상사가 단지 인심을 격동시켰던 시대만을 기록하는 것은 이처럼 어떤 시대가 '인심을 격동시켰다'고 느끼거나 향후에도 계속해서 '인심을 격동시킬 것이다'라고 여기기 때문이다. 그러나 과연 어떤 것이 '인심을 격동시키는' 사건이나 인물 또는 사상이란 말인가? 각각의 시대나 그 배경에 따라 역사 편찬자의 이해가 달라질 수 있으며, 후대에 마련된 가치는 언제나 선택의 시각을 지배하기 마련이다. 『이락연원록(伊洛淵源錄)』 편찬자가 보는 송나라 시대 사상사, 『명유학안』 편찬자의 시각에 따른 명나라 시대 사상사, 『청유학안소식(淸儒學案小識)』 편찬자가 보는 청나라 시대 사상사는 각기 편향적인 측면이 있으니, 이것은 후대의 사상가들이 왕충(王充), 범적(梵績), 왕부지(王夫之) 등의 존재를 확대하는 반면에 황보밀(皇甫謐), 구준(丘濬) 등의 존재 의의를 소홀하게 다룬 것과 같다.

눈으로 사물을 바라볼 때 초점에 따라 배경이 희미해지기도 하고 분명해지기도 한다. 그러나 세상은 원래 초점과 배경이란 것이 존재하지 않는다. 다만 보는 이의 입장에 따라 시각이 생겨나고, 그에 따라 눈앞의 세계는 분명하고 모호한 것의 차이가 생기게 되는 것이다. 바로 이러한 이유로 사상사 저작은 매번 선택과 서술의 가치 표준을 새롭게 세워야 할 필요가 있다. 필자는 만약 사상사가 역사에 속한 것이라면 과거에 '공백'으로 예설(豫設)된 시간을 결코 무시할 수 없을 것이라고 생각한다. 왜냐하면 과거의 시각에서 소홀하게 다루었던 것이 존재할 수 있기 때문이다. 물론 이는 사상사를 쓸 때 어떤 선택도 필요 없이 모든 사람들의 지적 활동을 자신의 바구니에 담아야 한다고 주장하는 것과 다르다.

　이것은 역사의 맥락을 가능한 분명하게 정리하고, 관습적인 선별 안목에 따라 문헌에 대한 열람을 농단하거나 서술자의 호오(好惡)에 따라 사상에 대한 평가를 독점하지 않도록 하자는 것이며, 특히 내심으로 지나치게 현실적인 정치 의도를 지닌 채 역사를 농단하는 일이 없도록 하자는 것이자, 오랫동안 누적된 사상사 관념으로 인해 사상사에서 공백으로 남은 시간을 그대로 방치하는 우를 범하지 말자는 것이다. 이는 철학가들이 늘 이야기하는 '원초의 생각으로 되돌아간다' 라든지 '사물 본체로 되돌아간다' 는 말과 같은 맥락이다. 역사학의 경우도 마찬가지인데, 푸코가 광기(狂氣)의 역사에 관한 연구에서 "역사에서 광기 발전 과정의 처음으로 거슬러 올라갈 필요가 있다"[11]고 이야기한 말마따나, 중국화의 경우처럼 준법(皴法)에 따라 명암을 달리하거나 채색한 적이 없는 역사 시간 속으로 다시 한 번 걸어 들어가 '내'가 직접 본 사상의 역사를 확정해야 한다는 뜻이다. 사실 이러한 방법은 서구 사람들만의 비법은 결코 아니다.

　예를 들어 고대 중국의 선종(禪宗)에서도 다음과 같은 멋들어

---

11) 푸코, 『광기와 문명 : 이성시대 광기의 역사(瘋顚與文明 : 理性時代的瘋顚史)』, 유북성(劉北成) 등 중역본, 삼련서점, 1999, 1쪽.

진 말이 나온다. 어느 선사가 제자에게 이렇게 물었다. "평생 여러 가지를 배우고 체득하여 수많은 일들을 기억하고 들었을 터이니 이에 대해서는 묻지 않겠다. 그대의 부모가 태어나기 전의 모습에 대해 한 마디로 말해보라."[12] "부모미생(父母未生 : 부모가 태어나기 전)"의 본래 면목을 따져 묻고 있는 것인데, 이는 다시 말해 지식과 사상, 신앙의 세계가 아직 형성되기 이전으로 되돌아가서 처음부터 다시 걸어야 한다는 뜻이라고 할 수 있다.

그러나 필자가 이러한 문제 의식을 지니고 있는 것은 분명하지만 실제로 사상사를 저술하면서 마음먹은 대로 실천되지 않는다는 것을 느끼지 않을 수 없었다. 예를 들면 다음과 같다. 필자는 일찍이 원나라와 명나라 사이에 새롭게 이해해야 할 사상적 현상이 존재한다고 느끼고 있었다. 당시는 이민족이 통치하고 있던 시대로 전통적인 이데올로기가 전통적인 지식 계층과 더불어 점차 주변화(周邊化)되기 시작했으며, 한족의 민족적 입장이 몽고의 원나라 황권에 의해 와해되면서 천하는 한 집안이라는 '천하일가(天下一家)'의 새로운 이민족 관념에 의해 한구석으로 몰리고 있었다. 당시 유럽과 아시아를 가로지르는 대제국이 성립되어 여러 종족간에 사상적 교류가 이루어졌으며, 중국의 경우도 의미 있는 사상적 변화가 발생하였다.

그러나 사상사는 이에 대해 세밀하게 서술한 적이 없었다. 과거 일부 사상사나 철학사에서 13세기 후반부터 15세기 전반기, 즉 원나라 시대와 명나라 시대 전기를 가로지르는 100여 년의 세월은

---

12) 『오등회원(五燈會元)』 권17, 중화서국, 1984, 1140쪽. 이는 위산영우(潙山靈祐) 선사가 자신의 제자인 향엄지한(香嚴智閑) 선사에게 질문한 선문답이다 : 역주.

가장 경시되고 심지어 생략된 시대였던 것이다. 또한 청 제국이 명나라 시대의 사상 문화적 연속성을 끊어 얼핏 보기에 역사가 굴곡진 때에도 역사는 오히려 조금씩 이어지고 있었으며, 서양의 사상과 지식이 상당한 정도로 깊숙하게 중국의 지식 세계로 진입하였다. 이러한 '진입'은 일부 지식인들의 심리에 새로운 사고 배경으로 자리 잡았고, 아울러 새로운 우려와 긴장이 생겨났다.

그렇다면 이러한 긴장과 우려는 당시 청나라 시대 지식과 사상, 그리고 신앙 세계에 어떤 영향을 끼친 것일까? 과거 사상사는 이에 대해 세심하게 기록한 적이 없던 것 같다. 아울러 송나라 시대의 경우도 상황은 마찬가지이다. 송나라 시대 사상사는 주로 정호, 정이, 주희, 육구연 등이 후세에 남겨준 이학(理學) 유산에 대한 논의가 많았다. 그러나 이외에 그 배경이 되는 토대에 대해서는 그다지 언급이 없었다. 사실 일상생활을 초월하여 고조된 도덕적 이성의 배후에는 근대의 '문명'과 유사한 관념이 배경으로 자리하고 있다. 당나라 시대 이전 얼핏 보기에 비문명적인 현상이 송나라 시대에 들어와 점차 사라지면서 이른바 문명적인 생활 윤리가 전면적으로 확대되기 시작했다. 그렇다면 이러한 배경이 바로 송나라 시대의 이학 관념을 지탱하는 토양이 된 것이 아닐까? 그러나 사상사는 지나치게 열정적으로 몇몇 이학가들에게 필묵을 쏟아부었을 뿐 더욱 광범위한 사회 생활사 내부의 사상에 대해서는 관심을 기울이지 않았다.

그리하여 사상사는 마치 다리가 끊긴 시냇물 앞에서 또다시 불어난 물을 만났을 때 어쩔 수 없이 징검다리를 놓을 수밖에 없는 것처럼 역사의 흐름을 건너야만 할 때 몇몇 돌출한 인물을 징검다리

삼아 두 세 번씩 건너뛰면서 건너갈 수밖에 없었던 것이다.

4

"그리지 않은 곳도 모두 그림이다." 이 말의 핵심은 서술자가 어떻게 사상의 역사를 이해하고 해석하는가에 달려 있다. '이해'는 각기 한 시대를 살았던 사람들의 이해이고, '해석' 또한 한 시대 사람들의 해석이다. 그러나 이것이 마치 일부 절름발이 평론가가 수묵화를 감상할 때 자신의 상상으로 진부한 상투어를 덧붙여가며 필묵이 닿지 않은 곳을 일률적으로 구름 걸린 산에 안개가 덮인 것이라 해석하는 것과 마찬가지로 제멋대로 역사를 이해하고 해석한다는 의미가 결코 아니다. 역사는 아무 말도 하지 않지만 역사의 존재는 처음부터 끝까지 이해와 해석의 한도를 제약하고 있으니, 필자가 '공백'에서 사상의 역사를 서술한다고 이야기한 것은 다만 다음과 같은 세 가지 상황을 의미하는 것이다.

첫째 과거에 '평범'하거나 '낙후'된 것으로 평가된 사상도 사상사의 현상으로 간주하여 서술을 해야 한다. 왜냐하면 사상사는 결코 엘리트 사상이나 경전을 위해 비(碑)를 세우고 평전을 써내는 역할을 하는 것이 아니라 역사를 서술하는 것이기 때문이다. 둘째 과거에 짙은 필묵으로 중점적으로 서술하지 않았던 사상도 사상사의 잠재 자원으로 삼아 새롭게 도드라진 시대에 놓고 서술을 해야 한다. 이러한 사상들은 당시에는 설사 그다지 휘황찬란한 것이 아니었다할지라도 그것이 역사 기억을 새롭게 발굴하는 사상 자원으로서 또 다른 시대에 출현했을 때 어쩌면 사상의 교량 역할을 맡아 새로운 지식과 사상이 새롭게 등장하는 데 도움을 줄지도 모른다.

셋째 과거에 멀리 밀려나 배경이 되었던 사상 현상을 가깝게 당겨 시각의 초점거리 안에 두고 서술해야 한다. 모든 시대마다 사상사를 저술하는 사람의 입장이 서로 다르고, 시각마다 차이가 있으며, 당연히 관심의 초점 또한 달라진다. 이러한 차이로 인해 단지 배경이었을 뿐이었던 사상들이 엘리트 사상 현상과 다르다는 이유로 잊혀져 모퉁이에 처박혀 있었다. 그러나 한 번만 방향을 틀면 그것이 우리 면전에 다가올 수도 있다. 그렇기 때문에 그 어떤 상황에 있든지 간에 이전 사상사에서 자주 다루지 않았던 영역과 문헌을 촘촘히 걸러내어 정리하면서 세밀함과 인내심으로, 더 나아가 역사

---

13) 자끄 르 고프, 「아날학파 사가(年鑒學派史家)」, 『신사학(新史學)』, 요몽(姚蒙) 편역, 상해역문출판사, 1989, 37쪽. 그러나 필자가 생각하기에 이러한 발언이 우리가 야사나 필기 등 주변적인 사료를 발굴하는 대신 전통적인 중요 문헌들을 경시하거나 생략해야 한다는 것을 의미하지 않는다. 『중국 사상사』 제1권이 출판된 뒤 필자는 적지 않은 오해를 받았다. '일반 지식과 사상, 그리고 신앙 세계'의 역사에 주목한다는 것이 야사나 필기 등 이른바 민간, 또는 주변적인 문헌을 건져 올리는 일로 치부되었기 때문이다. 다시 말해 '공백(空白)' 지대에서 사상사를 발견해야 한다고 하면 이와 유사한 오해를 불러올 수도 있을 것이다. 필자 생각에 이는 사상사의 문헌 자료를 고찰하는 시각과 평가 관념의 변화에 관한 것일 뿐이다. 이러한 변화가 있어야만 과거에 통상적으로 사용했던 13경·제자서(諸子書)·25사 및 각종 문집 속에서도, 마찬가지로 아주 많은 '공백'을 발견할 수 있다는 뜻이다.

물론 이러한 시각 변화로 인해 과거에 특별히 주의하지 않았던 문헌이나 유사(類似) 공문, 유서(類書), 그림, 요언(謠言), 가곡 속에서도 역사공백 지대의 사상흔적이 있다는 것을 발견할 수 있다. 우리는 과거 철학사나 사상사에도 사람들에게 익숙하면서도 보편적으로 인정되었던 '참고 자료'가 있다는 것을 알고 있다. 이들 자료는 사상사나 철학사의 사상적 맥락에 부합하면서 매우 영향력 있는, 그리고 대단한 주재력(主宰力)을 갖춘 서술의 틀을 세웠다. 그래서 후대 연구자들의 경우 연구자가 아예 맨손에서 시작하여 자수성가하거나 가는 도중에 다른 곳으로 빠져나간다면 모를까 얼핏 보기에 본색(本色)인 듯한 '역사' 속에

를 관찰하는 또 다른 입장과 시각, 안목으로 활용해야 한다.

이렇게 함으로써 우리는 참된 의미로 "역사가 이미 지나왔거나 표현되었던 실제 장소에 역사를 세울 수 있을 뿐만 아니라 지나왔음에도 불구하고 표현하지 못한 공백 지대 위에도 새롭게 역사를 세울 수 있을 것이다." [13]

빠져들지 않을 수 없게 된다. 중국은 말할 것도 없고, 미국의 중국학계에서 가장 영향력 있는 윌리암 드 배리(W. de Bary)가 편찬한 『중국 전통 사상 연구 자료집(Sources of Chinese Tradition)』과 진영첩(陳榮捷, Wing-tsit Chan)이 편찬한 『중국 철학 문헌선 편(A Source Book in Chinese Philosophy)』의 경우도 마찬가지로 서술 방식이나 사유 방식이 중국, 특히 1950년대 중국의 철학이나 사상사의 그것과 다르기는 하지만 여전히 경전 문헌과 엘리트 사상 및 주류 이데올로기 방면에 집중되었다. 이러한 참고 자료집과 사상사, 철학사 저작들은 이후 사람들의 시각과 입장을 응고시키는 데 큰 역할을 했다.

그렇다면 사상사의 시각이 변화하게 되면 문헌 자료의 변화는 어떤 형태로 나타날 것인가? 이 문제는 앞으로 고고학과 문물에 관해 언급하면서 논의하게 될 것이다. W. de Bary, 『Sources of Chinese Tradition』, Columbia University Press, New York ; Wing~tsit Chan, 『A Source Book in Chinese Philosophy』, Princeton University Press, 1963. 이 가운데 드 배리의 자료집은 장절을 배분하는 면에서 뛰어나고, 진영첩의 자료집은 주석과 해설 면에서 비교적 낫다. 전자는 일본학자 후쿠이 후미마사(福井文雅)의 서평 「중국 사상 연구 자료집」(『フィロソフィア』 제53호, 도쿄, 1968, 327~336쪽에 수록)을 참고하시오. 후자는 중국어 역본이 나왔다. 『중국 철학 문헌선 편』, 양위빈(楊儒賓)·오위능(吳有能) 등 옮김, 타이베이 : 거류도서공사(巨流圖書公司), 1993.

6장

역사 기억, 사상 자원과 새로운 해석

　　과거의 역사 연구, 특히 사상사 연구에 몇 가지 습관적인 용어가 등장하는데, 그것들은 은연중에 서술의 사유 방식을 규정하고, 심지어 사상사의 서술 방법을 암시하기도 한다. 그 가운데 사상의 연속성을 논할 때 늘 사용하는 애매한 단어 가운데 하나가 바로 '영향(influence)'이다. 이 단어는 한어(漢語)의 성어(成語) 가운데 하나인 '안과류영(雁過留影 : 기러기가 지나가며 그림자를 남긴다)'이라는 말과 비슷하게 만약 어떤 사상이 한때 휘황찬란했다면 땔감은 다했으나 불은 영원히 전해진다는 식으로 후세에 무엇인가를 전해 줄 수 있다는 느낌을 준다. 그러나 옛 사람은 또한 "안유유종지심 수무유영지의(雁有遺踪之心 水无留影之意 : 기러기는 발자취를 남길 마음이 있으나 물은 그림자를 남길 뜻이 없다)"이라고 이야기했다.

　　이처럼 그 단어를 습관적으로 사용하는 것은 사상사가가 무의식적으로 '시여(施與 : 시혜)'만을 도드라지게 하는 반면, '접수(接受 : 수용)'는 소홀하게 다루고 있음을 나타낸다. 그것은 마치 당신이 같은 조상의 자손이라면 가문의 휘장과 명예, 그 밖에 유산은 물론이고 치욕과 책무, 심지어 생리적 특성까지 모조리 받아들여야만 한다는 식이다. 이는 후세 사람들이 역사적 수치를 감추는 대신 역사적 영광을 두드러지게 드러내기 위해 족보를 고쳐 쓰거나 유명한 인물을 선조로 모시고, 심지어 성을 바꾸거나 조상을 바꾸면서까지 역사 만들기(Make History)를 할 수 있다는 것을 전혀 고려하지 않은 것이다. 따라서 늘 '영향'을 토론하면서 자주 사상사에서 후세 사람의 선택과 해석의 역량을 소홀히 하였던 것이다. 러브조이(Arthur O. Lovejoy)는 그의 명저 『존재의 대사슬(The Great Chain of Being : A Study of the History of an Idea)』에서 '쇠사슬(chain)'로 관념의 역사에서 연속성을 은유하였는데[1], 이러한 은유를 통해 우리는 지식과 사상, 그리고 신앙의 전승과 연속이 쇠사슬처럼 앞의 고리는 뒤의 고리, 뒤의 고리는 앞의 고리에 걸려야 하며, 만약 어떤 고리 하나가 헐거워지거나 틈이 벌어질 경우 전체의 연속성이 중단될 수 있다는 것을 상기할 수 있다.

사상사의 연속 과정에서 '영향'의 중요성을 부인하려는 것은 결코 아니다. 여기에서 말하고자 하는 것은 이른바 '영향'이 사람들이 주목하는 곳에서 새롭게 떠올라 새로운 사상 자원이 될 수 있는지 여부가 오히려 현재 처해 있는 상황과 유관하다는 점이다. 현재 처해 있는 상황은 마치 일종의 '촉매(accelerant)'와 같아서 일부 역사의 기억을 환기시킬 수도 있고, 일부 역사의 기억을 억압할 수도 있다. 이처럼 환기와 억압 속에서 고대 지식과 사상, 그리고 신

---

1) Arthur O. Lovejoy, 『*The Great Chain of Being : A Study of the History of an Idea*』. 일역본 제목은 『存在の大いなる連鎖』이다. 나이토우 다케지(內藤健二) 옮김, 도쿄 : 소분사(晶文社), 1975.

앙 세계는 선택적인 역사 기억을 통해 새로운 지식과 새로운 사상 자원이 될 수 있으며, 아울러 새로운 발굴과 해석을 통해 새롭게 전해지고 변화하게 될 것이다. 이것은 고금, 중서(中西)를 막론하고 모두 마찬가지이다. 예컨대 유럽 르네상스 역사의 경우 역사 기억은 주로 이탈리아 사람들이 인정한 상징과 응집력으로 이루어졌다. 그러나 부르크하르트(Burckhardt)가 당시의 역사를 논하면서 이야기한 것처럼 14세기 이전의 이탈리아 사람들은 고전 문화에 대해 거대하고도 보편적인 열정을 표출한 적이 없었으며, 다만 '세계적인 범위에서 이탈리아와 로마 제국의 몽상'이 실현되기를 희구하면서 고대 로마에 대한 역사 기억을 부활시켰다. 그러나 이러한 역사 기억을 환기시켰을 때 실제적으로 중세시대 세속 사회의 정치와 종교에 대한 역사 기억은 오히려 억압되었다.[2]

또 다른 예도 있다. 유태인의 건국사에 보면 서기 73년 로마군이 마사다(Masada)에 침공했을 때 900명의 유태교도(猶太教徒)들이 포로가 되느니 차라리 자결할 것을 맹세하였다. 이 사건은 유태인 역사학자인 요세푸스(Josephus)가 아랍 문자와 그리스 문자로 쓴 『유태인의 전쟁』이라는 책에 실려 있는데, 소수 기독교 교회에 전승되면서 문헌 기록으로 남아 단지 억압된 역사 기억으로 존재할 뿐 2천 년에 걸친 공식적인 역사에는 나타난 적이 없다. 그러나 금세기에 들어와 유태인의 건국 운동이 활발하게 진행되면서 당시의 사실이 새롭게 유태인의 역사 기억으로 부각되었으며, 중요한 정

---

2) 부르크하르트(Jacob Burckhardt), 『*The Civilization of the Renaissance in Italy*』, 중역본, 『이탈리아 문예부흥 시기의 문화(意大利文藝復興時期的文化)』, 하신(何新) 옮김, 상무인서관, 1983, 170~171쪽.

신적 자원으로 끊임없이 해설되면서 유태 민족의 응집력을 강화시키는 핵심적인 상징으로 부상되었다.[3]

일반적으로 사상사가 서술하는 것은 시간의 흐름 속에서 사상이 구조를 갖추고 형태를 만들며, 변화하는 연속성을 갖춘 역사이다. 필자가 여기서 이야기하고자 하는 것은 이른바 사상의 '연속성을 갖춘 역사' 란 어떤 의미에서 고유한 사상 자원이 끊임없이 역사적 기억에 의해 환기되며, 아울러 새로운 생활 환경 속에서 새롭게 해석되고, 그러한 새로운 해석 속에서 또다시 이러한 과정을 재구성하는 것으로 이해될 수 있다는 말이다. 따라서 필자는 '역사 기억과 사상 자원, 그리고 새로운 해석 과정' 으로 부분적이나마 전통적 개념인 '영향' 을 대체하여 사상사의 연속성을 서술하는 어휘로 삼고자 한다.

1

만약 사람들이 외래 문명과 다른 부류의 자원이 결핍된 시대에 살면서 오로지 역사 기억을 환기하고 고전을 새롭게 해석함으로써 시대의 변화에 대응할 수밖에 없다면, 그리하여 이른바 '복고로 새로움과 변화를 구한다' 는 희극을 상연할 수밖에 없는 상황이라면 외래의 지식이나 사상, 또는 신앙이 개입하여 충격을 주는 경우에도 기존의 사상 자원을 발굴하고 해석하는 일은 사라지지 않을 뿐

---

3) 이와 관련된 예증은 코저(Lewis A. Coser), 『아브와크와 집체 기억』, 중역본, 구팽생(丘澎生), (『당대』 1993년, 제91기, 타이베이, 37쪽)에서 전재했다.

만 아니라 비교나 번역, 이해의 작용을 일으켜 '선험적 이해(前理解)'와 유사한 의의를 지니게 될 것이다.[4] 이 책에서 필자는 고대 중국의 세계 지도를 논하는 대목에서 '번역'을 비유로 들어 다음과 같이 이야기한 적이 있다.

새로운 세계와 새로운 지식의 충격에 직면하여 사람들은 늘 자신을 되돌아보며 이해와 해석의 자원을 찾고자 했다. 어떤 새로운 지식에 대한 이해는 어떤 새로운 언어의 번역과 전혀 다른 것이 아니다. 그것은 마치 사자(lion)가 중국인에게 『목천자전(穆天子傳)』에 나오는 전설상의 '산예(狻猊)', 마스티프(mastiff : 영국이 원산지인 개의 종류)가 『좌전(左傳)』에서 조순(趙盾)을 향해 달려드는 '오(獒)'를 생각나게 만들고, 만청 시대에 과학(science)이 사람들로 하여금 주자가 제창한 '격치(格致)', 민주(democracy)가 맹자의 '백성이 귀하다(民爲貴)', 그리고 자유(liberty)가 장자의 '소요유(逍遙游)'를 생각나게 한 것과 같다. 언어 번역은 반드시 자기 본래의 고유한 언어로 하나씩 하나씩 대응하게 해야하며, 새로운 지식에 대한 이해 또한 역사 기억과 전통 지식, 그리고 본래의 상상 공간을 환기시킴으로써 재차

---

4) 새로운 지식에 대면할 경우 반드시 일정한 지식 자원을 이해의 토대로 삼을 필요가 있다. 필자는 이를 위해 '선험적 이해'라는 개념을 빌리고자 한다. 하이데거(Martin Heidergger)의 개념이다. 이런 사유 방식에 대해 그는 『존재와 시간』 제 32절에서 자세하게 설명하고 있다. "앞서 구비되고 앞서 보았으며, 앞서 파악한 것은 향후 준비해야 할 방향을 구성한다. 그 의의는 바로 그러한 준비된 어떤 방향에 있다. 준비된 어떤 방향에서 출발하여 모종의 것은 모종의 이해를 얻게 된다." 사상사에서 역사와 전통은 항상 앞서 존재하는 지식 자원으로써 이해의 시야와 방향을 규정한다. 진가영(陳嘉映), 왕경절(王慶節) 공역, 삼련서점, 1987, 185쪽. 이외에 가다머(Hans-Georg Gadamer)가 『철학 역사 사전』「해석학」부분에서 언급한 내용을 참고하시오. 홍한정(洪漢鼎)이 번역한 중역본은 『철학 역총』 1986년 제 3기에 실려 있다.

이해하고 해석하는 '사상 자원(resources of thought)' 으로 충당되는 것이다.[5]

바로 이와 같이 전통 지식과 사상 속에서 자원을 찾아내고, 그 것으로 외래 지식과 사상을 이해하고 번역하고 표현하는 과정에서 전통적인 지식과 사상, 그리고 신앙 세계는 '중심' 과 '주변' 의 위치 이동이 생겨나고, 본래 의미와 새로운 의미의 교환이 이루어지게 되는 것이다. 전통적 사상의 세계 지도에 변화가 생기고, 마찬가지로 외래 지식과 사상 역시 이러한 이해와 번역, 그리고 해석 속에서 변화가 발생되니, 사상사는 바로 이렇게 연속되는 것이다. 물론 '역사 기억' 중에서 어떤 역사는 환기되고 어떤 역사는 잊혀지게 되는데, 이것은 대부분 현실의 '연(緣)' 에 따라 '일어난다(起)'.

그러나 중국에서 새로운 변화는 늘 역사와 전통의 면모로 나타났다. 역사와 전통이라는 무소부재(無所不在)한 강력함과 풍부함, 그리고 역사와 전통이 지닌 의심할 여지없는 정당성과 권위성 때문에 사람들은 항시 예전의 단어로 새로운 지식을 해석했고, 이미 있었던 사건을 끄집어내어 눈앞에 펼쳐지는 새로운 현상과 비교하여, 말 그대로 오래된 것으로 현대적인 것을 포장했던 것이다. 그리하여 끊임없이 '복고' 라고 불리는 오래된 연극이 상연되고 있는 것처럼 느껴지지만 사실 그 당시에 돌출되어 나타난 '기억' 은 바로 옛날 지식과

---

5) 서양인이 편찬한 영중사전에 보면, 'calender(달력)' 를 '황력(皇曆)' 이나 '통승(通勝)' 으로, 'newspaper(신문)' 는 '경초(京鈔)' 나 '저보(邸報)' 로, 'attorney(변호사)' 는 '사정자적(寫呈子的 : 소장을 쓰는 사람)' 등으로 번역하고 있다. 이처럼 새로운 번역과 해석을 통해 서구의 새로운 지식이 중국에 들어온 것이다. 그러나 이전의 고전 자원 역시 이를 통해 새롭게 해석되기도 했다.

사상, 그리고 신앙 세계가 새로운 자원에 참여하면서 새로운 경향과 새로운 자태를 생동적이고 강렬하게 표현하는 것이다.[6]

　　이것은 역사적으로 자주 출현하는 현상이다. 왕범삼(王汎森)은 만청 시대 한족(漢族)의 역사 기억 부활을 논하며 명·청 교체기에 관한 역사 기억은 두 가지 방식으로 억압받았다고 하면서 이렇게 말했다. "우선 관방의 강제적인 조치이다. 예컨대 문자옥(文字獄), 금서 운동, 금서 목록 간행, 사고전서(四庫全書)에 실린 서적에 대한 삭제와 수정이 그것이다. 그 다음은 관방의 강제적인 행위로 인해 사대부나 일반 백성이 스스로 억압했다는 것인데, 이러한 자발적 억압은 명말 청초의 역사 기억에 대한 말살과 제거를 확대시켰다."[7] 이외에도 시간의 문제가 존재한다. 시간이 흐르면서 이전의 풍부한 역사 감각과 뼈를 깎는 아픈 마음은 점차 여과되면서 책과 문자로 남게 되었다. 일단 문자와 책으로 남게 되면 현실의 살을 에는 듯한 통증과 참을 수 없는 괴로움은 점차 멀어지게 되고, 역사와 독자 사이에 마치 한 겹의 반투명 유리를 집어넣은 것처럼 독자와 역사 사이에 일종의 '소이감(疏離感)'이 생기게 된다. 사람들은 더 이상 직접적으로 역사를 느끼지 아니하고, 오히려 강 건너 불 보듯 하면서 역사를 마치 연극이나 소설로 전환시켜버리는 것이다. 그러나 억압받은 역

---

6) 나지전(羅志田)이 『임서의 위기 인식과 민국 초기 신구 투쟁(林紓的認同危機與民初的新舊之爭)』의 결론에서 이야기했던 바와 같이 " '새로운 것'은 '낡은 것'과 다층적 연계를 잘라낸 적이 없으며, '새로운 것'이 '낡은 것'에 이겼을 때에도 여전히 의지하는 것은 '낡은 것'의 효용이었으니, 그 사이에 존재하는 궤변은 실로 의미심장하다." 『역사 연구』, 1995년 제5기, 북경, 132쪽.

7) 왕범삼(王汎森), 「청말의 역사 기억과 국가 건립 : 장태염을 예로 들어(清末的歷史記憶與國家建構 : 以章太炎爲例)」, 『사유와 언어(思與言)』, 제34권 제3기, 타이베이, 1996, 1~18쪽.

사 기억이 어떤 종류의 것이든지 간에 이후 생활 세계에서 이와 유사한 어경(語境 : 영어 context의 역어로 배경, 환경, 전후 관계, 문맥 등의 뜻으로 번역되는데, 배경으로 번역한다 : 역주)이 조성될 경우 항시 누군가에 의해 다시 기억되어 부활하면서 번성, 팽창하여 새롭게 역사 속의 사상 자원이 된다. 코헨(Paul A. Cohen)은 의화단의 역사를 기술하면서 역사는 세 갈래 형식, 즉 사건, 신화, 경험으로 존재할 수 있다고 이야기한 적이 있다. 그중에서 신화와 경험은 수시로 '기억'으로 다시 살아나 마치 죽은 시신에 혼백을 불러들이듯 그 시대에 여전히 의의를 지니는 역사가 된다.[8]

이 외에 보충할 말은 사상사에 다음과 같은 상황이 흔히 출현한다는 것이다. 지식과 사상 체계의 해석과 증명이 이미 원숙한 상태에 이르러 주류 이데올로기로 충당되었을 때 사람들은 역사에 대해 만족하면서도 어쩔 수 없는 심정이 생기게 된다. 이때 역사는 고의적으로 잊혀지고, 전통은 더 이상 따져 물을 필요가 없는 것처럼 여겨진다. 초당이나 성당 시대에 볼 수 있는 지식 체계의 완숙함이나 원·명(元明) 교체기에 이학이 이데올로기에서 지식 제도에 이르기까지 두루 포괄하는 사상으로 자리 잡게 된 것이 그러한 예다. 이러한 지식과 사상 체계는 사람들의 만족 속에서 점차 '상식'이 된다. 그러나 사람들이 새로운 지식에 직면하여 문화적 충격을 받게 되면 이에 부응하기 위해 어쩔 수 없이 새로운 자원을 발굴하게 되고, 그럼으로써 역사 기억의 부활이 이루어진다. 이미 '상식'의 효과를 상실했기 때문에 사람들은 더욱 자주 오래된 지식과 사상의

---

8) Paul A. Cohen, 『역사의 세 가지 갈래 : 사건 · 경험 · 신화로서 의화단(*History in Three Keys : The Boxers as Event, Experience and Myth*)』, Columbia University Press, 1997.

주변에서 새로운 지식에 대응할 수 있는 '상식 아닌 것'을 찾게 된다. 그리하여 과거 주변에 있던 옛 지식과 사상이 새로운 지식과 사조를 인도하고 해석하는 자원으로 충당되면서 주변에서 중심으로 자리를 바꾸게 된다. 이것이 바로 사상사의 변화를 이끄는 과정이다. 중당에서 북송에 이르기까지 중심이 아닌 주변에 처해 있던 자사(子思)와 맹자의 학문 계통을 새롭게 해석하고, 명나라 시대 중엽 여전히 주변에 머물고 있던 육상산의 심학을 되돌려 살펴봄으로써 지식과 사상, 그리고 신앙은 새로운 면모를 지니게 되었던 것이다.

특히 만청 시대에 출현한 많은 역사 기억, 예컨대 청말 도광(道光), 함풍(咸豊) 시절에는 명말 학자들인 고염무, 황종희, 왕부지에 대한 회고가 이루어졌고[9], 청초 만족의 한족 살육에 대한 회상, 고대 한족의 생활 의식에 대한 연구, 서북(西北) 변방에 대한 연구 등이 진행되었다.

이러한 회고적 풍조는 당시 지식과 사상, 신앙 세계의 변화를 초래하였다. 특히 만청에 출현한 경학의 전형(轉型), 자학(子學)에 대한 열정과 불학(佛學) 부흥이라는 3대 사상적 조류도 모두 '사상 자원'이 되어 새롭게 발굴된 '역사 기억'이었다. 물론 이처럼 본래부터 '근대성'과 전혀 상관이 없었던 구학이 어떻게 새로운 시대에 출현해 새로운 지식에 부응할 수 있었는가에 대해서는 새로운 '의미 해석'이 필요할 것이다.[10]

---

9) 예를 들어 반조음(潘祖蔭) · 진보침(陳寶琛)은 고염무 · 황종희를 사당에 모실 것을 건의했다.

10) 예컨대 만청(晚淸) 사상사에서, 특히 자학(子學 : 제자의 학문)을 사상자원의 중심에 진입시킨 것은 왕중(汪中)과 관련이 있다. 그는 자신의 『술학』에서 제자(諸子)에 관한 견해를 밝힌 바 있다. 그러나 단지 후학들에게 계시를 주었을 뿐이었다. 이후 왕이민(王爾敏)은 묵학(墨學)의 부흥에 대해 『근대 중국 사상 연구 및 그 문제의 발굴(近代中國思想硏究及其問題之發

2

역사 기억은 대체로 다음 두 가지 서로 다른 경향을 지닌다.

첫째 원래의 근원으로 거슬러 되돌아가려고 한다. 돌이켜 보는 방식으로 문화적 동일시(同一視)를 진행해 자신이 강대한 역사 공간과 종족 군체(群體)의 문화에 속해 있다는 것을 확인한다. 변화에 충분히 대응할 수 있는 전통 자원을 지녔고, 스스로 이러한 전통 중의 일부분으로서 문화 전통과 민족 역사의 방식을 드러내고 과장해 사람에게 필요한 자신감과 응집력을 얻게 한다. 이런 회상은 이른바 '심근(尋根)', 즉 '뿌리 찾기'라고 이야기할 수 있다. 사람들은 이것을 통해 이미 분리된 무수한 가지와 나뭇잎을 공통된 뿌리로 연결시켜 상호 공통된 인식의 토대를 마련할 수 있을 뿐만 아니라 힘의 근원을 찾아낼 수 있는 것 같다.

그렇지만 사후에 원래의 근원으로 되돌아간다고 할지라도 정확하게 최초의 상태로 되돌아가는 것은 아니며, 단지 걸어온 길을 따라 되돌아가서 자신의 족보 속에 기록되어 있는 조상을 찾는 것이다. 때로 사람들이 '역사 기억' 속에서 무엇인가를 이 잡듯 샅샅

掘)』에서 이렇게 지적했다. "묵학 안에는 적지 않은 고대 과학 이론이 들어 있다. 또한 '사람은 차등이 없다'(겸애설: 역주)는 견해는 평등사상과 부합한다. 황준헌, 양계초 등이 묵학을 제창한 이후 학술계에서 한때 크게 성행했다…… 당시 묵학 연구는 왕중(汪中) 시대의 묵학 연구 풍조나 동기와 확연히 달랐다." 『중국 사상사 방법 논문 선집』, 타이베이 : 대림출판사, 1981, 292쪽. 순자(荀子)를 새롭게 대두시킨 것은 만청 시기에 청나라 시대 학술의 근저를 파헤치고 순자학이 주도했던 사상적 독재를 청산하기 위한 의도와 관련이 있다. 예를 들어 하증우(夏曾佑)·담사동·양계초 등이 대표적인 인물이다. 주유쟁(朱維錚), 「만청 한학 : '순자 배척'과 '순자 존숭'(晚晴漢學 : 排荀與尊荀)」, 『참문명 탐구(求索眞文明)』, 상해고적출판사, 1996, 333~350쪽 참조.

이 뒤질 때 그러한 '역사 기억'들이 이미 오래전부터 여러 가지 지식과 사상, 신앙 등에 의해 삭제, 정정, 도색, 준염(皴染)을 거치고, 또다시 여러 가지 문헌의 선택, 간략화, 윤식을 거쳤을 수도 있다. 어쩌면 이미 유행하는 풍조나 세속의 습관에 굴종한 상태일 수도 있고, 모종의 깊은 의도가 깃들어 있을 수도 있다. 그렇기 때문에 필자가 앞서 말한 바와 같이 때로 역사 속에서 문패를 잘못 찾아가는 경우도 있고, 심지어 친척과 조상을 오인하는 경우도 있게 된다.

물론 때로 의도적으로 가까이 있는 가난한 친척은 잊어버리고 보다 멀리 있는 부자 친척에 빌붙는 경우도 있다. 심지어 아예 사망하여 더 이상 증명할 수 없는 옛 명인을 찾아 가문의 팻말 맨 앞에 세우기도 한다. 이것은 마치 방송 보도에서 어떤 유명한 사람의 가보를 발견했다고 하지만 사실은 양자(유명인과 족보의 가문) 사이에 아무런 관련도 없는 경우와 같다. 어쩌면 그 집안은 자신들의 역사를 다시 쓰면서 대대적으로 가문의 깃발을 내세워 일부 호사가들이 진짜 '뿌리'를 찾았다고 여기도록 만드는 것일지도 모른다.

사상사도 마찬가지다. 선진 시대 유가들이 걸핏하면 '4제2왕(四帝二王)'을 언급하거나 중세 선종(禪宗)이 서천28조(西天二八祖 : 인도 불교에서 28조가 된다는 의미), 동토6조(東土六祖 : 중국에 전래된 후 6조라는 의미)의 의발을 이어 받았다고 정통을 운운하는 것은 말할 것도 없고, 송나라 시대 신유학이 한유(韓愈)의 허구적 '도통'의 역사를 따랐다는 것 외에도 진영첩(陳榮捷)이 지적한 것처럼 그 사상의 뿌리와 혈통조차 결코 순수한 것이 아니었다. 신유학이 주장하는 이른바 '이(理)' 사상의 근원은 사실 한비(韓非)의 「해로(解老 : 노자 해설)」에서 나왔다. "깊이 생각해 볼 문제는 이(理) 사상의 기원이 유가가 아니라 묵가에서 시작되었으며, 그 사상을 건립한 것 또한 유가가 아니라 법가라는 점이다." 만약 '도'를 얘기하면서 인용한 한비의 노자 해석까지 모두 포함한다면 실제적으로 송나라 시대 유학의 '이'에 관한 자원은 유가가 아니라 묵가, 법가, 도가 등 3가로 귀속시켜야 할 것이다. 게다가 이후 '이'에 관해 보다 깊이 이해하고 해석한 왕필(王弼), 곽상(郭象) 일파와 지순(支遁), 승조(僧肇) 일파까지 포함시킨다면 신유학의 혈통 안에 현학(玄學)과 불학(佛學)마저 포함시켜야 할 것이다.[11] 이러한 이유 때문에 수보(修譜 : 족보를 보완하고 수정함)할 때의 관습적인 방식을 따라 기존의 성씨로부터 조상까지 거슬러 올라가고, 적자(嫡子) 계통만 확정짓는 사고 방식으로 단선적인 사상 계보를 확립한다면 언제나 문제가 도출되기 마련이다. 이것은 무엇보다 고대 중국처럼 사상의 배타성이 적은 언어적 환경 속에서 사상 학설은 항시 상호 융합되거나 교류하였으며, 서로 상대방의 것을 차용할 수 있었기 때문이다. 특히 모종의 학설이 일반 지식이나 사상의 수준까지 내려와 생활 세계의 '상식'이 되었을 때 서로 다른 부류의 학설이나 사상의 구별이 우리가 상상하는 만큼 그렇게 크지 않기 때문에 보다 쉽게 서로의 '자원'이 될 수 있었을 것이다.

그러나 실제로 이처럼 부정확한 역사 뿌리 찾기가 오히려 사상 자원을 발굴하는 보편적 방식이기도 하다. 이는 중국 사람이 지구가 둥글고, 구주(九州) 밖에 또 다른 구주(九州)가 있다는 말을 듣자마자 '담천연(談天衍 : 하늘의 변화에 관한 담론)', 소옹(邵雍), 이정(二程)에

---

11) 진영첩(陳榮捷), 「신유학 '이'(理) 사상의 발전(新儒學理之思想之演進)」, 『왕명학과 선(王陽明與禪)』, 학생서국, 1984, 28쪽.

관한 기억을 상기하는 것과 마찬가지로, 자신의 역사 기억에서 이러한 자원을 발굴했을 때 그것이 정확한지 여부나 연관 여부와 상관없이 새로운 지식으로 인한 문화적 충격이 가라앉게 된다. 심지어 누구보다 새로운 지식에 목말라했던 매문정(梅文鼎) 같은 지식인조차 『역학의문(曆學疑問)』에서 "진실로 하늘은 둥글고 땅은 네모지니, 네 모퉁이는 가려지지 않는다"라는 증자(曾子)의 논술이나 땅은 "태허(太虛) 가운데 있어 대기(大氣)가 이를 받들고 있다"는 기백(岐伯)의 논의, 천지는 "서로 의지하는 것"이라는 소옹(邵雍)의 언급, "(대지는) 천(天) 안에 있는 특별한 물질이다"라는 정명도(程明道)의 말을 찾아냄으로써 비로소 편안하게 "지구가 둥글다는 논법은 유럽이나 서역에서 시작된 것이 아니다"라고 이야기하며 자신의 심리적 긴장과 우려를 해소시켰던 것이다.[12]

만청 시기에 불학이 부흥한 것은 역사 기억을 사상 자원으로 삼아 새로운 지식을 해석하고 이해하려는 의도를 분명하게 드러낸다. 당시 불학에 대한 범상치 않은 흥미는 뜻밖에도 서양의 과학과 철학에 대한 초조함에서 기인한 것이다. 이처럼 불학 자원을 새롭게 확인하고자 했던 것은 어떤 의미에서 메이지유신(明治維新)의 잘못된 정보에서 오도된 것이기도 한데, 옛 학문을 이용하여 새로운 지식을 해석하면서 '영서연설(郢書燕說 : 영 땅의 사람이 쓴 글을 연나라 사람이 잘못 해석했다는 뜻으로 견강부회의 의미 : 역주)' 하기가 다반사였다. 그러나 이러한 견강부회가 오히려 낡은 학문을 연속시키고, 아울러 새로운 지식과 연계시켜 사상사가 지속적으로 변화할 수 있도록 만

---

12) 매문정, 『역학의문』 「지구가 둥글다는 게 믿을 만한가에 대해」(『매씨총서집요』 권46), 임금수(林金水), 『마테오 리치와 중국』, 중국사회과학출판사, 1996, 155쪽에서 재인용.

들었던 것이다.

　다른 한 가지는 아예 뿌리째 잘라 없애버리는 방식이다. 이는 역사 기억을 발굴하는 방식을 통해 자신이 뿌리박고 있는 전통의 근원을 반성하고, 아울러 자신과 연관된 뿌리를 찾아내 철저하게 잘라 없애는 방식을 말한다. 사실 이러한 방식 역시 연속성의 한 가지인데, 단지 사람들이 기존의 뿌리에 대해 기억하고 해석하는 데 상반된 태도를 지니는 것일 따름이다. 현실과 역사의 격렬한 충돌에 직면하여 그들은 현실적인 필요에 의해 스스로 역사에서 나온 통일적인 경험과 신분을 포기하고자 한다. 물론 그들 역시 문화적 차이의 원천을 기억하고자 노력한다. 그러나 그들은 이런 전통과 역사를 끊임없이 변화하는 과정으로 보고, 낡은 역사의 구속을 약화시키고, 전통적인 문화의 경계를 벗어나 새로운 지식과 경험에 융합하고자 하는 것이다. 역사 기억은 그들에게 있어서 벗어날 수 없는 악몽과 같다. 그들의 뿌리 찾기는 보다 깊은 곳에 있는 뿌리를 뽑기 위함이다. 그렇기 때문에 이러한 때의 역사 기억은 과거의 전통에 대한 끊임없는 비평과 결연한 포기로 표현된다.

　이는 만청 시대에 특히 두드러진다. 거세게 밀려오는 서양의 새로운 지식에 직면하여 사람들은 충격을 받은 나머지 도무지 어찌할 바를 몰랐다. 그들은 막강한 군함과 함포 사격 앞에서 어쩔 수 없이 어떤 보편적인 가치 관념을 받아들이지 않을 수 없었고, '부(富)'와 '강(强)'이란 것이 진보와 문명의 유일한 표준임을 인정해야 했다. 사람들은 서양을 기준으로 삼아 동서의 차이를 비교하고, 그러한 차이의 근원을 생각하였다. 그럴 때 역사가 다시금 상기되면서 비판과 책망에 직면하게 되었다. 만청 시대에 '순자 비판'과 '한유 비판' [13], 그리고 5·4운동 시기의 '공자점(孔子店)' 비판은 거의 역사에 대한 공격과 비판의 시작이나 다를 바 없었다. 사람들은 후대 유가에 의해 건립된 역사를 다시 열어 고대 민족 국가의 정치를 확립한 순자의 위상을 새롭게 인식했다. 또한 현실 상황, 특히 이데올로기의 역사 근원을 거슬러 올라가면서 문득 현재의 지식과 사상 경향이 중당 시대 한유(韓愈)에서 토대가 갖추어졌다는 사실을 깨달았다. 결국 순자와 한유는 역사의 상징이 되어 현실에 대한 책임을 감당해야만 했다. 마찬가지로 사람들이 분노와 고통 속에서 모든 역사와 전통에 실망했을 때 지금까지 역사와 전통을 지탱해 온 가장 큰 기둥인 공자 학설은 반드시 제거해야 할 '역사의 꼬리'로 간주되었다.

　　이는 중국에서 흔히 볼 수 있는 일로써, 사람들이 어쩔 수 없는 현실에 처했을 때 역사 기억 속에서 과거 사실을 끄집어내 비판할 대상을 발굴하는 것이라고 할 수 있다. 역사의 뿌리를 잘라버리고자 하는 이러한 경향은 지금도 여전히 이어지고 있다. 그들이 역사 기억을 일깨우는 것은 그러한 역사 기억을 없애기 위함이고, 그들이 전통을 비판의 위치에 두는 것은 새로운 지식을 위한 공간을 만들어내기 위함이다. 그들의 역사에 대한 비판은 실제로 새로운 지식과 새로운 사상의 합법성과 합리성을 두드러지게 하고 확대시키고자 하기 때문이며, 심리적으로 자신이 가능한 빨리 새로운 지식과 사상, 그리고 신앙 세계에 융합하고자 하기 때문인 것이다.

---

13) '한유 비판'은 만청 학자인 엄복(嚴復)의 저작물인 『벽한(辟韓)』을 말하는 것 같다. 엄복은 루소의 천부인권론(天賦人權論)에 근거하여 중국 봉건전제(封建專制)를 강도 높게 비판하고 있는데, 그의 비판은 당나라 시대 사상가인 한유의 『원도(原道)』에서 시작하고 있다 : 역주

만약 전자의 방식에 민족주의, 개인주의, 문화 보수주의 경향이 내재되어 있다면 후자의 방식에는 세계주의, 보편주의, 문화 급진주의 경향이 내재되어 있다고 말할 수 있다. 그렇지만 중국에서, 특히 중국이 새롭게 세계의 틀 안으로 들어갈 때 대다수 사람들은 이러한 두 경향 사이를 오락가락하며 확실한 정착지를 찾지 못해 마치 공중에 떠서 흔들리는 것처럼 극도의 초조와 긴장을 드러낸다. 사상이나 문화, 역사 연구에서도 이러한 두 가지 서로 다른 경향이 얽혀져 있다. 비록 역사 연구가 금세기에 들어와 인문학 가운데 '현학(顯學 : 선진적인 학문 또는 주목받는 학문)'이 되었지만, 그것이 '현학'이 된 까닭은 오히려 역사 기억의 발굴, 즉 전통에서 '뿌리 찾기' 혹은 '전통과의 단절'이라는 두 가지 상반되면서도 상호 보충적인 경향과 관련이 깊다. 민족이나 국가에 대해 그처럼 극도의 초조와 긴장을 드러내면서 과거 중국의 역사에 농묵(濃墨)을 칠한 것은 이후 중국 역사의 전개 과정에 오랫동안 길고 긴 그림자를 남겼던 것이다.

3

필자가 이런 역사 기억, 사상 자원, 새로운 해석 방식 등을 이용해 사상사에서 '영향'이라는 습관적 방법을 부분적으로 대체하려고 하는 이유는 사상사 연구의 서로 충돌하는 두 가지 사고 방식이 조화를 이룰 수 있기를 바라기 때문이다.

이것은 누구나 다 알고 있는 학술적인 사안일 것이다. 아주 오랜 시간 동안 19세기, 20세기 중국 역사에 관한 연구는 '충격 / 대응' 이란 틀에서 진행되었다. "'서양의 도전' 에 대한 중국의 대응이 라는 점에 주목하였기 때문인데, ……이로 인해 역사가들은 서양의 침입과 분명한 연관이 없는 중국 근대사의 측면들에 대해 전혀 중요하지 않다고 여기게 되었다." 다시 말해 서양의 '충격', 서양의 '영향' 이 역사 서술 가운데 두드러진 중점이 되었다는 뜻이다.[14] 그렇지만 이러한 '전후 미국의 중국 근대사 연구의 주류' 에 대항하기 위해 코헨(Paul A. Cohen)은 『미국의 중국 근대사 연구 : 중국 근대사 의 재발견(Discovering History in China)』에서 오래된 미국 내 중국 학계의 '충격 / 대응' 이란 연구 틀에 대해 의문을 제기했다. 그는 그 대신에 다른 연구 방식을 제기하였는데, 그것은 '내부 경향(internal approach)' 으로 중국 근대의 역사를 이해하자는 것이다. 그가 '중국을 중심으로 삼는 경향' 이라 부른 이러한 사고 방식은 특히 여영시(余英時) 선생의 '내재적 논리 이론' 설과 서로 호응을 이루면서 어느 정도 '충격 / 대응' 이라는 연구 방식에 대한 반론을 제기했으며, 중국 사상사 연구에 많은 영향을 끼쳤다. 이러한 반론은 '내재적 논리 이론' 의 의미를 부각시키거나 확대시키게 될 것이다.

이처럼 중국 역사를 분석하는 사고 방식으로 두 가지 경향이 존재하게 되었는데, 이것을 중국인에게 친숙한 어투로 이야기하자면 하나는 외연(外緣)에서 출발한 것으로 '외부적 요인이 변화의 원인' 이라고 믿는 것이다. 이는 적당한 온도가 있어야만 계란이 병아리로 부화할 수 있는 것과 마찬가지이다. 예를 들자면 근대 사상사

---

14) Paul A. Cohen, 『중국에서 역사를 발견하다 : 미국에서 중국 중심관의 대두(在中國發現歷史 : 中國中心觀在美國的興起)』(중역본), 임동기(林同奇), 「서언」, 중화서국, 1989, 1991, 3~4쪽.

에서 서구의 지식과 사상, 신앙이 전래되고 충격을 줌으로써 비로소 근대 중국에 변화가 발생했다는 것이다. 또 다른 하나는 내인(內因)에서 출발한 것으로 '내적인 요인이 변화의 근거'라는 말이다. 이에 따르면 계란이 있어야만 병아리가 부화할 수 있는 것처럼 중국 자체의 사상적 변화가 없었다면 외부에서 어떤 것이 영향을 주더라도 전통 중국이 근대로 나아갈 수 있는 것이 아니라는 관점이다. 이는 바꿔 말해 중국의 지식과 사상의 변화로 말미암아 서양과 마찬가지로 점차적으로 근대성을 갖추게 되었다는 말인데, 보기에 다른 것 같지만 실제로 이러한 사고 방식은 여전히 내재적 논리를 강조하고 있다고 말할 수 있다.

이론이란 늘 아쉬운 면이 있다. 외부 원인을 강조하는 것과 내재 원인을 부각시키는 것, 외래 영향을 강조하는 것과 내재적 논리를 부각시키는 것은 사실 둘 다 편협하게 심각하고 완강하게 자신들만의 견해를 주장하는 것에 불과하다. 그렇다면 보다 적합하고 평범한 서술 방법은 없는 것일까? 필자는 역사 기억의 발굴, 사상 자원의 충당, 의미에 대한 새로운 해석의 방식을 통해 영향과 선택의 상호 작용을 종합할 수 있다고 생각한다.

예를 들어 만청 시대 사상사의 변화에 있어서 서양에서 전래된 새로운 지식의 영향은 항시 이야기되는 역사 변수의 하나이다. 그렇지만 만약 외래의 영향만 주의하게 된다면 서양의 능동적 충격과 중국의 피동적 대응에만 관심을 갖게 된다. 이와 달리 내재적 변화만을 주목한다면 당시 서양이 지니고 있던 새로운 지식의 변화 역량을 담아내기 어려울 것이다. 이 때문에 서양의 새로운 지식이 어떻게 중국의 지식, 사상, 신앙에 진입하였으며, 중국의 본래 지식 자원이 어떻게 새로운 지식을 이해하고 해석했는지, 또한 이러한 전통적인 지식이 어떻게 변화하면서 새로운 지식 체계에 진입했는지, 그리고 그러한 변화된 전통 지식이 어떻게 서양의 새로운 지식을 바꾸고 동시에 전통적인 낡은 학문 자체를 바꾸었으며, 이를 통해 지식과 사상, 신앙 세계가 어떻게 지속되었는지에 대해 자세하게 서술하고 분석한 예가 극히 적었다.

　　그래서 필자는 당시 중국 지식 세계가 새로운 지식에 직면하면서 역사에 대한 발굴과 사상 자원에 대한 새로운 해석이 어떠했는지를 서술하고자 하는 것이다. 그 속에는 전통 사회에서 줄곧 주류를 이루면서 지식, 사상, 신앙 세계의 지주로 자리했던 경학(經學)이 과연 새로운 지식에 직면해 어떻게 자신의 모습을 변화시켰는가에 대한 논의뿐만 아니라 전통 사회에서 장기간 주변 학문의 위치에 처했던 제자학(諸子學)과 불학(佛學) 등이 과연 어떻게 역사 기억으로 새롭게 발굴되고 새로운 지식의 배경에서 사상 자원으로써 새로운 해석을 진행할 수 있었는지, 아울러 이를 통해 당시 사람들을 곤혹스럽게 했던 서양의 새로운 지식에 대해 어떤 새로운 이해를 제공했는지에 대한 논의도 포함된다.

　　필자는 이를 통해 다음과 같은 문제를 설명할 수 있다고 생각한다. 우선 전통적이고 고전적인 학문이 새로운 지식에 대응하는 자원이 되었을 때 그것들은 역사 기억과 마찬가지로 새로운 지식에 대한 긴장과 불안 속에서 발굴되었을 것이다. 그렇다면 당시 사람들은 어떻게 이러한 전통적 지식을 다시 이해하고 해석했으며, 이를 이용하여 어떻게 새로운 지식을 해독했는가? 과연 전통이 새로운 지식에 융합되고, 새로운 지식도 전통에 융합되었는가? 그리하여 그 결과로 인해 현대 중국의 지식, 사상, 신앙 세계가 완전히 새롭지도 않고 완전히 낡은 것도 아닌 것이 되어 얼핏 보기에 서양의 말투인 것 같지만 사실은 이미 중국적 요소가 삼투된 것이고, 보기에 전통적 사고 방식인 것 같지만 그다지 전통적인 것이 아닐 수도 있는 것이 된 것이 아닐까? 다시 한 번 말하건대 필자는 바로 이러한 문제들을 설명하고자 한다.

사실 전통의 연속은 바로 이러하다. 진인각(陳寅恪)이 말한 '격의(格義)'란 바로 중국에 불교가 진입했을 때 역사 기억을 통해 사상 자원을 발굴하고, 새로운 지식의 배경에서 옛 학문에 대해 새롭게 이해했음을 의미한다. 만청 시기 서학에 대한 대응 또한 마찬가지로 이런 과정을 겪었으니, 그저 서양의 '영향'을 받았던 것만이 아니다. 20세기, 심지어 더 이른 시기의 중국이 전체적으로 서양의 방식대로 전환했던 추세를 인정한다고 할지라도 서양의 역법(曆法)과 홍이(紅夷 : 붉은 오랑캐, 서양인을 말함)의 대포를 받아들이는 일부터 견고한 군함과 강력한 포탄 및 부국강병의 방법 등을 수용한 것에 이르기까지, 서양의 입헌 제도나 의회 제도 등 법률 제도를 본뜬 것부터 과학, 민족, 자유 등 새로운 서구 관념을 수용한 것에 이르기까지 모두 서양의 '영향'이나 '충격'으로부터 시작된 것이 틀림없다.

그러나 실제 서양에서 전해진 지식, 사상, 신앙은 '정품이 아니면 완전히 교체해 주는' 수입산 전기 제품처럼 아무런 변화나 설비 없이 주방이나 객실 또는 침실에서 그대로 쓸 수 있는 것이 아니었다. 오히려 앞에서 우리가 말했던 언어 번역과 마찬가지로 자신이 원래 지닌 지식, 사상, 신앙을 이용해 이해하고 해석함으로써 어느 정도 변형이 불가피한 것이었다. 예를 들어 '세균(細菌)'이란 말은 생물학 지식을 불교의 관념 가운데 '극대극미(極大極微 : 지극히 크고, 지극히 미세하다)'라는 상대적 관념과 연관시킨 것이고, '명리(名命)'나 '논리'에 관한 학설은 불학의 인명학(因明學 : 고대 인도에서 일어난 논리학의 일종)과 결부시켰다. 그래서 당시 지식인들이 볼 때 지식의 법칙이라고 하기보다 고대 인도에서 성행한 변설 방식 같이 느껴졌다. 또한 고대 묵가의 경험에 비추어볼 때 서양의 과학에서 주장하는 과학 원리의 기본 법칙은 그저 경험이나 기술 방법에 불과했고, '민주'라는 말 또한 고대 유가 학설에 근거할 때 하나의 제도가 아니라 일종의 태도처럼 해석되었다. 게다가 '민위귀(民爲貴 : 백성을 귀하게 여긴다는 맹자의 말)'는 옛 학설의 견제를 받아 약간 다른 형태로 변할 수밖에 없었다.

특히 '자유(自由)'라는 말은 더욱 그러했다. 원래 이 글자는 많은 학자들이 지적한 것처럼 서양의 'Liberty'가 일본 사람의 번역을 거쳐 중국에 들어왔는데, 당시 노장(老莊) 학설에 깊이 빠진 지식인들에 의해 일종의 개인적인 절대 초월의 의미로 상상되었다. 비록 엄복(嚴復)이 서둘러 『군기권계론群己權界論』(John Stuart Mill의 『자유론On Liberty』의 번역본 제목 : 역주)을 번역하여 그 뜻을 분명히 하고자 했지만, 왕강년(汪康年)은 『논오국인지심리(論吾國人之心理 : 우리나라 사람들의 심리를 논함)』에서 여전히 이렇게 이야기하고 있었다. "우리나라 사람들은 일상적으로 '수편(隨便 : 편한 대로)', '불구(不拘 : 구속됨이 없이)', '피차몰강구(彼此沒講究 : 서로 따지지 않고)' 등의 말을 많이 쓴다. 이러한 말의 의미는 노장(老莊)에 근원을 두고 있는데, 이에 석씨(釋氏 : 석가모니)가 주장한 평등의 의미가 더해져 결국 규칙도 없고 제한도 없다는 데로 빠지게 되었다. ……근래 서양 사람들로부터 자유의 학설이 들어왔는데, 듣는 이들마다 그들의 자유라는 말이 어디에서 나왔고, 자유의 한계가 어디까지인지 따져 보지도 않은 채 그저 사람마다 자유라는 두 글자를 마음에 품어 마치 그러한 지경에 이른 것처럼 생각하고 있나니, 우리들의 행복은 불가사의한 신세가 되었다고 할 것이다."[15]

사실 필자는 이처럼 사이비인 '영서연설(郢書燕說)'이나 '망문생의(望文生義 : 글자만 보고 대강의 뜻을 짐작하는 것)'를 비판하고자 하는 것이 아니라 지식과 사상, 그리고 신앙의 이해사(理解史)에서 새로운 지식과 낡은 학문이 이처럼 서로 진입하고 교류하면서 융합되었음을 지적하고자 함이다. 조셉 레벤슨(Joseph R. Levenson)은 『유교 중국과 그 현대적 운명』에서 '박물관'이란 유명한 비유를 제시한 바 있다. 그에 따르면 공자 학설은 중국이 근대로 진입하면서

---

15) 『왕양경 유저(汪穰卿遺著)』 권 6, 민국초 배인본(排印本), 40쪽. 서양 자유주의는 '자유'를 사회라는 배경에 두고 개인 권리의 합리성과 합법성을 강조하고 있기 때문에 사람과 사람 사이의 관계, 그리고 개인과 집단의 관계가 어떠한가에 따라 한계를 설정한다. 그러나 고대 중국은 '자유'를 사회적 배경에서 이탈시킨 채 개인의 정신과 개체 행동의 자주성을 강조하고, 상상 속에서 인간을 초월적이고 절대적인 존재로 만들고자 했기 때문에 서구의 근대적 자유 관념과 결코 같을 수 없다.
　　그러나 본문에서 인용한 왕강년의 이해 방식은 당시에 상당히 보편적이었다. 이는 후자(중국의 자유 개념)가 서양의 자유 관념을 이해하고 해석하는 자원이 되었기 때문이다. 이로 인해 서구의 자유 개념은 이러한 새로운 이해와 해석 속에서 변화하지 않을 수 없었다. 예컨대 담사동은 『인학』에서 장자가 말한 바를 빌어 국가와 영격의 경계가 없고 천지에 소요(逍遙)하는 경지를 자유라고 생각했다. 왕이민(王爾民), 『중국 근대 사상사론(中國近代思想史論)』, 타이베이, 1977, 45쪽. 1902년 이후 엄복이 John Stuart Mill의 『군기권계론(群己權界論 : On Liberty)』을 번역한 후에야 비로소 서구의 '자유' 관념이 점차 명확해지기 시작했다. 주창룡(周昌龍), 「5·4 시기 지식 분자의 개인주의에 대한 해석(五四時期知識分子對個人主義的詮釋)」, 『신사조와 전통(新思潮與傳統)』, 타이베이 : 시복출판사(時報出版社), 1995.

이미 "박물관의 역사 소장물이 되었는데, 그 목적은 그를 역사의 현실에서 쫓아내기 위함이었다."[16] 그러나 사정은 그가 이야기한 것처럼 단순하지 않았다. 역사 기억은 언제나 민족의 심령 깊은 곳에 잠복해 있으며, 그 가운데 일부는 언제라도 새롭게 발굴될 수 있는 것이기 때문이다. 마치 "비는 바람 따라 이 밤에 몰래 스며들어, 소리 없이 촉촉이 만물을 적신다"[17]는 시구처럼 말이다. 특히 한 민족의 역사가 길고 문화가 깊으며, 아울러 전통에 대한 동일 인식이 여전히 존재하고 있을 때 전통이 현대로 '진입'하는 일은 결코 피할 수 있는 것이 아니다. 물론 한 민족의 전통 문화와 역사 기억은 물론이고 언어와 상징, 그리고 이야기조차 철저하게 파괴된 상태라면 혹시 모른다. 그러나 그렇지 않다면 역사는 반드시 이러한 낡음 속에서 새로운 것이 존재하고, 새로움 속에서 낡은 것이 존재하는 식으로 연속되며, 전통과 역사 또한 마치 변발을 만들 때처럼 뒤엉키고 꼬인 가운데 더욱 풍부하고 깊어지기 마련이다.

어떤 스님이 송나라 시대 주희에게 이렇게 말한 적이 있다. "지금 사람들이 책의 내용을 이해하는 것은 마치 한 잔의 술과 같습니다. 한 사람이 그 술잔에 약간의 물을 붓고 다시 다른 사람이 또 물을 부어 여러 사람이 순서대로 붓다보니 결국 그 술이 싱거워지고 말았지요." 그러나 주희는 그의 관점에 동의하지 않고 이렇게 반박

---

16) Joseph R. Levenson, 『*Confucian China and it's Modern Fate*』, 제4장, 정대화(鄭大華), 중역본, 『유교 중국과 그 현대적 운명(儒教中國及其現代命運)』, 중국사회과학출판사, 2000, 338쪽. 또한 그는 같은 책 371쪽 「결론」에서 이러한 전통의 파편이 보존된 것은 "그것들이 현대인의 애호를 만족시킬 수 있었기 때문이지 그 안에 어떤 비할 바 없는 전통의 정수를 담고 있기 때문이 아니었다"라고 이야기한 바 있다.

17) 두보, 「춘야희우(春夜喜雨)」, "隨風潛入夜, 潤物細無聲" : 역주.

했다. "저는 그렇게 생각하지 않습니다. 불교는 원래 천박했었지요. 지금 이른바 여래선(如來禪)이란 것을 보면 알 만하지요. 그런데 이후로 우리 유학 문중에서 몇몇이 그쪽으로 도피하여 유학의 뜻을 그 안에 첨가했고, 때로 잘못되거나 부족한 부분이 보이면 그때마다 유학의 문중 사람들이 수정하고 보충하였습니다. 이렇게 차례대로 첨가하다보니 그만큼 진해지고 더 이상 반박할 수 없는 지경까지 이르렀던 것입니다."

사상사에서 층층으로 쌓이는 일이 어찌 이렇지 않겠는가?

4

장대춘(張大春)의 소설 『장군비(將軍碑)』에는 흥미로운 이야기가 담겨져 있다. 주인공인 장군은 언제나 반은 진실이고 반은 거짓인 기억 속에서 생활하고 있는데, 어느 날 기금회(基金會)에서 작가 석기(石琦)를 파견하여 그에 대한 회고록을 쓰도록 했다. "위대한 시대를 위해 역사적 증거를 남기라"는 이유에서였다. 그는 이에 대해 강력하게 반대 의사를 표명한다. 그렇지만 그의 역사는 사후에 서술자들에 의해 온갖 방법으로 새롭게 편집된 역사 이야기와 기념비의 비문, 추도식의 뇌문(誄文 : 조문)에 의해 본래 면모와 전혀 다른 모습으로 서술될 것이고, 생전에 이미 그 자신의 내심 깊은 곳에 자리한 두려움과 자부심, 그리고 거짓에 의해 반복적으로 농담(濃淡)이 바뀌면서 "그의 역사에 대한 해석은 새롭게 고쳐지고 약간의 새로운 기억이 편집될 것이며, 일부 낡은 기억은 고쳐 쓰게 될 것이다."[18] 그리하여 역사는 더 이상 본디 모습의 진실한 것이 아니게 된다.

사실 하나의 민족, 심지어 국가도 마찬가지이다. 사상사를 포함해 역사는, 마치 장군이 끊임없이 회고하는 것처럼 그 자체로 결코 광채가 나는 것이 아니다. 왜냐하면 그것은 이미 시간 속에서 소실되었고, 서적·문물·유적 등으로 만들어낸 역사는 언제나 현재의 심정과 사고방식, 그리고 안목에 의해 암암리에 지배받아 일부 사건이나 인물, 연대, 또는 일부 지식과 사상의 역사를 기억 속에서 뒤져내어 '복원', '편집', '개서(改書)' 한 것이기 때문이다. 지금까지 역사 서술자들은 본질적으로 단지 기억을 되살리는 작업을 할 뿐이다. 뿐만 아니라 장대춘이 말한 것처럼 "그들 모두는 시간을 무시할 뿐만 아니라 기억조차도 마음대로 고칠 수 있는 사람들이다."

그러나 바로 이러한 역사 기억이 발굴되어 새롭게 해석된 후 사상 자원으로 충당되면서 이 같은 과정을 통해 전통이 끊임없이 연속되기에 이른다. 그렇기 때문에 역사 속에서 어떠한 형태의 기억을 찾아내는가에 따라 전통이 어떠한 형태의 자원과 토대 위에서 재건되고 성장하는가를 결정하고, 어떤 기억이 억압되는가에 따라 일부 역사의 '뿌리' 를 끊거나 어떤 전통의 경향을 바꿀 수 있게 된다.

본래 공통된 역사 기억은 사람마다 마음속 깊은 곳에 자리하며, 서로 다른 역사 기억은 서로 다른 뿌리에 근거한다. 사람들이 마음 깊은 곳에서 그것을 발굴해낼 때 이를 '뿌리 찾기' 라고 부른다. 공통의 뿌리를 찾게 될 때 사람들은 자신이 한 그루 나무의 나뭇가

---

18) 『장대춘집(張大春集)』, 타이베이 : 전위출판사(前衛出版社), 1993, 132 · 136 · 152쪽.

지나 잎이라는 사실을 발견하게 된다. 아무리 제각각으로 하늘을 향해 뻗어나갔지만 결국 하나의 뿌리로 귀결된다면 "원래 하나의 뿌리에서 자라났다"는 상징성이 존재하게 된다. 그리하여 뿌리 찾기는 매우 중요하고 새로운 동일 인식이라고 할 것이다. 사상사 각도에서 본다면 역사 기억은 잊혀진 지난날을 회고하는 일이거나 항상 떠오르는 지난날을 잊는 일일 뿐만 아니라 과거를 해석하는 가운데 점차 역사의 틀을 세우고 현재를 고쳐나가 미래의 자원을 통제하는 일이기도 하다. 각종 서로 다른 문화 · 종교 · 민족 공동체 등은 각기 역사를 거슬러 올라가 나름의 뿌리를 찾고, 역사를 다시 엮음으로써 전통의 한계를 정하며, 자아와 주변의 동일한 인식 관계를 확정하게 된다. 그리하여 서로 다른 위치와 입장과 시간대에서 출발한 '지난 일 기억하기'가 때로 지난 일에 대해 서로 다르게 서술하도록 만들고, 서로 다른 심정과 현실과 처지에서 전통 자원에 대한 새로운 해석이 때로 자원에 대해 다른 이해를 이끌게 되는데, 이러한 현상은 장군의 기억처럼 개인에게 나타나는 것일 뿐만 아니라 민족 공동체라는 집합체의 역사 기억 속에서도 출현하게 되는 것이다.

7장

사상사 연구에서 고고학과 문물

고고학이 더 이상 야외에서 발굴하는 것만이 아니고, 문물이 더 이상 감상의 대상인 금석(金石)만이 아닌 20세기에 들어와 고고학과 문물은 끊임없이 역사 연구 각 영역의 시야로 진입했다. 근대 학술사에서 새로운 발견이 있을 때마다 이것들은 거의 모두 학술 연구에 적지 않은 영향을 끼쳤다. 예컨대 금세기 초 갑골문·돈황 문서·유사타간(流沙墮簡)의 발견과 연구는 학술적으로 새로운 영역을 개척했을 뿐만 아니라 역사 연구 방법의 변화를 가져왔다.

이후 지하의 고고학 자료와 문헌을 대조하고, 국외 문헌과 전통적인 문헌을 비교하며, 인류학 조사 자료와 역사 문헌 연구 결과를 대조하는 일은 이미 대다수 역사 연구자들이 공히 인정하는 연구 방법으로 자리 잡았다. 그 가운데 특히 1970년대 이후에 출토된 간백(簡帛) 문헌은 더욱 더 전통적 역사학이나 사상사, 문화사, 학술사에 적지 않은 충격을 주었다. 임기(臨沂) 은작산 한간(銀雀山漢簡 : 1972년), 장사(長沙) 마왕퇴 백서(馬王堆帛書 : 1973년), 정현(定縣) 팔

각랑 한간(八角廊漢簡 : 1973년), 수호지 진간(睡虎地秦簡: 1975년), 부양(阜陽) 쌍고퇴 한간(雙古堆漢簡 : 1977년), 장가산 한간(張家山漢簡 : 1983년), 윤만 한간(尹灣漢簡 : 1993년), 그리고 최근 발견되어 계속 발표되고 있는 형문 곽점 1호 초묘(荊門郭店一號楚墓)의 전국시대 죽간(戰國竹簡)과 상해 박물관에서 구입한 전국시대 죽간은 전체 상고사, 특히 사상사와 문화사의 관점을 바꿔 써야 할 정도이다. 장사 주마루(走馬樓)에서 발견된 오간(吳簡)은 아직 정리 발표되지는 않았지만, 그 문건이 가화(嘉禾 : 232~238년) 연간에 집중된 장사군(長沙郡)의 자료로써 호적부, 명자(名刺 : 일종의 명함), 경제 문서, 사법 문서 등을 두루 포괄하고 있기 때문에 다음 세기 초 새로운 사고 방식에 따른 구역사(區域史), 도시사, 제도사, 생활사 연구에 중대한 영향을 끼칠 뿐만 아니라 자연스럽게 사상사에도 적지 않은 영향을 끼치게 될 것이다. 왜냐하면 사상사 역시 당시의 사회적 환경과 지식 배경을 재건함으로써 사상의 배경(context)을 이해하고 판단할 필요가 있기 때문이다.

사상사에서 현세기의 고고학적 발견이 가장 직접적 영향을 미친 것은 의심의 여지없이 고서의 재발견과 의고(擬古) 사조(思潮)의 굴레에서 벗어나게 했다는 점이다. 1970년대 이래 이와 같은 고고학적 발견은 사상사를 연구하는 사람들에게 분명 자극적인 자원이었다. 예를 들어 칠십자(七十子)와 유가의 역사에 관한 새로운 자료의 발견으로 공자에서 맹자와 순자 사이의 공백을 메울 수 있었다. 고대 유학자들이 언급한 내용이 많이 발견되면서 상당히 늦게 만들어졌을 것이라고 생각하고 있던 사상이 오히려 훨씬 이른 것으로, 사상의 원천이었음을 알게 된 경우도 있다. 도가의 경우도 그러하다. 고대 도가의 전체적 경향은 『황제서(黃帝書)』, 즉 『노자 을본 후부 고일서(老子乙本後附古佚書)』, 그리고 『태일생수(太一生水)』·『항선(恒先)』 등 여러 문헌이 발견되면서 원상 회복이 가능해졌다. 이와 유사하게 『갈관자(鶡冠子)』, 『위료자(尉繚子)』, 『문자(文子)』와 같은 고서들이 거듭 확인되면서 선진(先秦) 사상의 풍경이 더욱 풍부하게 되었다.[1] 어떤 사람이 지적한 것처럼 이러한 발견을 통해 우리들은 현존하는 고서에 대해 재차 정리하고, 시간적으로 고대 지식의 계보를 다시 확립할 수 있게 되었다. 또 다른 어떤 사람의 지적대로 고대 문헌의 서술 습관은 초록(抄錄), 개편(改編), 정선(精選) 위주여서 어떤 책을 누가, 언제 저술했는지 확정짓기가 쉽지 않기 때문에 고대 사상사의 문헌 연대(年代)란 적절하게 늘어날 수 있으며, 그 결과 사상사가 사용하는 문헌에 일정한 자유 공간이 제공되기도 한다.[2] 아울러 이는 우리가 상고 시대의 중국 역사와 사상의 연속성의 의의에 대해 새롭게 이해하도록 촉구하기도 한다. 야스퍼스(K. Jaspers)는 자신의 '차축 시대(Axial Age)' 이론을 통해 서양 사상사 초기에 중요한 '변화'가 있었다는 점을 지적했고, 푸코(M.Foucault)는 '지식의 고고학'이란 개념을 통해 역사 속의 '단절'을 강조했다. 그러나 중국학자들은 여전히 이러한 발견에 근거하여 고대 중국과 중세 및 근세 지식의 연속성은 우리가 상상하고 있는 것보다 한층

---

1) 이학근(李學勤), 「고서에 대한 반성(對古書的反思)」, 『중국 전통 문화에 대한 재고(中國傳統文化的再估計)』, 상해인민출판사, 1987 ; 이학근, 『간백일적과 학술사(簡帛佚籍與學術史)』, 시보문화출판공사, 1994 ; 갈조광, 『고대 중국에는 얼마나 더 많은 비밀이 있나? — 이학근, 「간백 일적과 학술사」 평가(古代中國還有多少奧秘 — 評李學勤, 簡帛佚籍與學術史)』, 『독서』, 1995년 11기, 북경 등을 참고할 것.
2) 이령(李零), 『출토 발견과 고서 연대의 재인식(出土發現與古代年代的再認識)』, 『이령자 선집(李零自選集)』, 광서사범대학출판사, 1998.

심하며, 아마도 이것은 중국 사상사의 특징 가운데 하나일 것이라고 지적하고 있다. 고고학적 발굴을 통해 얻게 된 문헌은 우리들에게 다음과 같은 사실을 설명해 준다. 고대 중국의 지식 계보는 실제적으로 하나로 길게 이어져 자생하는 과정이었으며, 많은 사상이 이러한 공통된 지식 원천과 자료 원천을 지니고 있었다. 다만 길고 긴 과정 속에서 과거에 독점적인 수많은 신비한 지식들이 전파되면서 공개적인 '도리(道理)'가 되었고, 과거 전문적인 지식의 독점자들이 후세에 이른바 '사(士)' 계층으로 변화하고, 과거에 존중되었던 원칙들이 담론화되고, 국가와 문명의 거대한 권력이 날로 일부 지식과 사상을 지상권력의 중심으로 삼고, 나머지 일부 지식과 사상은 변두리로 밀려나면서 결국 현재 우리가 보고 있는 사상의 '역사'가 이루어지게 된 것이다.

1

설사 사상사가 여전히 전통적 서술 방식을 준수할지라도, 현재 다양하게 사용되고 관심의 초점이 되고 있는 『주역(周易)』, 『노자(老子)』, 『문자(文子)』, 『손빈병법(孫臏兵法)』 등 근래에 출토된 간백(簡帛) 문건은 앞으로도 여전히 사용되고 주목받을 것이며, 아울러 사상사 연구에 상당한 진전을 가져다줄 것이다. 예를 들어 다음과 같은 문제가 제기될 수 있을 듯하다. 우선 도가의 경우 현재 우리가 보고 있는 『노자』에 보면 '절성기지(絶聖棄智 : 성인과 지혜를 끊어버린다)', '절인기의(絶仁棄義 : 인의를 끊어버린다)' 등 상당히 핵심적인 발언이 기록되어 있는데, 과연 이것이 도가 사상에 존재하는 사회 질서와 도덕적 이상에 대한 급진적인 태도라고 볼 수 있겠는가? 아니면 곽점 초간본 『노자』에 볼 수 있는 것처럼 단지 '지(智 : 知)', '변(卞 : 辯)', '위(僞 : 僞)', '사(慮 : 詐)'와 같은 행위에 대한 혐오의 표현에 불과한 것인가?[3]

또한 다음과 같은 문제도 있을 수 있다. 최근 곽점 초간본 안에 몇 가지 유가서(儒家書)에 관한 논의가 기록되어 있는데, 전통적 사상사 분류 계보와 장절 분배에 비추어 볼 때 출토된 문헌들의 내용은 상당히 심각한 사상사의 문제를 연구하는 데 도움을 줄 수 있을 뿐만 아니라 상당히 많고, 풍부한 역사의 세부 사항을 보충할 수 있게 만들었다. 또한 오랜 세월 복잡하게 뒤섞여 분명하지 않았던 유가의 자사와 맹자 계통의 문제는 마왕퇴 백서인 『오행(五行)』이 발견됨으로써 큰 진전을 볼 수 있었으며[4], 곽점 초간본 『오행』이 다시 한 번 이러한 연구 성과에 신뢰성을 확증해 주었다.[5] 곽점 초간에 실려 있는 유가서들은 아마도 산실된 것으로 알려진 『자사자(子思子)』일 것이라고 학자들은 추정하고 있다. 이를 통해 자사와 맹자

---

3) 형문시 박물관(荊門市 博物館) 『곽점 초묘 죽간(郭店楚墓竹簡)』의 「노자(갑본) 역문 주역老子(甲本)釋文註釋」, 문물출판사, 1998, 111쪽. 어떤 이는 ''僞''는 '爲'로, '慮'는 '作'으로 읽어야 한다고 주장하기도 한다. 방박(龐朴), 「고묘신지(古墓新知)」, 『독서』, 1998년 9기, 5쪽 참조. 또 어떤 이는 ''僞''는 '義'이며, '慮'는 '仁'으로, 백서본과 같다고 주장하고 있다. 형문·이진운(邢文·李縉云), 「곽점 노자 국제연토회 종술(郭店老子國際硏討會綜述)」, 『문물』, 1998년 9기, 93쪽에 인용된 고명(高明)의 발언을 참고하시오.

4) 예컨대 방박(龐朴)은 마왕퇴 백서 『오행』에 관한 연구를 통해, 『순자』에서 자사와 맹가에 대해 "이전에 만들어진 옛 설법에 따라 이를 오행이라고 했다"라고 비판한 내용의 의의를 정확하게 지적한 바 있다. 이는 지금까지 명확하게 해석되지 않은 문제였다. 「사맹오행 신고(思孟五行新考)」, 『문사』 제7집, 중화서국. 이외에 『백서 오행편 연구(帛書五行篇硏究)』, 제로서사(齊魯書社), 1980 참조.

5) 형문(邢文), 「초간 오행 시론(楚簡五行試論)」, 『문물』, 1998, 10기.

계통의 역사가 점차 뚜렷해졌을 뿐만 아니라 과거에 줄곧 토론되었던 유가 성명학의 기원과 변화에 관한 연구에 상당한 근거가 마련된 셈이다.[6]

그러나 최근 사상사 서술 방법은 조금씩 변화된 모습을 보여주고 있다. 이러한 변화는 고고학적으로 발굴되거나 발견된 여러 가지 새로운 사실들이 사상사에서 적극적으로 수용되고 있기 때문이다. 게다가 사상사 연구는 이미 '중심에 대한 관심'에서 '주변에 대한 관심', '경전에 대한 관심'에서 '일반적인 것에 대한 관심', '엘리트 사상에 대한 관심'에서 '생활 관념에 대한 관심' 쪽으로 나갔기 때문이다.[7] 이러한 변화가 발생하게 된 원인은 다음 두 가지로 설명할 수 있다.

첫째 고고학적 발굴을 통해 발견한 문헌 자료에 의한 자극 때문이다. 고고학적 발굴을 통해 발견된 대량의 수술(數術), 방기(方技) 문헌은 고대 중국의 일반적 지식과 사상 세계에 대한 인식을 촉진시켰고, 아울러 사상사가 주목해야 할 초점을 변화시켰다. 주지하는 바와 같이 『한서』 「예문지」는 모든 지식을 여섯 가지로 분류했는데, 이는 당시의 지식과 사상 및 신앙 세계의 실제 상황을 반영한 것이었지만, 일반 사상사는 오히려 앞에 나오는 세 가지만 주의하고 나머지 세 가지는 소홀하게 다루었다. 그러나 출토된 문헌은 오히려 상당히 많은 부분이 '병서'와 '수술', 그리고 '방기'에 관한 것

---

6) 이학근, 「형문 곽점 초간 중의 자사자(荊門郭店楚簡中的子思子)」, 『문물 천지』, 1998년 2기 ; 진래(陳來), 「곽점 초간의 '성자명출' 편 초탐(郭店楚簡之〈性自命出〉篇初探)」, 『공자 연구』 1998년 3기 ; 곽기(郭沂), 「곽점 죽간으로 본 선진 철학 발전 맥락(從郭店竹簡看先秦哲學發展脈絡)」, 『광명일보』, 1999년 4월 23일자.
7) 본서 1부 참조.

이었다. 천상(天象)과 점성(占星), 택일과 거북점, 의술 처방과 양생, 병가와 음양 등에 관한 지식이 고대 분묘에 부장된 문헌 속에 대부분을 차지하고 있다는 것은 곧 당시 생활 세계에서 그것들이 상당히 많은 부분을 차지하고 있었으며, 아울러 그것들이 바로 고대 사상의 지식 배경이었음을 말해준다. 예컨대 점을 칠 때 근거로 삼았던 음양오행 기술과 조작 방법은 고대 중국인의 대우주와 소우주에 관한 관념과 서로 관계가 있다. 의약학 중의 많은 지식도 고대 중국인의 감각 체험과 관계가 있다. 천상지리(天象地理) 학문은 더욱 더 고대 중국 사상의 합리적인 기본 근거였다. 고대 중국인의 사상·종교·생활·문학에 들어 있는 관념은 대부분 이러한 지식이 '은유'와 '상징', '의미 전환' 등을 거쳐 부연되거나 차용됨으로써 이루어진 것이다. 따라서 고고학적 발굴을 통해 이처럼 '형이하학'적인 것처럼 보이는 지식을 채집하고 해석하지 않았다면 경전 텍스트에 실린 '형이상학'적인 사상을 진정으로 이해할 수 없을 것이다.

둘째 사상사의 이러한 형태 전환은 사상사 이론의 시야(視野) 전환에서 도움을 얻었다. 아날학파의 '장기 지속'을 주목하는 역사 서술, 사회 생활사의 현장을 재현하는 데 주력하는 일부 관점, 지식 계보에 관한 푸코의 고고학 방법과 자신의 의료·감옥·정신 병원·성에 관한 개별적 연구 성과를 지식사(知識史)에 투시하는 연구 방식 등이 모두 사상사의 시각과 작법에 변화를 가져왔다. 만약 이러한 근본적인 변화가 없었다면 고고학적 발굴 자료 역시 활용될 좋은 기회를 놓치게 될 뿐만 아니라 설사 그러한 자료들에 주목했다고 할지라도 적절하게 역사 속에 진입시키기가 매우 어려웠을 것이다. 만약 사상사 이론의 시야가 바뀌지 않았다면 엘리트 사상이나 경전 위주의 사상사에서 경전이라고 이야기할 수도 없고, 그렇다고 직접 사상을 표현하고 있는 것도 아닌 지식들을 사상사 서술 안에 배치한다는 것은 지극히 어려운 일이었을 것이다.

그렇기 때문에 필자는 이렇게 말하고자 한다. 만약 사상사의 서술 방법을 바꾸어 사상사에서 지식 배경에 대한 고찰과 일반적인 사상을 서술하는 데 주목한다면 자탄고(子彈庫) 초백서(楚帛書), 마왕퇴 백서에 실린 『합음양(合陰陽)』, 『도인도(導引圖)』와 같은 양생 · 방중 · 의약 처방 지식, 수호지(睡虎地) 『일서(日書)』처럼 금기 사항에 관한 지식, 곽점(郭店) 초간(楚簡) 『어총(語叢)』과 같은 실용적 경향의 총서, 장가산(張家山) 『맥서(脈書)』와 『인서(引書)』에 나오는 사람의 신체에 관한 인식 등이 모두 사상사의 내용으로 해석될 수 있을 것이다.

바로 이러한 이유로 말미암아 고고학적 발견 자료들은 발굴 현장의 웅덩이에서 누각으로, 순수한 의미의 고고학에서 사상사 서술의 새로운 자원으로, 사상사의 시야 밖에서 사상사의 시야 속으로 진입하기 위해 사상사가에 의해 완성되는 수집과 해석의 과정이 필요하다. 이른바 수집 과정은 사상사에 사용되는 것을 의미하는 것이 아니라 그것이 어떻게 사상사에 사용되는 자료가 되는가를 의미한다. 또한 해석 과정이란 결코 글자상의 의미 고찰과 분석, 판정과 서술을 가리키는 것이 아니라 그것이 어떻게 사상사의 한 부분을 이루며, 사상사의 배경 속에서 어떻게 그것의 역사적 의미를 해석해내는가를 말하는 것이다. 그러므로 사상사가 하나의 새로운 인식과 관찰의 각도를 갖춰야만 비로소 과거에 주의한 적 없었던 사상 현상을 자신의 시야 속으로 흡수하여 자신의 서술 속에서 엮어낼 수 있게 된다. 이러한 새로운 인식과 관찰, 그리고 서술이 있어야만 사상사의 진정한 전환이 이루어지고, 사상사의 새로운 구상(reconceptualiz-ing)과 다시 쓰기(rewriting)라고 말할 수 있는 것이다.

2

그러나 사상사가 단지 이러한 간백 문헌(簡帛文獻)을 주목하는 것만으로는 불충분하다. 간백 문헌에 실린 것들은 그것이 뛰어난 경전 자료이든 아니면 상식적인 기록이든지 간에 고대 중국의 문헌 자료일 따름이다. 사람들은 '고고학'이란 말을 들을 때마다 습관적으로 '오래되고 낡은' 역사 유물을 떠올리기 마련이다. 많은 사람들에게 두루 관심의 초점이 되고 있는 간백(簡帛)은 대부분 한나라 시대 또는 그 이전의 문헌들로 지금으로부터 거의 2천여 년이나 떨어진 것들이다. 당시 문헌의 회소성으로 말미암아 특히 자료 부족에 허덕이는 고대 사상사 연구자들은 그것들을 거절할 수 없으며, 당연히 사상사의 범위 안에 넣게 된다.

그러나 필자는 결코 고고학 성과나 문물들을 단지 지하에서 발굴해낸 2천여 년 전의 것만으로 생각하지 않는다. 우리가 『문물』이나 『문물 천지』, 『중국 문물보』 등 간행물의 내용에서 볼 수 있는 것처럼[8] 고고학과 문물의 성과 속에는 연대가 그다지 멀지는 않지만 비문이나 각본(刻本), 서화, 서찰, 일기, 공문, 서적과 같이 여러 박물

---

8) 유위초(兪偉超)는 자신의 글에서 『문물』 잡지의 영어 이름을 『Cultural Relics』로 정한 것은 '문물'이라는 개념을 antiquity(고대 유물, 골동품)보다 더 넓게 이해한 것'이라고 지적한 바 있다. 「문물 연구는 기물 연구이면서 문(문헌, 문화) 연구여야만 한다(文物研究旣要研究物, 又要研究文)」, 『고고학이란 무엇인가(考古學是什麼)』, 중국사회과학출판사, 1996, 133쪽.

관이나 도서관에서 보관되고 있는 문물도 포함되어야 한다. 그렇다면 과연 이러한 것들도 분석 텍스트로 삼아 사상사의 시야로 진입시킬 수 있는 것일까?

　　이는 의심할 바 없이 긍정적이라고 답할 수 있다. 그러나 문제는 사상사가가 어떻게 이러한 원본 텍스트를 수용하고 해석하는가, 어떻게 과거의 습관적 서술 방식을 바꿀 것인가에 달려 있다. 사상사가가 처음부터 모든 것을 창조하는 것은 결코 아니다. 과거의 서술 형식이나 전대 사가들의 역사 서술, 학문의 연구 범위 등을 통해 사상사가는 자신의 노력을 아낄 수 있다. 만약 전통적인 서술 방식을 바꿀 마음이 없다면 보다 편안하게 전대 사람들의 학문 방식이나 수단을 그대로 사용할 수 있을 것이며, 그 자신이 사용하는 문헌 역시 일정한 범위로 한정될 수밖에 없다. 그러나 사상사가 과거 전통적 서술 방식을 바꾸어 일반 지식과 사상 및 신앙 세계에 관심을 가지게 될 경우 골치 아픈 기술적(記述的)인 문제가 출현할 것이고, 사상사가는 문헌 범위의 확장과 학문간 경계 넘기가 거의 피할 수 없는 것이라는 것을 발견하게 될 것이다.

　　과거에 사상사는 주로 엘리트와 경전 위주의 사상사였다. 학안(學案)에 사전(史傳)을 더한 체제를 답습해 온 이러한 철학사나 사상사는 가볍고 빠른 수레로 낯익은 길을 달리는 것처럼 사상가의 전기나 논저를 살펴보는 것일 따름이다. 그러나 과연 우리들이 습관적으로 안심하고 사용하는 이러한 문헌들이 진정으로 사상사 본래의 맥락을 구성할 수 있는 것일까? 이처럼 모든 이들이 관심을 지니고 있는 문헌들에는 중대한 의문이 존재한다. 왜냐하면 그것들은 우리가 서술하기 전에 이미 선택, 편집, 서술, 평가의 역사 속에서 '이데올로기(정치적 가치관념)', '정영(精英)의식(엘리트 의식 : 훌륭하고 빼어난 역사자료에 대한 전통적인 관심)', '도덕 원칙(무엇이 문명적이고, 무엇이 비속한가에 대한 판단)'과 역사학 서술(관찰, 편집과 수식)이라는 여러 겹으로 된 거름 체의 여과를 거친 것들이기 때문이다. 그래서 반드시 확신할 수 있거나 진실한 것이라고 이야기할 수 없다.

반면에 고고학적 발굴을 통해 새롭게 발견된 문물이나 문헌, 예를 들어 유명 또는 무명의 비각, 서화(書畵)의 제발(題跋), 주로 안부를 묻는 다량의 서신, 민간에서 유행한 각종 통속적 읽을거리 등등은 그러한 의식적인 '체(치거나 거르거나 하는데 쓰는 기구)'를 전혀 거치지 않은 것으로 사상의 진실한 역사 배경을 재건하는 데 유리할 수 있다. 따라서 사상사가가 이미 갖추어진 서술 방식에 안심하지 못하고 다른 종류의 자료에서 과거 언급되지 않은 지식과 사상, 신앙 등을 발굴하고자 시도한다면 그는 전통적으로 사용되어 온 경전급 문헌에 대한 정리를 진행해야 할 뿐만 아니라 과거에 주류에 포함되지 않은 자료들로서 일반적인 상식과 사상을 반영하고 있는 고고학적 발굴 유물과 문헌 자료들을 자신의 서술 질서에 어떻게 집어넣을 것인가를 심각하게 고려하게 될 것이다.

만일 저작자가 전통적 틀에 따른 서술 방식을 따르지 않고 '(특정한)사람'을 장과 절의 단위로 삼는 단선적 형식을 바꾸고자 한다면 그는 어쩔 수 없이 방대하고 번잡한 문헌 속에서 서로 관련되는 내용을 찾아 사상사 서술 계통을 새롭게 구성하지 않을 수 없을 것이다. 당연히 저작자가 진정으로 사상사의 배경 묘사를 변화시켜 사상의 사회적 배경과 지식 배경을 새롭게 구성하게 하고자 할 때 아마도 그는 자신이 의지할 바가 거의 없다는 사실을 고통스럽게 발견할 것이다. 왜냐하면 과거 사상사나 철학사가 나타내고 서술한 사회적 배경과 지식 배경이 이처럼 결핍되고 단조롭기 때문이다. 그것들은 대개 여타 역사학자의 기존 해설을 단순히, 심지어 그대로 차용한 것인지라 마치 삼류 사진관의 조잡한 배경 정도에 그친다. 그러므로 그는 보다 광범위한 자료, 특히 고고학적 발견과 문물 자료로부터 그러한 사상 발생의 배경을 새롭게 서술해내는 데 한층 많은 노력을 기울이지 않을 수 없다.

사상사가 진정 자신의 서술 각도와 관찰의 틀을 변화시키고, 과거에 엘리트 사상이나 경전처럼 중시되지 못한 텍스트들 또한 사상사의 배경을 구축하는 자원으로 삼고자 한다면 평상시 중시되지 않았던 편지 · 서화 · 달력 · 일기 · 공문 · 광고, 그 밖에 각종 자료들을 사상사의 시야에 집어넣을 수 있을 것이다. 사실 이는 서양 사상사가들이 일찍이 직면한 과제이기도 했다. 푸코는 『지식의 고고학』에서 이렇게 이야기한 바 있다.

사상사가 각종 문학 부산품, 역서(曆書) 연감, 신문 평론, 순식간에 사라진 성공적 작품, 그 밖에 이름이나 성도 알 수 없는 무명씨의 작품…… 등을 분석하면서 사상사는 주로 그런 모든 사람들이 잘 알지 못하는 사상, 모든 상대와 나 사이를 묵묵히 오가며 전달하는 재현 행위에 관심을 갖게 된다.[9]

분명 우리의 사상사 연구는 자료의 범위를 새롭게 고려해야 한

9) 『지식의 고고학』, 왕덕위(王德威) 중역본, 맥전출판, 1993, 1997, 260쪽.

다. 사실 고고학 발견으로부터 현존하는 문헌의 진위를 증명하고, 고고학 발견에 따른 새로운 문헌으로 사상사 내용을 증가시키는 일들은 단지 고고학과 문물의 부분적 의의일 뿐이다. 고고학과 문물의 사상사에 대한 또 다른 의의는 사상사 자체에 존재하는 사회 생활 장면을 바꾸는 것이다. 왜냐하면 연구 과정에서 사회 생활 장면을 재건하는 데 상당히 많은 문물의 참여가 요구되지만 현재 의존할 수 있는 문헌이 극히 부족하기 때문이다. 사상사 연구자가 이러한 실재하는 '문물'로 자신의 '현장감'을 증가시키고, 고고와 문물자료를 운용하는 것은 결코 전통 문헌에 기록된 모든 것을 증명하거나 부정하는 데만 있는 것이 아니라 어떤 의미에서 볼 때 더 증가되고 구체적으로 변화하며, 직접 손댈 수 있는 자료들을 통해 이미 소실된 시대적 분위기와 심정을 새롭게 구축하여 현대 역사학자들이 '그 상황을 몸소 체험할 수 있도록' 만드는 데 있다.

그러나 비록 선진과 양한(兩漢) 이후, 예컨대 당·송·원·명·청 시대의 고고학적 발견과 문물 연구 가운데 절대적인 수량 면에서 문헌 자료가 선진이나 양한의 것에 비해 적다고 말할 수 없다. 그러나 현존 자료가 이미 한우충동(汗牛充棟 : 짐을 실으면 소가 땀을 흘리고, 쌓으면 들보에 가득 찬다는 뜻으로 장서藏書가 매우 많음을 의미)인 양진 이후의 사상사 연구 자료로써 그것들의 발견 의의는 거의 양적인 증보일 뿐 질적인 변화를 일으키는 것 같지는 않다. 위진남북조(魏晉南北朝)와 수당(隋唐) 시대 비각에 돈황과 투르판 문서 가운데 불경이나 도경(道經)이 아닌 문자 기록까지 합세할지라도 『삼국지』에서 신구(新舊)『당서』, 『전상고삼대진한육조문(全上古三代秦漢六朝文)』에서 『전당문(全唐文)』에 이르기까지 주류 문헌과 비교해 볼 때 사상사의 주된 맥락에 근본적인 변화를 일으킬 수는 없을 것이다. 또한 이후 19·20세기의 사상사는 지금도 끊임없이 명·청·민국 시대 문건이 새롭게 공개되고 있기는 하지만 그것이 아편전쟁, 양무운동, 무술변법과 같은 일련의 사건에 대한 사상사의 서술 맥락을 흔들만한 것은 아니다. 그렇기 때문에 대다수의 사상사 연구자들은 초기 사상사 연구자들처럼 고고학적 발굴을 통한 새로운 문헌이나 자료에 대해 관심을 갖지 않았다. 그러나 이는 아마도 전통적인 사상사 연구 관념이나 방법이 여전히 경전 문헌에 근거하면서 정치적 서술과 철학 사상을 사상사의 중심에 놓고 사상과 지식을 분리시켰기 때문일 것이다.

하지만 최근 사상사 연구의 변화에 따르면 연구자는 경전 외에도 고대부터 현대에 이르기까지의 여러 가지 일상적인 읽을거리와 당시에 유행되었던 책들을 주목해야만 한다. 물론 중고(中古) 시대의 종교 조상(造像)이나 제명(題名)에 대해 이미 주목한 사람들도 있고, 당나라 시대의 비각(碑刻)에 대해서도 대규모로 수집되고 정리되었다. 명·청 시대 내부 공문서 역시 이미 여러 사람들에게 널리 알려진 자료가 되었다. 뿐만 아니라 명·청의 보권(寶卷)은 연구자들이 더 이상 얻을 것이 없는 문헌이 되고 말았다. 그러나 현존하는 문물 중에는 아직도 충분히 주목받지 못한 것들이 많다. 생각나는 대로 예를 들자면 돈황의 두루마리 문건 속에서 발견된 수많은 소책자, 『공자비문서(孔子備問書)』, 『수신보(隨身寶)』, 『태공가교(太公家敎)』, 그 밖에 『토원책(兎元策)』 등에서 볼 수 있는, 만상을 포괄하여 질서 있게 배열하는 내용은 당시 지식의 정형과 간략화를 반영하는 것이다. 현존하는 각종 아동 교과서, 예를 들어 한간(漢簡) 『창

힐편(蒼頡篇)』, 돈황본『태공가교(太公家敎)』, 그 밖에 후대의 각종 사숙(私塾) 독본(讀本)과 교재에서 볼 수 있는 지식에 대한 분류와 소개는 당시 사회의 일반 지식 정도를 투시하는 데 큰 도움을 준다. 각양각색의 시험 답안, 과거 시험장의 정문(程文)과 책문(策問) 양식은 물론이고, 지금의 대학 입시 시험 답안 또한 일정한 이데올로기가 지식에 대해 어떤 규범을 지시하고, 사상에 대해 통제하는가를 살펴볼 수 있는 중요한 근거들이다.[10]

특히 주목할 만한 것은 최근 출토된 문헌 중에『일서(日書)』가 많은데, 초계(楚系)의 것도 있고, 진계(秦系)의 것도 있다는 사실이다. 그렇다면『일서』가 특히 전국(戰國)에서 진한 시기까지 왜 이렇게 많은 것일까?[11] 어쩌면 우리는 이를 통해『사기』이래 '천관(天官)'과 '역(曆)', '율(律)'과 관련된 지식이 특별히 존중되었다는 사실을 짐작할 수 있다. 중국의 관방 인쇄물로 가장 오래된 것 가운데 하나가 역서였으며, 역사상 가장 많이 인쇄되고 일반 사회에 가장 유행했던 서적 역시『통서(通書)』나『황력(皇曆)』등이었다. 그렇기 때문에 사상 계보를 다시 세웠던 송나라 시대 학자들도 많은 정력을 들여『황극경세(皇極經世)』를 편찬했던 것이다.

그렇다면 이러한 역사 현상 속에서 그 이면에 숨어 있는 보편

---

10) 이 밖에 가곡 · 만화 · 소설 · 복장 · 광고 · 유행어 등도 실제로 엄숙하고 심도 깊게 학술적 이론으로 탐색하고 논의할 가치가 있다.
11)『일서(日書)』는 "정치 · 경제 · 군사 · 사회는 물론이고 천문 · 역법 · 민속 · 민생 등에 이르기까지 두루 언급되지 않은 바가 없고, 특히 사회생활 자료가 매우 풍부하다." 장강(張强), 「근래 진간 일서 연구 평가와 소개」,『간백 연구』제2집, 법률출판사, 1996, 415쪽. 구체적인 연구의 예로 포모주(蒲慕洲)는 「수호지 진간 일서의 세계(睡虎地秦簡日書的世界)」에서『일서』를 통해 당시 생활 속의 아주 많은 측면의 내용을 귀납 분석한 바 있다.『역사 언어 연구소 집간(歷史言語硏究所集刊)』제62본 4분, 타이베이, 1993.

적인 의식을 분석해 봐야 하지 않을까? 시간은 늘 사상사에 있어서 중요한 화제 가운데 하나였으며, 고대 중국에서 역법상의 시간은 생명과 생활의 연속을 담보하는 좌표였다. 그렇기 때문에 상고 시대에는 '경수농시(敬授農時 : 경건하게 농사의 때를 받는)' 전통이 있었으며, 왕조가 새롭게 건립되면 역(曆)과 정삭(正朔)을 고쳐야만 했다. 역법 자체가 곧 합리성의 근거이며, 역법의 수호가 곧 전통의 수호였기 때문이다. 그 연장선상에서 청나라 시대의 양광선(楊光先)은 역법의 제정을 둘러싸고 전도사와 뜨거운 논쟁을 벌였던 것이다. 그렇다면 중국 지식사에서 '시간' 관념과 '생활' 질서는 어떻게 이해해야 할까? 이러한 사유의 맥락에서 『일서』에서 『황력』까지의 역사가 과연 사상사의 시야로 들어올 수 있는 것일까? 또한 명·청의 『황력』 역시 단순히 소장된 문물 수준에 머물지 않고 사람들의 이목을 끄는 사상사의 자료로 부각될 수 있을까?[12]

이야기가 나온 김에 가까운 예를 하나 들기로 한다. 1975년 프랑스인 르 로이 라뒤리 엠마뉘엘(Le Roy Ladurie, Emmanuel)이 쓴 역사 저작 『몽떼이유(Montaillou)』는 프랑스 도서 순위 가운데 비소설 부문 1위를 한 적이 있다. 이 작품은 14세기 순정파(Cathar)의 이단(異端)이 어떤 지방의 주교에게 심문을 당했던 기록을 근거로 삼아 쓴 것이다.[13] 이처럼 수필로 이루어진 공문서는 이미 오래전부터

---

12) 최근 이 방면의 연구는 황일농(黃一農), 「통서 : 중국 전통 천문과 사회의 교융(通書 : 中國傳統天文學社會的教融)」(『한학 연구』 14권 2기, 타이베이, 1996년 12월)과 갈조광, 「시헌통서의 의미(時憲通書的意味)」(『독서』 1997년 1기) 등을 참고하시오.

13) 『몽떼이유 : 1294~1324년 오크시따니의 산촌』, 허명룡(許明龍) 등 중역본, 상무인서관, 1997. 그러나 당시 심문에서 대답은 오크어(중세기 프랑스의 방언 중의 하나)로 했지만 기록은 라틴어로 이루어졌기 때문에 그 신뢰성을 의심하는 사람도 있다. 피터 버크(Peter Burke), 『프랑스 사학 혁명 : 아날학파 1929~1989』, 강정관(江政寬) 옮김, 타이베이 : 맥전출판(麥田出版), 1997.

도서관 서고에 소장되어 연구자들의 '고고학적 발굴'을 통해야만 비로소 그 의미를 드러낸다. 이러한 예에서 볼 수 있듯이 광의의 고고학적 발견의 범위는 우리들이 상상하는 것보다 훨씬 넓다. '고고(考古)'의 '고(古)'는 당연히 상고 시대부터 명·청 시대를 모두 포함하는데, 그 시대 역사학의 시야 역시 우리의 전통보다 넓어야 한다. 여기에서 말하는 '사(史)'란 사실 탁월한 엘리트들이나 경전의 사상사만이 아닌 것이다.

3

설령 현존하는 고서를 최근에 발견된 죽간(竹簡)이나 백서(帛書)와 대조하여 경전적인 사상의 내용을 다시 새롭게 해석하거나 이미 오래전에 산실된 고서를 사상사적 시각으로 다시 고찰함으로써 사상사의 내용이 더욱 풍부해질지라도 고고학적 발굴 성과물이나 문물에 대해 나는 여전히 만족할 수 없다. 그것은 설사 방기(方技)와 수술(數術) 등 일반적인 사상사 자료를 사상사 범주에 귀속시켜 사상사의 지식적 배경을 부각시키거나 최근에 발견된 여러 가지 문물 자료를 사상사의 관심과 주목 대상에 포함시킨다고 할지라도 여전히 불만족스럽기는 마찬가지다. 왜냐하면 고고학적 성과물과 문물 자체는 문자로 기록된 죽간이나 백서 등에 국한되는 것이 결코 아님에도 불구하고 고고학적 발견과 사상사의 관계에 주목하는 사람들 역시 자신의 초점 거리를 지나치게 문자 기록 자료에 집중시켜 문자 기록이 없는 문물이나 자료에 대해 전혀 의미를 부여하지 않기 때문이다. 따라서 필자는 다시 한번 의문을 제기하지 않을 수 없다. 고고학적 발굴을 통해 발견된 문물 가운데 문헌 자료는 그다지 많은 편이 아니다. 그렇다면 문자 없이 도형만 있는 고고학적 성과물이나 문물 자료는 과연 어떻게 사상사 연구의 범위에 포함시킬 수 있을까?

문물에 문자가 없다고 해서 그 문물이 의미가 없는 것은 아니다. 그것이 어떤 것이든지 간에 가공을 거친 문물은 그것을 만든 사람의 생각이 담겨있기 마련이다. 따라서 문자가 없는 문물 자료에서 사상적 담론을 새롭게 만들어내는 것이야말로 사상사가의 책임이라고 할 수 있다. 독일의 철학자 카시러(Ernst Cassirer)는 일찍이 역사가의 중요한 일 가운데 하나는 역사 담론을 재건하는 것이라고 이야기한 적이 있다.

"역사학자는 반드시 여러 가지 문헌과 유적을 읽고 해석하는 방법을 배워야만 한다. 그것들을 단지 과거 사장된 사물로 여기는 게 아니라 과거로부터 온 살아 있는 정보로 간주해야 한다. 이러한 정보들은 그들 자신의 언어로 우리에게 이야기하고 있다. 그러나 이러한 정보의 부호 내용은 결코 직접적으로 관찰할 수 있는 것이 아니다. 그것들로 하여금 입을 열어 이야기하게 하고, 우리에게 그들의 언어를 이해하게 하는 것이 바로 언어학자, 언어 문헌학자, 역사학자가 해야 할 일이다…… 역사란 이처럼 흩어져 있는 것들, 과거의 조리 없고 사소하며 지엽적인 것들을 애써 종합하여 새로운 형태로 빚어내는 일이다."[14]

---

14) 『인론(人論)』 제 10장, 「역사(歷史)」, 감양(甘陽) 중역본, 상해역문출판사, 1986, 224~225쪽.

이것이 바로 모든 역사학자의 임무인 것이다. 사실 문자 기록이 없는 자료를 사상사에서 응용하는 일에 주목하는 학자들이 이미 존재하고 있으며,[15] 연구 성과 또한 적지 않다. 예를 들어 장광직(張光直)은 옥종(玉琮)과 청동기 동물 문양에 대한 연구를 통해 그 안에 고대의 천지(天地)를 아우르는 지식과 통치 권력을 유지하기 위한 사상이 잠재하고 있음을 지적한 바 있다.[16] 또한 유위초(兪偉超)는 부장된 정(鼎)의 수가 어떻게 변화하는가에 대한 연구에서 춘추전국 시대의 '예붕악괴(禮崩樂壞 : 예법과 음악의 붕괴)'의 역사를 밝혀냈다.

이 밖에도 최근 복양(?陽)에서 발견된 방퇴용호(蚌堆龍虎), 함산(含山) 능가탄(凌家灘)의 옥편(玉片), 채후을묘(蔡侯乙墓)의 칠상성도(漆箱星圖), 자탄고(子彈庫) 백서의 십이신상(十二神像), 한나라 시대의 동경(銅鏡) 양식, 화상석(畫像石 : 벽돌), 남북조 시대의 불교 조상(造像), 도교의 투간(投簡)과 부도(符圖), 당송(唐宋) 시대의 묘실(墓室) 그림, 송원(宋元) 시대의 희곡(戲曲)의 무대 유적, 민간 연화(年畵) 등에 대한 깊이 있는 연구와 해석이 진행되었으며, 이러한 해석을 통해 단순한 도형이나 형상의 범위를 벗어나 관념과 사상의 영역까

---

15) 유위초가 이미 지적했던 것처럼 "고고학 연구나 문물 연구의 목적을 물질 문화사 연구로 보는 관점이 1950년대 이래 중국 문물, 고고학계에서 지배적인 위치를 차지하고 있었다." 그래서 그는 고고학 연구에서도 마땅히 정신 영역의 문제에 주의를 기울여야 한다고 재삼 강조한 것인데, 이는 사상사와 밀접한 관련이 있다. 이에 대해 앞서 인용한 「문물 연구는 기물 연구이면서 글에 대한 연구여야 한다(文物研究旣要研究物, 又要研究文)」,「고고학 연구 중 정신 영역 활동 탐색의 문제(考古學研究中探索精神領域活動的問題)」(『고고학이란 무엇인가』, 137~142쪽)를 참고하시오.

16) 장광직, 「상·주 청동기상의 동물 문양(商周青銅器上的動物紋樣)」,『중국 청동기 시대』, 삼련서점, 1983, 313~342쪽. 「종(옛날 옥그릇: 역주)과 중국 고대사에서 그것의 의미(談琮及其在中國古史上的意義)」,『중국 고대 예술과 정치』,『중국 청동기 시대 2집』, 삼련서점, 1990, 67~81쪽, 102~114쪽. 『고고학 전제 6강(考古學專題六講)』, 문물출판사, 1986, 1992, 95~97쪽.

지 진입하기에 이르렀다.[17)]

　주지하다시피 공간의 문제는 언제나 시간의 문제로 전환하여 사고할 수 있고, 공간의 구성은 항시 사상의 구조(framework)를 지배하기 마련이다. 은주(殷周) 시대 고묘(古墓)의 구조에서 한당(漢唐) 시대 황궁과 장안(長安)의 유적은 물론이고, 심지어 명청 시대에서 심지에 현재의 중앙 도시의 건축에 이르기까지 아형(亞形)을 고수하여 남북을 중앙 축으로 하고 양쪽 날개가 평행으로 전개되면서 가지런하게 배치되어 발전하게 된 것은 분명 고대 중국의 천지에 대한 시각적 영향과 무관치 않을 것이다. 그렇다면 이러한 시각적 인상은 '봉천승운(奉天承運 : 하늘을 받들어 그 운을 잇는다)'이라는 이유로 고대 중국의 상당히 많은 정치 관념의 준거가 된 것은 아닐까? 마찬가지로 시각의 문제는 대개 관념적인 문제이기도 하다. 따라서 그림의 구성, 색깔 배치, 주제에는 심미적 취미뿐만 아니라 생활의 취미도 담겨 있으며, 심지어 사상사의 내용도 존재한다.

　이미 누군가 지적한 것처럼 당나라 시대 이후의 많은 산수화 속에서도 적지 않은 사상사 자료를 찾아볼 수가 있다. 중국 산수화는 인물의 모습은 작고 산수는 두드러지게 크다. 또한 현란한 색채화보다 수묵이 크게 성행하였다. 이러한 성향의 배후에는 모두 관념적인 요인이 존재한다. 송나라 시대 묘실(墓室) 벽화를 보면 일상

---

17) 우리가 사상사의 시야를 한층 확대시킨다면 이러한 "상징, 부호, 건축, 기구(器具) 및 가요나 주술, 도편(圖片) 등 반(半) 문헌적인 자료들도 과거 사회를 연구하는 데 중요한 사료가 될 수 있을 것이다." 청말 점석재 화보(點石齋畵報)가 그런 예이다. 강무위(康無爲, Havold Kohn)의 「그림 속에 말이 있다 : 점석재 화보와 대중문화 형성 이전의 역사(畵中有話 : 點石齋畵報與大衆文化形成之前的歷史)」(Drawing Conclusions : Illustration and the Pre-history of Mass Culture)를 참고하시오. 그의 글은 『역사를 읽으며 우연히 얻다 : 3편의 학술 강연록(讀史偶得 : 學術演講三篇)』(타이베이 : 중앙연구원근대사연구소, 1993)에 실려 있다.

생활을 그린 장면이 현저하게 증가하는데, 이것은 사람들의 생활 중심이 변화하고 있으며 도시와 문명이 크게 확장되고 있다는 것을 반영하고 있다. 당·송 시대의 인물화는 인물들의 지위에 따라 크기와 위치의 차이가 확연하게 드러난다. 명·청 시대의 정치성과 종족성(宗族性)이 강한 인물화는 정면으로 단정하게 앉은 대칭적 구성으로 이루어져 있는데, 그 안에도 화가의 그림 대상에 대한 가치 판단과 경외의 심리가 담겨 있다. 말이 나온 김에 레벤슨(Joseph R. Levenson)이 회화를 예로 들어 명·청 시대 문인들의 여가 정신을 논했던 것을 언급할 수 있겠다. 그는 문인들이 그처럼 회화에 많은 관심을 쏟았던 것은 바로 '상업', '법률', '과학', '실용' 등의 정신과 상대되는 여가 정신이라고 말한 적이 있는데, 이 역시 사상사에 있어 대단히 중요한 문제를 다룬 것이라고 할 수 있다. 비록 실제 그림을 사용하지 않고 문헌 성격의 회화사를 참고하기는 했지만 그 의미는 결코 퇴색되는 것이 아니다.[18]

필자는 여기서 다시 고대 중국의 세계 지도를 사상사 자료로 예시하고자 한다. 과거 사상사를 연구하면서 지도에 관심을 가진 사람은 극히 적었다. 그러나 어떤 사람들은 고대 중국의 '천하', '구주(九州)', '중국', '세계', '열국(列國)' 등 여러 개념에 대해 관심을 가지고 있었다. 그들은 오래된 『시경』, 『사기』에서 『해국도지(海國圖志)』에 이르기까지 여러 문헌을 통해 고대 추연(鄒衍)으로부터 위원(魏源) 등에 이르기까지 세계와 중국에 관한 여러 개념들을 찾아내고 분석함으로써 고대 중국의 세계에 대한 관념의 변화를 서술하

---

18) 레벤슨(Joseph R. Levenson), 『유교 중국과 그 현대적 운명(儒教中國及其現代命運)』, 정대화(鄭大華) 등 중역본, 중국사회과학출판사, 2000, 13~38쪽.

였다. 그러나 중국인의 이러한 공간 및 정치 관념을 가장 직접적으로 반영한 지도를 사용했던 사람은 이상하리만치 적었다.[19] 사실 지도의 명칭은 '해내(海內)', '화이(華夷)', '조공(朝貢)', '우공(禹貢)', '만국(萬國)', '세계(世界)' 등 여러 가지로 바뀌었고, 고대 중국인들의 마음속에 존재하던 '천하(天下)'의 범위를 나타내는 지도 역시 크고 작은 변화가 있었으며, 위치나 방위가 바뀌기도 했다.

이러한 변화를 통해 중국인의 사상 속에서 '세계'의 개념이 어떻게 한 쪽에서 다른 쪽으로 점차 확대되었으며, 천하를 모두 아울렀던 '중국'이 어떻게 만국 가운데 한 나라로 축소되었는지, 다시 말해 중국이 어떻게 중심에서 주변으로 이동해갔으며, '사이(四夷 : 사방의 오랑캐)'가 어떻게 중국의 변방에서 사방에 웅거하는 독립된 나라를 형성하게 되었는지를 살필 수 있을 것이다.[20] 사실 지도에

19) 그렇지만 지도를 연구하는 학자들 가운데 지도를 사상사에 활용하는 데 관심을 가진 이는 거의 없다. 예를 들어, 강도장(姜道章)은 「20세기 구미 학자의 중국 지도학사 연구에 대한 회고(二十世紀歐美學者對中國地圖學史研究的回顧)」(『한학 연구 통신(漢學硏究通訊)』 17권 2기, 타이베이, 1998)에서 상당히 자세하게 논술하고 있지만, 중국 고대 지도를 사상사의 측면에서 연구하는 문제에 대해서는 언급한 바 없다. 일본 학자의 경우, 오다 다께오(織田武雄)의 『지도의 역사 - 세계편(地圖の歷史 - 世界篇)』(고단샤, 1974, 1994, 203쪽), 운노 카즈타카(海野一隆)의 「명청 시대 마테오 리치의 세계 지도 - 새로운 사료의 검토(明淸におけるマテオ・リッチ系世界圖 - 主とって新史料の檢討)」(『新發現中國科學史資料の研究(論考篇)』, 교토대학 인문과학연구소, 1985) 등에서 중국 고대 지도에 관해 논의하면서 이 문제를 언급한 바 있지만 그다지 깊이 연구된 것은 아니다. 오히려 일본 역사와 관련된 부분에서 사상사와 관련이 있는 문제가 논의되고 있다. 예를 들면 후나코시 아키오(船越昭生)의 「곤여만국전도와 쇄국 일본(坤輿萬國全圖と鎖國日本)」(『동방학보』 41책, 교토, 1970) 등이 그것이다.
20) 흥미로운 사실은 중국에서 중국을 중심으로 삼지 않았던 지도 가운데 최초의 것이 바로 불교 지도라는 점이다. 『불조통기(佛祖統紀)』에 보면 불교도인 지반(志磐)이 그린 「동진단 지리도(東震旦地理圖)」, 「한서역 제국도(漢西域諸國圖)」, 「서토오인지도(西土五印之圖)」 등 세 폭의 지도가 실려 있는데, 이는 당시 세계를 세 가지 중심으로 구성한 것이라고 이야기할 수 있다. 그러나 이러한 지도 구성은 기존의 지도 제작을 담당한 이들에게 수용되지 않았다. 이러한 배경에서 중국 내 이역문명의 운명을 가름할 수 있지 않을까?

대해 궁금한 점은 이것만이 아니다. 예를 들면 다음과 같다. 고대에
는 남쪽이 위이고 북쪽이 아래였는데, 어떻게 지금처럼 위쪽이 북
쪽이고 아래쪽이 남쪽으로 변화했는가? 마테오 리치는 세계 지도를
그리면서 왜 명나라를 중심에 두었으며, 그리고 당시 위로 황족부
터 아래로 문인에 이르기까지 '중국을 그처럼 작게 그린 것'에 대
해 왜 분노하지 않았는가? 명나라 시대 중기와 후기의 해방도(海防
圖)는 왜 항상 육지를 아래쪽, 바다를 위쪽에 그렸을까?[21] 명나라
시대 방지(方志)에 나오는 각종 주현(州縣)이나 성진(城鎭)의 지도는
왜 언제나 관부나 서해(署廨 : 관아), 학교나 묘관(廟觀 : 유가 사당과
도교 사원), 그리고 성황(城隍)이나 창름(倉廩 : 창고) 등에만 주목하였
으며, 어찌하여 일반 백성들이 사는 거주 지역이나 중요 활동 장소
인 시장이나 주점, 여관, 구란(勾欄 : 연극 등을 상연하는 오락 시설) 등
은 보이지 않는 것일까?[22] 이것은 누군가 이야기한 것처럼 "모든
인류 공동체마다 서로 다른 세계를 가지고 있기 때문이니", 사실
모든 시대마다 또 다른 하나의 다른 세계를 지니고 있는 것이나 마
찬가지이다. '세계 지도'라는 그림 안에는 상당히 많은 민족, 국가,

---

21) 예를 들어 가정(嘉靖) 35년(1556)의 『주해도편(籌海圖編)』, 만력(萬曆) 19년(1591)의 『전해
도주(全海圖注)』, 그리고 조금 뒤에 나온 사걸(謝杰)의 『건대왜찬(虔臺倭纂)』에 나오는 『만
리해도(萬里海圖)』를 보면 북쪽이 위, 남쪽이 아래라는 상식을 따르지 않고 중국 대륙을 아
래에 그리고 침략 가능성이 있는 일본과 바다를 위쪽에 그려 넣었다. 이에 대해 정약증(鄭若
曾)은 다음과 같이 이야기하고 있다. "해내가 위고, 해외는 아래라는 것은 만고에 변할 수
없는 대의명분이니, 마땅히 자신을 중국(中國 : 천하의 중심에 있는 나라)에 세우고 외족을
다스려야만 한다. 만약 바다를 아래에 두게 되면 먼저 바다 가운데 서서 자신을 외족의 줄에
세워 거꾸로 중국을 바라보게 되는 격이니, 어찌 가당한 노릇이겠는가?" 『정개양 잡저(鄭開
陽雜著)』권 8, 『문연각 사고전서』본, 8쪽 A~B.
22) 필자의 「고지도와 사상사」, 『21세기』(2000년 10월호 총 61기) 참조. 또한 「고여도 별해(古輿
圖別解)」, 『중국 전적과 문화』, 2004년 3기 참조.

세계, 그리고 지식과 권력의 사상사 내용이 내장되어 있다고 이야기할 수 있다.[23)]

왜냐하면 공간으로서 지도가 그려지는 과정에 이미 지도 작성자의 시각과 느낌, 그리고 역사 개념이 들어가 있기 때문이다. 역사적으로 각종 지도의 변화는 곧 관념의 변화를 의미한다. 또한 지도 작성의 방식이 일단 고정된 제도가 될 경우 그것의 합리성이 상식으로써 사람들의 습관을 지배하게 될 것이다. 사람들은 지도에 설정된 공간을 통해 '나라'와 '역사'에 대한 자신들의 인식을 확정짓고 아울러 '중심'과 '주변'이라는 등급 차이를 구분하게 될 것이다.[24)] 따라서 만약 지도를 사상사의 중요한 자료로 간주한다면 각종 문물 보관소에 보관되어 있는 지도들 또한 단지 소장된 '문물'일 수 없으며, 그 '가치' 또한 지도의 해당 연대(年代)에 머물지 않게 될 것이다.[25)]

---

23) 한 걸음 더 나아가 푸코의 생각을 따르기로 한다면 '영토', '구역', '이동' 등은 지리학 개념일 뿐만 아니라 법학, 경제, 정치적 개념이다. 그는 이들 '영토, 구역, 이동' 등 지리학에서 처리하는 개념에서 "나는 내가 찾고자 하는 것, 권력과 지식 간의 관계를 찾았다"고 이야기한 바 있다. 『권력의 눈(權力的眼睛)』, 중역본, 상해인민출판사, 1997, 205쪽.

24) 예를 들어 도시와 농촌, 수도권 사람과 지방 사람, 중원과 변방 지역, 연해 지구와 내지(內地), 시내 번화가와 변두리, 강남과 강북 등등 여러 가지 지리 개념은 겉으로 볼 때 단지 방위만을 가리키는 것 같지만 실제적으로는 문명·경제·정치상 가치의 등급 구분을 은연중에 담고 있다. 그렇기 때문에 현재 지리학 연구도 이전과 달리 역사와 공간, 그리고 사회 등 세 가지 차원에서 진행되고 있다.

25) 이러한 생각은 문물을 직접 보면서 얻은 것이다. 언젠가 청화대학 도서관에 소장된 고대 지도를 참관한 적이 있었는데, 큰 지도 앞에서 필자가 생각했던 것은 그 문물의 가치가 아니라 사상사적인 의미였다.

4

　사상사는 그 경계가 확정되지 않은 연구 영역으로서 사회사, 정치사, 경제사, 문화사, 종교사 등을 서술 배경으로 삼을 필요가 있다. 또한 연구자들은 문자의 유무와 관계없이 여러 가지 실물 자료나 문헌, 유적 등에서 사상이 존재하고 있는 구체적인 상황, 즉 배경을 세밀하게 체험할 것을 요구받고 있다. 그래서 사상사가 모든 역사를 감싸 앉을 수는 없겠지만 보다 많은 자료를 수용하는 일은 당연하고도 가능한 일이다. 기존의 사상사 저작 중에도 고고학적 발굴 문물 자료를 활용하는 경우가 있었지만 그것만으로는 아직도 한참 부족한 상태이다. 그 이유는 아직 사상사 저술 방법에 큰 변화가 없기 때문이다. 전통적인 사상사 저작 속에는 세상에 전해진 문헌 속의 엘리트 사상이나 경전이 이미 충분할 정도로 담겨 있다.

　그래서 사람들은 사상사는 이미 눈이 어지러울 정도로 많은 문헌을 담고 있는데, 왜 굳이 그것들 이외의 새로운 고고학적 발굴 문물을 다루려고 하느냐 하는 의문을 품을지도 모른다. 어쩌면 이런 질문도 할 수 있을지 모르겠다. 고고학과 문물이 사상사의 주요 맥락을 바꾸거나 근본적인 변화를 가져올 수 있겠는가? 기존의 방식과 달리 고고학적 발굴 유물이나 기타 문물을 사상사의 자료로 삼는 것은 사상사의 경계를 애매하게 만들지 않겠는가?

　그러나 현재 필자가 택한 사상사의 서술 방법은 오히려 새로운 문제를 제기하여 사상사가들이 다음과 같은 사실을 깨닫게 만들 것이다. 즉 기존의 문헌에만 의지한다면 결코 충분치 않을 뿐만 아니라 시대적 차이로 인해 문건들이 여러 차례 복제되고 인쇄되었기 때문에 더 이상 연구자들이 직접 현장에 다가선 것처럼 당시의 심정과 상황을 재구성할 수 없으며, 사회 생활의 배후에 내장되어 있는 보다 깊은 일반 지식과 사상, 그리고 신앙 세계를 결코 발견해낼 수 없다는 것이다. 그렇다면 현재 우리가 직면한 문제는 사상사가들이 어떻게 고고학적 유물과 문물을 제대로 활용할 것이며, 아울러 그것들을 어떻게 사상사 저술 과정에서 적절하게 수용하고 배치하는가에 있다고 말할 수 있다.

8 장

'육경은 모두 역사이다' 에서
'역사는 모두 문학이다' 까지 :
사상사 연구 자원으로서의 포스트모던 역사학

1997 · 1998년 홍콩에서 발간되는 『21세기』라는 잡지에 죠셉
에서릭(Joseph W. Esherick : 중국명 주석서周錫瑞), 벤자민 엘만
(Benjamin Elman), 테오도르 휴터스(Theodore Huters : 중국명 호지덕胡
志德), 장융계(張隆溪), 갈검웅(葛劍雄), 나지전(羅志田)의 글이 연속
발표되면서 미국 학자 제임스 헤비아(James L. Hevia)의 포스트모던
역사학의 분위기를 물씬 풍기는 중국학 관련 저작 『회유원인(懷柔
遠人 : Cherishing Men From Afar : Qing Guest Ritual and the Macarlney
Embassy of 1793)』을 토론하였는데, 논쟁자들의 변론이 매우 날카롭
고 격렬하였다. 1999년 『독서』 제2기와 『역사 연구』 제1기에 다시
양념군(楊念群), 나지전(羅志田)의 논문이 각각 발표되었는데, 헤비
아의 중국에 관한 연구 방향에 대한 긍정적인 평가가 주를 이루었
다. 들리는 바로는 토론회가 20세기 말 마지막 해인 1999년에 거행
되었고, 당시 토론에 오른 글들이 학술계에서 가장 영향력 있는 잡
지와 역사학계에서 가장 권위 있는 잡지에 게재된 것은 매우 상징

적인 의미가 있으니, 그것은 서구의 포스트모던 역사학이 당당하게 중국 대륙의 학술계에 진입했음을 상징한다는 것이었다.

젠킨스(Keith Jenkins)가 카(E. H. Carr)의 『역사란 무엇인가(What is History)』를 평론하면서 이야기한 내용에 따르자면 포스트모던 역사학에서 가장 중요한 관념은 역사란 "일종의 언어적 허구이자 서사 산문체의 논술이다"[1]라는 것이다. 다시 말해 역사학을 문학으로 간주하는 것이다. 이것은 상당히 전복적(顚覆的) 성격의 관념을 표현한 것이라고 할 만한데, 우리는 무의식적으로 장학성(章學誠)이 '육경개사(六經皆史 : 육경이 모두 역사이다)' 라고 이야기한 것을 떠올리게 된다. 비록 그의 발언이 옛 것을 답습하여 독창적인 것은 아니지만, 후대 평론가들이 볼 때 이것은 당시 사상사에 있어서 경천동지(驚天動地)할만한 일이 아닐 수 없었을 것이다.[2] 이러한 사고 방식은 오랜 세월 동안 각종 역사 문헌들 속에서 지존의 자리를 지켜오고 있었던 '경(經)' 의 위상을 무너뜨렸고, 사람들이 의심의 여지가 없는 절대적인 것으로 간주하고 있던 '경' 에서 벗어날 수 있게 했으며, 고대 전적의 근원을 끝까지 파고들어가 객관적인 역사적, 문헌적 연구를 할 수 있도록 만들었다. 그리하여 이것은 그야말로 한 시대의 획을 긋는 의의를 지니게 되었다.

그렇다면 이러한 사고 방식의 추리를 따라가 볼 때 포스트모던 학이 '사(史 : 역사)' 를 다시 '문(文 : 문학)' 으로 바꾸어 "역사는 모두

---

1) 젠킨스(Keith Jenkins), 『「역사란 무엇인가」 평가 : 카 · 엘튼에서 로티 · 화이트까지(On "What is History" : From Carr and Elton to Rorty and White)』, London : Routledge, 1995. 여기서는 강정관(江政寬)의 서평을 참고했다. 『신사학』 10권 1기, 타이베이, 1999.
2) 『문사통의』 권 1 「역교상」 의 첫머리는 바로 "육경이 모두 역사이다" 라는 매우 도발적인 발언으로 시작된다. 섭영(葉瑛), 『문사통의 교주(文史通義校注)』, 중화서국, 1985, 1쪽.

문학이다"라고 주장한 것은 역사학을 진실과 확고한 원칙을 추구하는 것에서 해방시켜 문학과 상상의 생산물로써 더욱 자유로운 구성과 조직, 그리고 비평의 권력을 갖도록 하자는 것인가? 우리들이 알기에 동양이든 서양이든 간에 이른바 '경전(經典)'이란 그 권위성을 '진리'에 대한 독점 위에 세우고, '진리'라는 권력에 의지하여 자신의 역사 기록, 철학적 사고, 문학 표현의 절대적 합리성을 보호한다. 또한 이른바 '역사'는 그 권위성을 '진실'에 대한 독점 위에 세우고, '진실'에 의거하여 독자가 서술의 합리성을 믿도록 요구한다.

그렇다면 이러한 것들이 모두 '문학'이나 '서술(敍述)'로 바뀐다면 본래 '역사'가 지니고 있던 권위성이 한꺼번에 무너지게 되는 것일까? 예를 들어 글자나 문장에 대한 인지 능력은 경학을 연구하고 역사를 고증하던 시대에 상당히 중요한 것으로 여겨졌었다. 한나라 시대 허신(許愼)의 말에 따르면 문자는 "전대 사람들이 후세에 전한 것이며, 후세 사람들이 옛 것을 아는 까닭이다." 또한 청나라 시대 대진(戴震)은 "문자로써 언어에 통하고 언어로써 성현의 심지(心志)에 통한다"[3]고 주장했다. 이렇듯 2천여 년 동안 경전은 언어를 빌어 고대의 진리를 전달하였고, 독자들은 언어 문자에 근거하여 진리의 환원과 해독, 복제가 가능하다고 알고 있었다. 마찬가지로 역사 역시 대부분 문자와 언어에 의해 기록되는데, 이십오사(二十五史)는 각기 다른 시대의 언어로 전통과 사실을 서술하고, 독자

---

3) 『설문해자』 제15 「서목」, 『설문해자 의정』 권 49, 1320쪽, "前人所以垂後, 後人所以識古." 제로서사(齊魯書社) 영인본, 1987. 대진(戴震), 「여시중명논학서(與是仲明論學書)」, "경에서 지극한 것은 도이다. 도를 밝히는 바는 그 '사(詞 : 문장)'고, '사'를 이루는 것은 '자(字, 글자)'이다. '자'로 인해 그 '사'에 통하고, '사'로 인해 그 도에 통하게 되는데 반드시 점진적이다." 『동원문집(東原文集)』 권9, 『대진전서』 제6책, 황산서사(黃山書社), 1995, 370쪽.

들은 이들 문자와 언어를 통해 과거를 돌아볼 수 있다고 믿는다. 그런데 만약 글자를 알지 못하거나 문자, 음운, 훈고의 학문에 정통하지 않은 상태에서 경사(經史)를 대할 경우 이러한 진리와 진실을 반드시 이해하거나 환원시킬 수 있다고 장담할 수 없으며, 때로 항주(杭州)를 변주(汴州)로 오인할 가능성도 존재한다.

그러나 포스트모던 역사학은 오히려 이것을 그다지 중요하게 생각하지 않는 것 같다. 나지전(羅志田)은 혜비아(Hevia)가 '사료(史料)와 해석 사이에서 일반적으로 대중들이 모두 동의했다고 생각하는 관계를 동요시키는 것'에 대해 찬성하고 있다. 그러나 '일반적으로 대중들이 모두 동의했다고 생각하는 관계'를 세우는 일은 정확한 식자(識字 : 글자 해독)와 구절 나누기 등을 토대로 적절한 시간과 공간 배경 속에 정확하게 배치하는 것을 근거로 삼기 때문에 상상은 물론이고, 그 어떤 환상도 용납하지 않는다. 그러나 양념군(楊念群)은 오히려 다음과 같이 비판하고 있다. "글자 해독은 상식적인 일이라는 비판은 모종의 권력 지배의 의미를 지니고 있으니, 이를 통해 그 담론 역량을 강조하는 동시에 지극히 독창적인 연구의 해명과 관점 확장의 권리를 막거나 더 나아가 봉쇄할 가능성이 있다."[4] 그래서 '식자(識字)'와 '석의(釋義 : 어의를 해석하는 것)' 사이의 틈이 날로 헐거워지고, 과거와 서술(敍述) 사이가 점점 멀어지면서 해석과 서술 사이에 실로 상당히 넓은 자유 공간이 생기게 되는 것 같다.

---

4) 나지전(羅志田), 「포스트모더니즘과 중국 연구 : '멀리 있는 사람을 생각하며'의 사학적 계시(後現代主義與中國研究 : '懷柔遠人'的史學啓示)」, 『역사 연구』1999년 제1기, 117쪽 ; 양념군(楊念群), 『'상식성 비판'과 중국 학술의 곤경('常識性'批判與中國學術的困境)」, 『독서』, 1999년 제2기, 79쪽.

실로 100년은 상전벽해(桑田碧海)의 세월로 윤회하였다. 100년 전, 세기의 교체기였던 1900년에 제1회 「국제 역사학자 대회」가 개최되었다. 그 대회 개막식에서 모노(Gabried Monod)라는 한 프랑스 역사학자는 이렇게 이야기한 적이 있다. "우리들은 더 이상 가설에 근사한 추론, 무용(無用)의 체계나 이론에 관련하고 싶지 않습니다. 그런 것들은 보기에는 당당한 것 같지만 사실은 겉만 번지르르할 뿐 내용이 없고, 사람들을 속이는 도덕적 교훈일 뿐입니다. 사실(事實)! 사실! 사실이어야만 합니다. 그 자체가 교육과 철학적 사실을 담고 있어야 합니다. 진상(眞相)! 전체적인 진상이 필요합니다. 진상을 제외하고 그 어떤 것도 필요 없습니다."[5]

　　그러나 100년도 못 되어 역사학은 '사실'과 '진상'에서 '허구(虛構)'와 '서술'로 바뀌었고, 본래 서술과 사실의 간격, 기록과 진상의 사이를 연결시키던 자사(字詞 : 글자와 문장)라는 체인이 결국 녹슬고 단절되어 사람들은 도무지 이것을 통해 이것으로 저것까지 미칠 수 있다고 믿지 않게 되었다. 그렇다면 역사학이 이미 더 이상 '자(字)'나 '사(詞)'를 빌어 '진상'과 '진실'을 확인할 수 없고, 아울러 '진상'과 '진실'의 명의에 의지하여 지식과 언어의 권력을 가질 수 없게 되었을 때 이제 무엇에 근거하여 역사 서술의 의의를 확립할 수 있을 것인가?[6]

---

5) 『역사의 진상(歷史的眞相)』에서 재인용, 중역본, 중앙편역출판사, 1998, 60쪽.
6) 포스트모던 역사학이 전체 역사학에 끼친 영향은 내가 평론할 부분이 아니다. 여기서는 단지 중국 사상사의 시각에서 출발하여 자원으로써 포스트모던 역사학의 사유 방식이 우리에게 어떤 계시를 줄 수 있는가를 잠시 살펴본 것일 따름이다.

1

우리들이 장평(長平)의 전투에서 진(秦)나라 장군 백기(白起)가 조(趙)나라 병사 수십만을 구덩이에 파묻고, 홍문연(鴻門宴)에서 항장(項庄)이 칼춤을 추며 패공(沛公)을 노렸고, 일찍이 당 현종 시대에 마외병란(馬嵬兵亂)이 일어났고, 조광윤(趙匡胤)이 정변으로 권력을 장악하여 황제가 된 사실에 대해 이야기하곤 하는데, 사실 이러한 이야기는 거의 모두 『사기(史記)』나 『한서(漢書)』, 『당서(唐書)』, 『송사(宋史)』의 서술에 근거하여 과거에 그러한 일이 벌어졌으며, 그러한 역사가 있었다는 것을 말하는 것일 따름이다.

포스트모던 역사학의 견해에 따르자면, 이것은 설서인(說書人)이 『삼국연의(三國演義)』나 『수호전(水滸傳)』을 근거로 삼아 각종 이야기를 펼쳐 나가거나, 대고서(大鼓書 : 중국 청초에 크게 유행한 곡예曲藝의 일종으로 한 명 또는 여러 명이 북이나 삼현악기를 반주로 노래와 이야기를 한다 : 역주)를 하는 이가 「검각문령(劍閣聞鈴)」을 부르고 다시 「천리송경랑(千里送京娘)」을 노래하는 것과 마찬가지로, 다같이 "책으로 증거를 삼는 것(有書爲證)"이다. 이처럼 증거로 삼는 책이 있다는 것은 상당히 중요한데, 일반적으로 우리는 항상 역사 문헌을 통해 과거를 이해한다. 그러나 포스트모던 역사학은 이 점에 대해 탁월한 견해를 제시하고 있다. 즉 우리는 우리와 '과거' 사이를 연결시키는 '역사 서술'을 흔히 소홀하게 다루어 마치 우리들이 역사 서술과 '과거' 사이의 발생 관계를 직접적으로 관통할 수 있다고 여기기 때문에 '역사 서술'은 마치 아무런 장애가 없는 투명한 유리처럼 여겨져 항시 대수롭지 않은 것으로 취급되고, 사람들은 역사를 직접 진술하면서 그것이 마치 말하지 않아도 다 아는 '과거' 처럼 여긴다는 것이다.

포스트모던 역사학자인 화이트(Hayden White, 1928~)는 바로 이 점을 포착하여 우리들의 '역사'는 "특별히 서술된 담론을 빌어 이루어진 것이며, '과거'와 모종의 관계이다"[7]라고 지적한 바 있다. 그의 간단한 언술에는 다음 세 가지 주목할 점이 있다. 첫째 '역사'는 '과거'와 같지 않다. 둘째 역사는 '서술된 담론이다.' 셋째 역사는 반드시 먼저 서술된 연후에 비로소 읽혀지며, 아울러 읽혀짐으로써 과거와 관계가 발생한다. 그러므로 역사 편찬학, 즉 역사 저술은 문학과 마찬가지로 문학 이론으로 해석될 수 있는 것이다. '문학적 허구로서의 역사 텍스트(The Historical Text as Literary Artifact)', 역사학자들이 크게 놀랄 만한 이 말은 그의 3부작 가운데 하나인 『논술의 의미 전환 : 문화 비평 논집』 가운데 나오는 한 절의 제목인데,[8] 이를 통해 그는 이전의 역사학 관념과 역사학 방법을 철저하게 와해시키고, 아울러 '포스트모던 역사학'의 사유 방식을 이끌어낼 수 있었다.[9]

---

7) 「사라진 시대의 성질 그리기 : 문학 이론과 역사 서술」, 랄프 코헨(Ralph Cohen)이 편찬한 『문학 이론의 미래』(The Future of Literary Theory, Edited by Ralph Cohen, 1989), 중역본, 중국사회과학출판사, 1993, 43쪽.

8) 하이든 화이트의 삼부작은 『메타 역사학 : 유럽 19세기의 역사 상상』(Metahistory : The Historical Imagination in Nineteenth Century, 1973), 『논술의 의미 전환 : 문화 비평 논집』 (Tropics of Discourse : Essays in Cultural Criticism, 1978), 『형식의 내용 : 서사 이론과 역사 재현』(The Content of Form : Narrative Discourse and Historical Representation, 1987) 등이다.

9) 이 부분은 이미 중역본이 있다. 장경원 주편, 『신역사주의와 문학 비평』(북경대학출판사, 1993) 참조. 이 밖에 사학과 문학 사이에 등호를 긋는 것은 기존의 학과 체계에 익숙한 역사학자를 매우 불편하게 만들지도 모른다. 왜냐하면 확실성이나 객관성을 부정하는 것이 은연중에 역사학의 합리성이나 과학성을 해체하고 있기 때문이다. 역사학이 문학에 대해 오만한 자세를 취하는 이유 가운데 하나는 단지 역사가 담고 있는 도덕적 교훈이나 경험의 총결 때문이

'서술(narrative)'이란 개념의 포괄적 함의와 지칭 아래 역사와
문학의 경계가 없어지기 시작했다. 우리는 그 유명한 사마천의 『사
기』에서 어렵지 않게 '문학적 허구'의 예를 찾을 수 있다. 「항우 본
기(項羽本紀)」 중 해하지전(垓下之戰)에 관한 이야기는 그것이 후대
문학 예술 가운데 '패왕별희(覇王別姬)'나 '오강자문(烏江自刎 : 초패
왕이 오강에서 스스로 목숨을 끊은 것을 말함)'의 원형이 되기는 했지
만, 그 이전에 이미 그것의 상상력을 사람들은 간파하고 있었다.
「소진장의열전(蘇秦張儀列傳)」에 나오는 연극성이 풍부한 합종연횡
(合縱連橫)에 관한 이야기 또한 마왕퇴 백서(馬王堆帛書)에서 『전국
종횡가서(戰國縱橫家書)』가 발견되면서 역사가의 허구일 가능성이
크다는 지적을 받게 되었다. 왜냐하면 장(張)·소(蘇) 두 사람이 생
존했던 시대가 크게 차이가 있어 그들이 같은 무대에서 공연하는
일은 거의 불가능하다는 사실이 인지되었기 때문이다.[10]

  그러나 이처럼 서술자 개인의 호기심으로 말미암아 이야기를
지어내는 풍조는 후대로 넘어올수록 점차 약화되어 역사학의 담장
밖으로 쫓겨났고, 역사학은 엄숙한 담론으로 과거를 쓰는데 익숙해
지기 시작했다. 그것은 마치 자신이 행하는 작업이 '서술'이 아니

아니라 역사가 서술하고 있는 것이 분명하게 존재했던 것이며, 또한 역사학의 방법은 그렇게
존재했던 것을 정확하게 재현해낼 수 있다고 확신하기 때문이다. 그러나 고대 중국의 역사학
자의 관점에서 본다면 그다지 놀랄 만한 것이 아닐 수도 있다. 일찍이 사마천이 홍문연(鴻門
宴)이나 해하(垓下)의 전투, 장의(張儀)와 소진(蘇秦)의 합종연횡(合縱連橫)에 대해 문학적으
로 서술한 바 있기 때문이다. 또한 '문사일가(文史一家 : 문학과 사학은 한 집안)'라는 관점도
역사학에 대한 불경, 이것에 대한 분노를 어느 정도 삭히는 데 도움을 줄 수도 있을 듯하다.
10) 『사기』는 역사와 문학이 아직 철저하게 분화되지 않은 시기의 작품인데, 사마천 자신의 강
    렬한 개인 의식으로 인해 『사기』는 이른바 '진실'을 완전하게 추구하는 쪽이 아니라 서술의
    역량을 한층 중시하는 쪽으로 나아갔다.

라 '실제 사건에 대한 기록', 즉 '기실(記實)'임을 선포하려는 것처럼 보인다. 그래서 역사학자들이 「당서(唐書)」에 나오는 현무문지변(玄武門之變)에 대한 기록을 믿고 싶어 하고, 「송사(宋史)」에 나오는 진교병변(陳橋兵變)에 대한 서술을 믿지 않을 수 없는 것과 마찬가지로 후세에 당 태종을 영주(英主 : 영명한 군주)로 칭송하는 것은 당시 형제들을 죽인 잔혹한 사건의 합리성을 강화시키는데 한몫을 했으며, 사건의 합리성은 다시 서술의 합리성을 강화시키는 쪽으로 나아갔다.[11]

그리하여 후세 사람들은 권위적인 정사(正史)의 기록에 대해 의문을 제기할 수 없게 되었으며, 또한 더 많은 사료를 찾는 데 대한 어려움을 호소하게 되었다. 결국 정변을 일으켜 권력을 장악한 것은 치밀한 계획을 통한 정치 희극이 아니라 단지 하늘의 이치에 따르고 민심에 순응한 행동이었음을 인정할 수밖에 없게 된 것이다. 설사 그것이 사람들에게 고아나 과부를 괴롭히는 것처럼 부당함을 연상시킴에도 불구하고, 바로 이처럼 엄숙하고 공정하다고 인정되는 서술 속에서도 특정한 시각이나 관념, 입장, 언어 때문에 의도적이거나 무의식적으로 역사 서술을 선택하고 수정하며 심지어 왜곡하는 일이 벌어지는데, 오히려 '진실'로 그 '허구'를 숨기고, '통찰'로 그 '불견(不見 : 보지 못하는 점)'을 엄폐하고 있는 것이다.

태생적으로 활기가 충만한 문학은 언제나 기이한 생각들로 가득하다. 그러나 문학은 자주 이러한 기이한 생각들로 인해 수많은 새로운 이치를 발명했고, 비교적 신중하고 침착한 여타의 학술 영

---

11) 이 대목의 역사에 대해서는 송나라 소박(邵博)의 『소씨 문견 후록(蘇氏聞見後錄)』권7, 중화 서국, 1983, 49~53쪽을 참고하시오.

역을 감염시켰다. 화이트는 매우 빈번히 문학 이론 영역에서 자신의 사고 방향을 찾는 데 큰 도움을 받았다. 예컨대 로만 야콥슨(Roman Jakobson)이나 롤랑 바르트(Roland Barthes), 노드롭 프라이(Northrop Fryer), 폴 리꾀르(Paul Ricoeur) 같은 사람들의 경우에도 마찬가지여서 그들에게 영향을 준 사람들은 주로 언어학이나 철학, 또는 문학이론가들이었다. 그들의 이론 영역에서 '서술'이란 개념으로 말미암아 역사학은 면책 특권을 누리지도 못한 채 도피하지 않을 수 없었다.

그들 가운데 일부는 단순한 문학 연구자에서 그치지 않고 역사학에 관해 직접 견해를 밝힌 사람들도 있는데, 그 한 예로 롤랑 바르트의 경우를 살펴보기로 하자. 그는 1960년대부터 70년대에 이르기까지 공인된 가장 영향력 있는 사상가 가운데 한 사람이다. 그는 『역사의 담론』에서 이렇게 이야기하고 있다. 연표 · 편년사 · 총집처럼 체계 없는 나열을 통해 표현하고자 하는 실재 '과거'는 역사적 의의가 없다. 역사적 의의는 오로지 '체계가 온전하고 유동적인 담론' 속에서 비로소 존재하게 되며, 오직 이러한 '서술' 속에서 역사는 비로소 그 의의를 드러낼 수 있다. 또한 이러한 서술이 "사실에 대한 무질서한 묘사일지라도 적어도 '혼란'이라는 의의를 전달할 수 있을 것이며, 아울러 일종의 부정적이고 특별한 역사 철학을 암시할 수 있을 것이다." 따라서 역사학자는 사실을 수집한다기보다 '능지(能指 : 사물이나 대상이 표현하거나 지시하는 것, 즉 signifiants)'를 수집한다고 이야기하는 것이 올바르다. 이러한 사물이 표현하거나 지시하는 '능지'는 이러저러한 형식에 따라 조합되고 조직되는 것이기 때문에 '역사'는 이러한 서술 속에서 '고정(固定)'적인 것이지만 '사실'을 초월하는 풍부함을 지니게 된다.[12] 그는 서술 텍스트는 확정적 의의나 고정된 취지가 없으며, 다원적이고 개방적이어서 오직 비평가나 독자가 그러한 부호들을 어떻게 진열하고 조직하는 가에 달려 있다고 믿고 있다. 그 자신이 발자크의 단편소설 「사라신느(Sarrasine)」에 대해 진행했던 분석과 마찬가지로 그는 하나의 텍스트를 일군의 어사(語辭)의 조합으로 보고 이것을 서사(narrative), 설명(hermeneutic), 문화(cultural), 부호(semic), 상징(symbolic)이란 다섯 가지 법칙으로 새롭게 윤곽을 그리고 이해했는데[13], 역사 텍스트 역시 이렇게 처리하면서 역사는 이미 문학에 근접하게 되고 '과거'는 이미 '서술'이 되고 만다.[14]

"역사는 하나의 텍스트가 아니다." 그러나 되돌려 이야기하자면 "텍스트를 빼놓고 역사는 이루어질 수 없다."[15] 앞에서 이야기했던 것처럼 우리가 '서술'을 '진실'로 여길 때 '역사'는 마치 아무런 장애가 없는 투명한 유리인 듯하다. 그러나 당장 '서술'이 역사 텍스트와 그 '글쓰기'를 사람들 앞에 분명하게 드러낼 때 과거의 그 투명한 유리는 모호해지기 시작한다. 바로 이러한 모호함으로 말미암아 사람들은 그것에 주목하게 되고, 일찍이 대수롭지 않게 여겨졌던 역사 서술이 보다 자세하게 살펴볼 것으로 간주되며, 본래 '진

---

12) 중역본, 이유증(李幼曾)옮김, 『현대 서양 역사 철학 역문집』, 상해역문출판사, 1984, 93쪽.
13) 『S/Z』을 참고하시오. 테리 이글턴(Terry Eagleton), 오신발(吳新發) 중역본, 『문학 이론 도독(文學理論導讀)』, 타이베이 : 서림출판유한공사, 1993, 173~176쪽에서 재인용.
14) 진신(陳新)의 「20세기 서양 '역사 서술' 연구의 두 단계(20世紀西方 '歷史敍述' 研究的兩個階段)」라는 논문에도 이에 대한 간략한 논술이 보인다. 『강해학간』 1999년 제1기, 남경.
15) 프레드릭 제임슨(Fredric Jameson), 『정치무의식(The Political Unconscious)』, Conell University Press, 1981, 82쪽.

실'을 대표하여 독자들에게 서술되었던 텍스트는 오히려 그것의 '진실' 여부가 문제시되기에 이른다. 사람들은 물을 것이다. 만약 우리들이 믿어왔던 역사가 단지 설명된 텍스트일 뿐이거나 끊임없는 중복 서술을 거친 텍스트라면 과연 역사는 진실한 과거일 수 있는가? 서술은 무엇에 근거하여 독자가 그것을 역사 그 자체라고 믿게 만들 수 있는가? 화이트는 이렇게 이야기하고 있다. 비록 역사 서술이 역사 철학처럼 '개념적인 내용을 텍스트 표면의 논술 가운데 배치하고 있지는 않지만' 오히려 역사가 자신의 이념을 '서술 내부에 깊이 숨겨놓거나 은근히 내포시키는 형태를 설계하였다.' 그렇다면 이러한 서술 속에서 자신이 의도한 설계에 따르기 위해 의도적으로 숨기거나 왜곡, 전도, 또는 돌출시키는 일이 있지 않겠는가?

사실 사상사 역시 이러한 문제를 가지고 있다. 몇 가지 예를 들어보자. 남종 선(南宗禪) 사상사에서 신회(神會)의 중요한 역사적 지위는 선종(禪宗)의 등사(燈史 : 선종 문헌으로 역대 조사祖師들을 순서에 따라 저술하였다. 등燈은 조사의 깨우침을 의미하고, 이 법이 계속 이어져가기 때문에 등사라고 한다 : 역주) 아래에서 점차 사라졌다가 1920~30년대 불교사 연구자들에 의해 의외로 분명하게 드러나기 시작했다.[16] 또한 일반적으로 사상사에서 핵심적인 인물로 알려진 왕통(王通)은 사실 그가 생활했던 시대에 거의 영향력이 없었다. 그러나 후대로 갈수록 그의 그림자는 더욱 분명해졌다. 우선 도처에서 위기에 직면한 만당(晚唐) 시절에 이르러 피일휴(皮日休), 육구몽(陸龜蒙), 사공도(司空圖) 등이 그를 사상과 정신의 자원으로 새롭게 발굴하였

---

16) 필자의 『중국 선 사상사 ─ 6세기에서 9세기까지(中國禪思想史 ─ 從6世紀到9世紀)』(북경 대학출판사, 1995)의 연구 내용을 참고하시오.

고, 이어서 국가의 권위와 사상 질서를 새롭게 건설하기를 원했던 송나라 초의 석개(石介) 등은 그를 공자(孔子)와 맹자(孟子), 양웅(揚雄)과 한유(韓愈) 사이를 잇는 대유학자로 간주하여 사상사에서 반드시 거쳐야 할 고리로 삼았다. 이후 사마광(司馬光)이 다시금 그를 칭송하면서 전체가 실록이나 다를 바 없다고 여겨지던 『자치통감(資治通鑑)』에 편입시키게 된다. 이후로 당나라 시대 초기의 여러 인물들이 뜻밖에도 그의 사상을 전수받은 것으로 알려졌고, 마치 그가 진실로 당시 최고의 정신적 지도자인양 추앙되기에 이른다.

따라서 우리의 『사상사』가 계속해서 그를 수당(隋唐) 시기에 올려놓는다면 독자들은 정말로 그가 수당 사상사에서 대단히 중요한 사상가로 생각하게 될 것이다. 그러나 사실 그가 후대 문헌에 자신의 이름을 올릴 수 있었던 것은 당나라 시대 초기에 몇몇이 그를 거론했기 때문이다. 그래서 사마광조차 '실로 공자를 이을 수 있는 성인이라 여기게 되었다'고 자못 폭로적인 발언을 했던 것이다.

이와 마찬가지로 송나라 시대 유학자의 영수로 간주되던 주돈이(周敦頤)의 경우도 같다. 당시 그는 비록 두 명의 훌륭한 학생을 제자로 삼기는 했지만 그 누구도 그의 언론에 주목하지 않았다. 그런데 그의 뛰어난 제자, 즉 정호(程顥)와 정이(程頤)로 말미암아 그는 장식(張栻)과 주희(朱熹)의 칭송을 받게 되었으며, 그들의 판단은 다시 원나라 시대 사람들에게 전수되어 사람들이 일반적으로 '원시자료'로 간주하는 『송사(宋史)』에 실리게 되었으며, 이후 사상사가들은 이를 진실한 역사로 보고 자신들의 저작에 써넣은 것이다. 이리하여 북송의 이학(理學)은 마치 주돈이부터 비롯된 것으로 여겨졌으며, 그의 『태극도(太極圖)』는 전체 송나라 시대 사상을 뒤덮는 거대 담론이 되기에 이른 것이다.[17] 이외에도 신화나 왕통, 주돈이와 같은 예는 허다하게 많다. 일반적으로 사람들은 사상사나 철학사를 서술할 때 사상과 학술의 햇불이 끊어질 듯 말 듯하면서도 고귀한 성철(聖哲)들에 의해 서로 계승되어 이어진다고 상상하기 마련이다. 보편적인 우매함 속에서 그들은 애써 고심하며 조심스럽게 문명의 불씨를 보호하고 계승한다는 것이다. 이러한 상상적인 이야기가 후대 철학사나 사상사에 의해 다시금 새롭게 서술될 때 여러 차례에 걸쳐 오염되고 전복된 '텍스트'는 '과거'를 은폐하게 되며, '텍스트'를 '역사'로 간주하는 이들은 그들이 '과거'의 사상사에서 정말로 중요한 인물이었다고 믿게 되는 것이다.

그러나 '역사'의 진실성이 '서술'이란 단어에 의해 와해되고, 사람들이 '텍스트'의 글쓰기에 대해 끝까지 추궁하게 되자 역사 텍스트는 곧 문학 텍스트와 같은 위치로 내려가게 되었으며, 동시에 충분한 공간을 획득하기에 이르렀다. 그리하여 더 이상 높은 곳에서 거만하게 아래를 굽어보며 이른바 진실성으로 사람들의 이해와 해석을 제한할 수 없게 되었다. 이제 사람들은 앞서 예를 들었던 사상가들이 그들이 살았던 시대의 사상에 대해 어떤 의의를 지녔는가에 대해 다시 새롭게 생각하게 되었으며, 특히 역사를 탐독하는 독자들은 서술

---

17) 주돈이의 위상에 관해서는 등광명(鄧廣銘)이 쓴 「주돈이의 사승과 전수에 관하여(關於周敦頤的師承和傳授)」, 『鄧廣銘治史叢稿』, 북경대학출판사, 1997, 213쪽을 참고하시오. 사실 후외려(候外廬)나 李澤厚(이택후) 역시 이 점을 간파하여 주돈이의 사상사적 위상은 기존의 역사와 결코 부합하지 않으며, "그의 숭고한 지위는 대부분 후세 사람들이 추존하여 만든 것이다"라고 지적한 바 있다. 그러나 기존의 철학사나 사상사는 여전히 그를 북송 이학의 전면에 세워놓고 송나라 시대 사상사가 그에게서 시작된다고 말하고 있다. 후외려, 『중국 사상 통사』 제 4권 상책, 인민출판사, 1959, 502쪽 ; 이택후, 『중국 고대 사상사론』, 인민출판사, 1985, 536쪽.

의 원본에 대해 경각심을 가지게 되고 역사의 진실성에 대해 심각한 회의를 하게 되었다. 그리하여 마치 연극 한 편을 보는 것처럼 때로 누군가 고인(古人)을 위해 마음 아파하며 눈물을 흘릴 때도 있지만, 냉정한 어떤 사람들은 "그것은 그저 극본에 따라 연출된 연극일 뿐이다"라고 정곡을 찌를 수 있게 되었다. 고집스럽게 사실을 추궁하는 사람이라면 혹시 기만을 당했다는 느낌이 들지도 모른다. 송나라 시대 사람 주숙정(朱淑貞)이 『독사(讀史)』에서 말한 것처럼 "붓끝은 취하고 버림이 천만 가지여서 후세 사람들을 제멋대로 속인다." [18]

2

우리는 다음과 같은 사실을 의심할 여지없이 인정해야 한다. 그것은 고대와 현대를 막론하고 이데올로기의 압력, 가치관이나 감정의 좋고 나쁨, 사고의 맥락과 방법의 편애, 시대적 추세와 정치적 요구, 역사 자료의 결핍과 잔존하는 우연성 등이 비록 '과거'의 사실과 무관하지만 언제나 '역사' 서술에 영향을 끼칠 수 있으며, 현장에 존재하지 않았던 그림자가 오히려 현장에 있었던 서술자를 뒤덮어 '과거'와 '역사'의 틈이 점점 더 커져만 간다는 사실이다. [19] 그러나 더욱 큰 문제는 '역사'를 '텍스트'로 여기고, '과거'와 '역

---

18) 『주숙진 집주(朱淑眞集注)』 전집 권 10, 절강고적출판사, 1985, 117쪽.
19) 화이트의 견해에 따르면 역사적 담론은 '형식 논증', '줄거리 배치', '이데올로기의 암시'라는 세 가지 책략을 통해 해석되면서 합리성을 얻게 된다. 성녕(盛寧), 『인문의 곤혹감과 반성(人文困惑與反思)』, 삼련서점, 1997, 166쪽.

사'를 분리시켜 지금까지 투명하다고 여겨왔던 유리창을 분명하게 드러내며, 역사의 독자들이 '텍스트'의 존재를 의식하여 '텍스트'의 진실성을 따지게 될지라도 그것은 단지 역사 텍스트에 대한 의심만 야기할 뿐이라는 점이다. 이러한 의심은 원래 역사 문헌 고증학의 전통에 속하는 것이다. 중국에서 『위서통고(僞書通考)』와 『속위서통고(續僞書通考)』는 이미 꽤 많은 문헌을 자신의 스포트라이트 아래 진열하였고, 송나라 시대와 청나라 시대의 고증가들은 탁월한 회의(懷疑) 정신과 고증 기술을 통해 수많은 전적을 자신들의 심문대 앞에 세웠다. 그러나 그들은 한 가지 문제, 즉 만약 진실한 과거를 추적할 길이 없다면 추적할 수 있는 유일한 것은 역사의 글쓰기와 서술일 뿐인데, 그렇다면 글쓰기와 서술 사이에 진위를 구분하는 것은 어떤 의의가 있는 것인가에 관한 문제를 풀 수 없었다.

사실 포스트모던 역사학은 이러한 역사 서술이 위사(僞史)에 들어가는 것에 조급해 하지 않는다. 왜냐하면 역사 서술에 진위(眞僞)가 공존한다고 여기는 사고 방식은 포스트모던주의자에게 있어서 오히려 상당히 '현대적인 것'이며, 진위를 구분하는 기술과 원칙 그 자체가 매우 '이성적인 것'이기 때문이다. 그들은 이렇게 물을지도 모른다. 만약 모든 것이 역사적 서술일 뿐이라면 과연 어떤 것이 진실이고, 어떤 것이 거짓인가? 바로 이런 이유로 포스트모던 역사학이 던지는 역사의 진실성에 대한 질문은 단순히 우리들이 일반적으로 말하는 '진실은 남기고 거짓은 제거하는 것'이 아니며, '거짓 사료 속에도 진실한 역사가 있다'는 것도 아니다. 기억하기에 '거짓 사료 속에도 진실한 역사가 있다'는 이 말이 찬사를 받은 적이 있다. 그것은 중국 역사학자들의 이해의 시야 속에서 나온 말인데, 대략 이야기하자면 만약 의도적으로 만든 위서(僞書)의 시대와 작가를 고증해낼 수 있다면 의심스러운 '위서'도 진정한 '사료'로 바꿀 수 있다는 것이다.[20] 그러나 여전히 해명해야 할 몇 가지 문제점이 남아 있다.

첫째 중국에서 이른바 '위서(僞書)'의 거짓됨은 일반적으로 위서가 지어진 시대와 지은이에 대한 것이다. 늦게 나온 것이 먼저 나온 것인 양하는 것은 마치 술도가에서 조금 전에 누룩을 빚어 만든 술을 오래 묵은 술처럼 파는 것이나 마찬가지이며, 명성이 없는 사람이 위대한 사람인양 가장하거나 질 나쁜 짝퉁을 명품으로 속여 파는 것과 같다고 여긴다. 그러나 그러한 위서에는 공개적으로 깃발을 내걸은 역사 저작은 전혀 언급되지 않고 있다. 그것들(역사 저작)은 아예 이름조차 바꾸지 않은 상태에서 위서의 내용을 그대로 담고 있지만, 전통 사학의 관점에서 진실한 문헌으로 간주되었기 때문에 여전히 허가증을 내걸고 장사를 계속하고 있는 것이다.

둘째 일단 '거짓' 문헌이 속속들이 파헤쳐져 지은이를 확인하게 될 경우 그 즉시 진실한 역사 자료로 간주되어 계속 인용되거나 활용된다. 그것은 마치 세관에서 밀수품이나 위조품에 상표를 달고 판매하는 것처럼 폐기물을 다시 사용하는 것이나 마찬가지이다. 그야말로 '농가성진(弄假成眞 : 농담이 진담이 되는 꼴이다)이다." 그러나 그것이 참이든 거짓이든, 인위적인 '서술'에서 비롯된 것이든 아니든지 간에 모든 '서술'된 역사가 일단 본인 여부만 증명된다면

---

20) 진인각(陳寅恪)의 「양역 대승기신론의 위조된 지개 서문에 있는 진짜 사료(梁譯大乘起信論僞智愷序中之眞史料)」『金明館叢稿2編』(상해고적출판사, 1980)를 예로 들 수 있다. 양역(梁譯)은 양 천축 삼장법사 진체(梁天竺三藏法師眞諦)가 번역했다는 뜻이다.

모두 '진실한 과거'를 드러낸다는 말인가?

중국의 전통적인 문자 분석에 따르면 '위(僞)'는 곧 '인위(人爲)'일 따름이다. 따라서 위서(僞書)는 의도적으로 누군가 지어낸 것을 뜻한다. 그러나 사실 '진(眞)' 역시 '인위(人爲)'이기는 마찬가지이니, 이른바 '진사(眞史 : 진실한 역사)'라는 것도 누군가 의도하여 글을 쓴 것임에 틀림없다. 마찬가지로 이른바 '유의(有意 : 의도적)'란 말, 다시 말해 모든 인위적인 서술은 모종의 '의도적인 조직과 설계'를 감추고 있기 마련이다. 얼핏 보기에 불변의 진리처럼 여겨지거나 전혀 의심할 여지가 없는 서술인 것처럼 간주되어 말 그대로 '천경지의(天經地義)'로 평가받을 수도 있다.

그러나 이는 단지 그들의 '의도적인 조직과 설계'가 한 시대의 '공식(共識 : 공통된 인식)'에 부합하기 때문에 모든 사람들이 이를 '진실'로 여기는 것일 따름이다. 푸코의 말을 따르자면 이와 같은 '공통된 인식'은 바로 "사물에 대한 인식, 묘사, 기술(記述), 표현, 분류, 그리고 이해"의 방식에 의해 지지되며 일련의 '술어'로 구성되어 있는데, 이때의 '지식'은 '공통된 인식'이라는 이름으로 합리성을 확립하고 '권력(power)'을 형성하게 된다. 그것은 그 시대의 시비(是非)와 진위(眞僞) 등의 표준을 확립하게 되고, 그러한 '공통된 인식' 속에 사는 사람들이 '서술'해 낸 역사는 차츰 후대 사람들의 상상 속의 진실이 되고 만다. 그러나 이러한 '서술'의 '역사'가 독자들에게 '진실'한 '과거'로 여겨지면서 역사의 휘장이 과거를 은폐하게 되는 것이다.[21] 아마도 우리들이 지금 읽는

---

21) 몇 년 전 필자는 감옥, 정신 병원 및 성(性) 등의 문제에 관한 푸코의 논문을 읽으면서 그가 기존의 관점과 다른 이론을 세우기 위해 애쓰고 있고, 그 관점이 큰 호소력을 갖고 있다는

'역사 서술'은 푸코가 이야기한 것처럼 정말로 권력 관계 속에서 형성되었을 것이다. 그리하여 사상사 교수였던 푸코는 자신의 연구 방향을 우리들이 현재 믿고 있는 역사와 지식, 이론 등이 "어떠한 토대 위에서 가능하게 되었고, 어떤 지식 체계 속에서 구성되었으며, 도대체 어떤 역사 조건하에서 사상이 비로소 출현하고 과학이 확립되며, 경험이 반영되어 철학에 진입하고 이성(理性)이 형성되기에 이르렀는지"[22]를 발견하는 것으로 삼았다. 이것이 바로 그가 이야기한 지식의 고고학일 것이다. 고고(考古)의 의미는 사실 지금 우리들이 보기에 불변의 진리인 것처럼 여겨지는 '지식', '사상', '신앙'의 겹겹으로 퇴적된 지층을 발굴하여 그것들이 어떻게 권력에 의해 역사적으로 형성되었는지를 살피는 것이다. 따라서 이러한 '진실'된 역사 서술은 그 배후에 '의도적인 조직과 설계'

느낌을 받았다. 예컨대 『광기의 역사』에서 정신병원의 유래를 분석하면서 이것은 자칭 '이성'적이라는 사람들이 '권력'을 이용하여 다른 일부 사람들을 '병자'라고 부르면서 그들을 담장 안에 가둬두기 시작한 데서 비롯되었다고 말했다. 왜냐하면 '이성'은 이미 불변하는 진리의 대명사였고, 이러한 진리가 이미 권력이 된 상태였기 때문이다. 이러한 그의 관점에서 필자는 고대의 '광천(狂泉)' 이야기가 생각났다. 국민 모두가 광천의 물을 먹고 미쳐버렸는데, 오직 국왕만은 이성을 유지하고 있었다. 그러자 백성들은 국왕에 대해 연민의 정을 느끼게 되었고, 국왕 또한 미쳐야만 한다고 생각했다. 이러한 '공통된 인식'의 '권력'이 국왕에게 광천을 마시도록 강요하기에 이르렀고, 결국 국왕 또한 광천을 마시고 미치고 말았다. 그러자 백성들 모두 만세 삼창하며 국왕의 새로운 삶을 축하했다고 한다.

그런데 푸코는 『감시와 처벌』에서 이렇게 말하고 있다. 이른바 정의를 대표하는 감옥, 형법, 법률 등은 사실 시범, 암시, 상징 등의 규범이나 훈계의 수단을 통해 권력이 인정하는 '지식'을 '공통된 인식'으로 변화시킨 것이며, 최초의 피비린내 나는 폭력적 징벌이 차츰 엄숙한 회극적 의식에 자리를 내준 것이다. '일반 사람들의 기억은 전문(傳聞)의 형식으로 법률의 엄숙한 담론을 복제하며', 그리하여 '공통된 인식'의 지위를 획득한 규범이나 훈계, 처벌 등은 역사의 불공정함을 은폐하고 폭력은 지식의 형식을 통해 권력의 배경을 감추게 된다.

22) 『사물의 질서(The order of things)』 New York, Random House, 1970, p. 21~22. (한역본韓譯本의 제목은 『말과 사물』이다 : 역주)

가 있는 것이기 때문에 이른바 '위조'된 역사 서술과 마찬가지로 모두 하나의 '관념'이나 '사상'을 은연중에 내포하고 있는 것이다. 따라서 우리들이 그것이 서술하고 있는 '역사'가 진실한 '과거'인지 여부를 따지는 것이 아니라 이러한 역사 배후를 추궁하여 의도적으로 조직되고 설계된 '서술'이 어떻게 변화했는지를 추구할 때 그것이 바로 관념사이나 사상사가 될 것이며, "거짓 사료 속에도 진실한 역사가 있다"는 말 또한 이러한 사고 방식을 통해 이해될 수 있을 것이다.

그렇기 때문에 사상사는 어쩌면 고심하여 '진위를 가려낼' 필요가 없을지도 모른다. 역사 문헌의 진위를 분별하는 것은 단지 첫걸음일 뿐이고, 더 중요한 것은 오히려 이와 같은 서술의 배후에서 지지하고 있는 모종의 관념 체계를 중점적으로 발굴하는 일이다. 예를 들어 '정통론(正統論)'의 지지에 따라 때로 역사는 한(漢)에서 촉(蜀)을 거쳐 진(晉)에 이르고, 다시 동진(東晉)에서 남쪽 정권을 따라 수당(隋唐)에 들어가기도 하며, 이와 달리 한(漢)에서 위(魏)를 거쳐 진(晉)에 이르고, 다시 동진(東晉)에서 북쪽 정권을 따라 수당(隋唐)에 들어가기도 한다. 도대체 어떤 것이 진실인지를 분별하는 일은 그 역사의 서술 간의 변천을 검토하는 것만 못하다. 이는 푸코가 말한 것처럼 역사 서술 속에 조직적인 설계와 의도적인 각색이 가득한데, 이러한 설계와 각색을 거친 '역사'가 진실한 역사가 되고 우리들이 수용하는 '지식'으로 변화할 수 있는 것은 '권력'이기 때문이다. "권력이 지식을 만들어내기 때문에 권력과 지식은 직접적으로 관련을 맺고 있다. 따라서 지식 영역과 호응하지 않으면 권력 관계가 있을 수 없고, 권력 관계를 미리 설계하여 만들지 않으면 어떠한 지식도 생기지 않는다."[23]

　이리하여 포스트모던 역사학에서 권력의 지지 아래 지식을 구축하고, 지식의 참여 아래 권력이 형성되는 역사를 따지는 작업은 상당히 많은 사람들을 유인하는 영역이 되었다. 그 좋은 예 가운데 한 사람이 바로 에드워드 사이드(Edward W. Said)이다. 그는 『오리엔탈리즘(Orientalism : 동방학東方學)』에서 이른바 '동방' 지식과 '동방학' 이 어떻게 '동방' 역사의 진실성을 구성하는 데 참여했는지 심각하게 폭로하였고, 또한 서방에 기원을 둔 이러한 권력과 지식 구조가 어떻게 동방의 역사를 날조하였으며, 그것을 '상식' 으로 만들었는지 지적하였다.[24]

　또 하나의 좋은 예가 『소련 공산당사(聯共黨史)』인데, 그 안에 나오는 인류 발전의 '5단계(五階段)' 론이 어떻게 중국 역사 서술에 영향을 주었으며, 소련식의 역사 담론, 역사 시간, 역사 시각이 중국 역사를 재구성하는 데 어떤 영향을 미쳤는지를 살필 수 있다. 이 역시 서구에서 이식된 사회사의 틀로 중국의 전통적인 역사 서술의 근간이 되었던 '왕조' 체계를 와해시켰으며, 다른 한편으로 서구의 언어 환경 아래에서만 비로소 이해할 수 있는 역사 체계를 설계하고 조직하였다. 예를 들어 '봉건주의' 나 '자본주의의 맹아' 같은 것은 물론이고, 사상사에서 서구 철학에서 빌려온 '유물론' 이나 '유심론', 진화론에서 차용한 '진보' 와 '낙후', 계급 이론에서 빌려온

<hr />

23) 『감시와 처벌(Discipline and Punish-The Birth of Prison)』, 유북성(劉北成) 등 중역본, 타이베이 : 계관도서고빈유한공사(桂冠圖書股份有限公司), 1992, 26쪽.
24) 에드워드 사이드(Edward W. Said), 『동방학(東方學, Orientalism)』, 왕우근(王宇根) 중역본, 삼련서점, 1999. (한역본韓譯本의 제목은 『오리엔탈리즘』이다 : 역주)

'노예주'와 '노예', '지주'와 '농민' 등의 술어가 그러하다. 이러한 것들은 모두 일련의 서술의 틀과 전문 술어가 되어 그저 긴 것을 잘라 짧은 것을 잇대는 식으로 중국의 사상사를 임의대로 선택하고 절단하였다. 그러나 이 역시 일종의 '권력'이 만든 '지식'이자 '지식'의 '권력'이 그것들을 우리들의 상식으로 변화시킨 것이다. 우리들은 매우 오랫동안 이처럼 '날마다 사용하면서도 제대로 알지 못한' 상식 속에서 생활해왔다. 그리하여 우리들이 이 같은 틀과 개념이 아직 형성되지 않았을 때로 돌아가서 다시 새롭게 역사 서술을 시도할 때 우리들은 다시 다음과 같은 사실, 즉 만약 우리들이 '생산력', '생산 관계', '계급', '자본주의' 등 명확한 단어을 지향하는 걸 사용하지 않는다면 과연 어떤 '글쓰기 방식(서술 방식)'을 통해 의미 있는 중국 역사와 중국 사상사를 분명하게 표현할 수 있을지 거의 모르고 있다는 사실을 발견하게 될 것이다.[25]

---

25) 이런 상황은 사실 포스트 식민사학 이론의 시야 속에 있는 아프리카의 상황과 매우 비슷하다. 쇤부룬(David Schoenbrun), 해리스(Patrick Harries), 머딤비(V. Y. Mudimbe), 혼투지(Pauline Hontoudji) 등이 아프리카 대호구(大湖區 : 역자)(르완다, 부룬디, 탄자니아, 콩고 등 여러 나라가 있는 지역 : 역주) 토착민 항쟁사, 남아프리카에 사는 줄루(Zulu)족의 전통과 현실, 아프리카 역사와 철학 등에 관한 연구에서 표명한 바와 같이 그들의 연구는 서방 권력과 언어의 포위망 속에 아프리카 역사가 은폐된 과정을 드러내고 있다. 서구의 식민지 권력의 장기적 통제 아래에서 서구 사람들은 서구 담론 속의 아프리카 역사를 새로 쓰고 서술하였다. 사실 서구의 시각에서 출발한 '형상 찾기'는 아프리카에서 찾은 것이 실제는 서구 사람들이 아프리카에 채워 넣은 것이었다.

이렇게 서구 사람들은 이미 아프리카의 역사와 문화를 재구성했던 것이다. 장기적인 피식민 상태가 끝나고 독립이 실현되었을 때 아프리카인들은 정작 자신들의 역사를 이해하고자 하면 근본적으로 자신들의 역사를 구성할 방법이 없다는 사실, 또한 역사에 대한 동일한 인식으로 민족의 문화 의식을 동원할 방법이 없다는 사실을 새삼스럽게 발견하게 되었다. 그리하여 아프리카인들은 우선 그들 서구 사람들이 건립한 여러 겹의 거짓 역사를 해체함으로써 비로소 과거를 새롭게 발견할 수 있었던 것이다. 중국 역사학 또한 아주 오랫동안 '말할 수 없는' 상태에 처했기에 저들의 단어나 개념을 사용하지 않고서는 중국 역사를 묘사하거나 서술할 방법이 없는 상태에 놓여 있었다.

그러나 공교롭게도 바로 이러한 '글쓰기 방식' 속에 사상의 역사가 있다. 이처럼 조직적으로 설계되고 구성된 역사 서술이 바로 역사를 새롭게 서술하고 있는 것이다. 한층 한층 쌓인 위사(僞史 : 거짓 역사)이든 아니면 겹겹이 포장된 껍데기든지 간에 사람들이 매우 조심스럽게 층층이 포장된 역사 서술을 벗겨낼 때 이러한 거짓 역사는 이미 껍데기와 마찬가지로 과거의 역사가 되었다는 것을 발견할 수 있을 것이다. 첫 번째 층에 기록된 것은 아마도 허구의 이야기일지 모르지만 이야기를 꾸며낸 심정은 여전히 남아 있을 것이고, 두 번째 층에 기록된 것은 아마도 번잡한 사건일지 모르지만 사건을 선택한 의도가 남아 있을지도 모른다. 세 번째 층에 기록된 것은 아마도 인물의 사적(事迹)일지 모르지만 인물을 기록한 기준은 남아 있을 것이다. 그리고 네 번째 층에 기록된 것은 후대에 일련의 개념을 통해 포장한 사상이지만 그 안에서 포장에 동원된 사람의 사고가 솔직하게 드러날 수도 있다. 사상사는 이러한 포장들을 하나하나 흥미진진하게 펼쳐내고, 그 포장 속에서 역사를 분별할 수 있어야 한다.

그리하여 하나하나 벗겨내고 매 층마다 발굴하여 한겹 한겹 자세히 설명하다보면 그 안에 담긴 심정, 의도, 기준 및 개념 계통이 고고학적 발굴에서 지층 관계가 연속되는 것처럼 서로 이어지게 되는데, 그러한 '연속' 이 바로 '과거' 의 사상인 '역사' 인 것이다. 만약 사상사 연구를 지상에서 행하는 고고학적 발굴이나 시간의 지도 위에서 행하는 여행에 비유한다면 이러한 사상의 흔적들이 순차적으로 발굴되는 것은 사상사의 고고학적 발굴과 탐험이라고 이야기할 수가 있다. 그러므로 '사료(史料)' 를 굳이 '진(眞 : 진실)' 과 '위(僞

: 거짓'으로 나눈다거나 진실과 거짓 가운데 어느 것이 가치가 있는지 따질 필요가 없을 것이다. 진실이나 거짓에 상관없이 모든 것이 사상의 역사를 포함하고 있기 때문이다.

명나라 시대 풍방(豊坊)이 날조한 것은 이미 연구자들에 의해 위경(僞經)임이 밝혀졌고, 그 의의 또한 인정받았다. 고문『상서(尙書)』가 설사 모두 날조된 것이라고 할지라도 한나라 시대 사람들이 공자의 옛집 벽에서 나온 위경(僞經)을 믿고자 했던 심정이나 의도적인 위조의 의도, 또는 후세 사람들이 진위를 판단하는 기준 속에서 일찍이 수많은 사상사에서 소홀하게 다루었던 내용들을 능히 볼 수 있을지도 모른다.

마르코 폴로의『동방견문록』은 그 진위 여부를 놓고 일찍부터 많은 논쟁이 있었다. 그러나 서구에서 이러한 책이 출현한 것 자체가 진위와 상관없이 서구인들의 당시 동양에 대한 관념을 표현하는 것이 아닐까?『광명의 성(光明之城)』[26]은 아마도 위서(僞書)일 가능성이 큰데, 그럼에도 불구하고 날조된 이야기 속에서 서구 세계의 사상의 흔적을 발견할 수 있지 않겠는가?

이외에 중국인이 최초로 아메리카 대륙을 발견했다는 신화 같은 이야기 역시 마찬가지이다. 이러한 신화를 반박하는 역사학자들은 이러한 신화가 19세기에서 20세기까지 중국에서 민족주의가 한창 발흥할 때의 문헌이라는 점은 간과한 채 아무런 결론도 나지 않을 쟁론만 반복하고 있을 따름이다. 이는 1897년『경세보(經世報)』에서「중국과 서구 중에 누가 먼저 아메리카 대륙을 발견하였는가」

---

26) 13세기 야콥 단코나라는 유대인이 지금의 천주(泉州)를 방문하여 기록한 일종의 견문록.
(우리나라에서『빛의 도시』라는 이름으로 번역되었다 : 역주)

라는 기사가 나오면서 시작되었는데, 이것이 문제가 될 수 있는 것은 이러한 논쟁이 동방에서 민족적 자각의 사조(思潮)를 보여주는 것일 뿐만 아니라 동양과 서양의 문명 민족들이 아메리카 대륙의 토착민들에 대해 공히 내심의 오만과 교만을 표현하고 있기 때문이다. 한 세기에 걸친 논쟁은 때로 고조되기도 하고 때로 가라앉기도 했는데, 이는 바로 각기 다른 시대의 국가 민족의 역사적 상황과 관련이 있는 것이 아닐까?

3

나는 일찍이 '서술 방법'을 강조한다는 이유로 비난을 받기도 했는데, 아마도 이는 비평가들이 '서술 방법'의 의의를 제대로 이해하지 못했기 때문인 듯하다. '역사'와 '과거'에 차이가 발생했기 때문에 '역사'는 일종의 '서술'이 되었고, 이로 인해 '서술' 그 자체와 이러한 '서술'의 역사적 구성 과정이 중심 화제로 떠오르게 된 것이다. 드레이(William H. Dray)가 말한 것처럼 "사람들은 서술(narrative)이란 단지 역사학자들이 엄격한 역사적 조사 과정 중에 발견한 무엇인가를 주로 '써내려 가는' 하나의 절차라고 공언한다." 그래서 '서술 방법'이 문제가 된다. 그 이유는 무엇보다 '무엇을 어떻게 쓸 것인가'라는 서술 방법의 배후에 권력의 지지가 도사리고 있다는 점이다. 두 번째로 서술 방법의 변화는 질서, 관념, 시각, 시야의 변화를 의미하기 때문이고, 마지막으로 서술 방법의 변화는 바로 사상사의 변화로서 푸코의 이론 용어를 빌리자면 바로 '권력과 지식 사이의 관계 변화'이기 때문이다.

갤브레이스(John Kenneth Galbraith)의 견해에 의하면 권력의 근원에는 세 가지가 있다. 첫째는 인격이고, 둘째는 재산이며, 셋째는 조직이다.[27) 만약 고대 사회의 언어 권력이 관청, 관원, 향신(鄕紳) 및 종교 인사들로부터 비롯되었다면 현대 사회의 더 많은 언어 권력은 '조직'에 의해 독점되고 있다. 이 '조직'의 넓은 범위에는 이데올로기의 합리성을 점유하고 있는 정부와 정당이 포함될 뿐 아니라 신문, 잡지, 텔레비전, 방송 등과 같은 매스미디어가 포함되며, 학교를 포함한 교육 체계도 모두 포함된다. 그들은 '지식'을 '공통된 인식', '공통된 인식'을 '상식'으로 바꾸는 것을 담당하고 있으며, 아울러 날마다 사용하면서도 제대로 알지 못하는 상식을 이용해 지배의 권력을 구성하기도 한다. 구체적으로 역사학에 관해 이야기하자면 설령 역사학자가 '서술'의 능력을 장악하고 있다고 할지라도 역사학자 수중의 붓을 지배하는 것은 또 다른 것들이다. 젠킨스(Keith Jenkins)는 이에 대해 다음 네 가지를 지목하고 있다.

첫째 역사학자들이 공통으로 인정하는 글쓰기의 표준 양식인데, 이러한 '서술 방법'의 배후에 바로 '공통된 인식'이라는 권력이 존재한다. 둘째 학교에서 훈련을 받는 규격인데, 교육제도와 관련된 것이다. 셋째 학술 집단의 압력이다. 역사학자들 역시 하나의 학술 단체로 조직되어 있어 그들 단체 내부의 동의와 배척은 상당히 위협적인 힘을 갖게 되는데, 특히 이를 권위적 위력이라고 이야기할 수 있다. 넷째 출판사와 간행물의 심사 제도인데, 그 배후는 '권

---

27) 『권력의 해부(The Anatomy of Power)』, 유북성(劉北成) 중역본, 9쪽.

력'이나 '이데올로기'와 깊은 관련을 맺는다. 이러한 이유로 말미암아 하나의 '과거'가 '역사'로 간주되어 '서술'될 때 그것은 바로 '지식'이 되며, 특히 이러한 지식이 다시 권력의 인정을 통해 '상식'이 되고, 시험에 필수불가결한 교과서에 삽입되거나 백과사전과 같은 사전의 항목에 들어가게 되면 더 이상 따져 물을 필요 없는 면책특권을 누리게 되는 것이다. 그러나 현재 포스트모던 역사학은 '지식의 고고학'을 이용해 '지식의 합법화' 과정을 추궁하고자 한다. 이는 그것이 "어떻게 자신의 증거를 증명할 것인가?" 또는 "보다 보편적인 문제에 대한 대답, 즉 진리의 조건을 결정하는 것은 누구인가?"를 따지는 일이다.

물론 포스트모던 역사학의 사고에 심오한 '통찰'이 존재하지만 때로 그 심각함으로 인해 '보지 못함'에 이르는 경우도 있다. 따라서 이를 사고의 자원으로 삼고자 할 때 그 내용 전체를 수용할 필요는 없다. 포스트모던 역사학의 가장 심오한 특징은 보편적으로 알려진 공통된 인식에 대해 의문을 제기하고 있다는 점이다. 다시 말해 얼핏 보기에 불변의 진리처럼 여겨지는 것에 대해 근원을 끝까지 따져 묻고 추궁한다는 점이다. 중국 사상사 역시 마찬가지로 따져 물어야 할 많은 문제점이 있다.

예를 들어 중국인들이 말하는 '중국 윤리'라는 것이 정말로 태어날 때부터 정당성을 확보한 것인가? 과거에 우리들은 고대 중국의 윤리 도덕의 정당성이 유사 이래의 '공통된 인식'을 지닌 것이라고 믿어왔다. 문자로 쓰인 역사는 언제나 우리들에게 탕(湯)의 현명함, 주(紂)의 잔악함에 대해 이야기했고, 요(堯)·순(舜)·우(禹)·탕(湯)·문(文)·무(武)·주공(周公)·공자(孔子) 등이 이러한 전통적인 '공통된 인식' 을 따라 개인의 겸양과 가정의 화목, 사회의 질서를 유지할 수 있었다고 이야기해 주었다. 이는 다시 말해 고대부터 이미 중국은 상당히 문명적인 '전통' 을 지니고 있었던 셈이다. 그러나 우리들이 이러한 '공통된 인식' 을 다시 살피고, 그 근원을 따져보면 사정이 결코 그렇지 않다는 것을 발견하게 된다. 예를 들어 유가의 종교적 기원을 고증해 보면 '유(儒)' 의 문명이 어떻게 점차적으로 권력에 의해 돌출되고 확인되는지를 알게 되는데, 이를 통해 우리는 문명의 '전통' 이란 것이 단지 시간과 권력이 함께 만들어낸 것에 불과하다는 사실을 발견하게 된다. 또 다른 예로 도교의 경우를 들 수 있다. 7세기 이전 도교의 조직 형태나 수도 의식(授度儀式), 기양 의식(祈禳儀式)을 연구해 보면 이른바 문명의 시선으로 볼 때 추악하기 그지없는 일들이 그 당시 사람들에게는 그다지 '추악' 한 것으로 여겨지지 않았다는 것을 알 수 있다. 그러나 그것의 정당성은 '권력' 의 억압 아래에서 점차 사라지게 된다.

또 다른 예로 당송 시대 일부 풍속의 변화를 들 수 있다. 예컨대 패륜과 성(性), 힘이 앞서는 협객 행위, 사람을 죽여 귀신에게 제를 지내는 풍속, 음사(淫祀) 등 당송 시대의 세속적이고 음란한 풍속이 어떻게 정당성을 잃고 사회 생활의 중심에서 변방으로 전이되고, 또한 문명이 어떻게 도시에서 시골, 한족(漢族)에서 이민족까지 퍼져 나갔는지를 연구해 보면 이른바 '화하 문명(華夏文明)' 과 '유가 윤리' 란 것이 사실 권력에 의해 그 합법성과 합리성을 확립한 것이자 권력에 의해 전체 중국으로 확장된 것이며, 시간이 흐르면서 점차 '역사' 를 이루고 '전통' 으로 퍼져나갔던 것임을 발견할 수가 있다.

사실 고대 중국 역사학은 '권력' 과 '지식' 의 관련 아래 형성된 이러한 '서술 방법'을 회피한 적이 없었다. 이른바 '춘추필법(春秋筆法)'이나 '미자설(美刺說)'은 '진실'을 궁극적인 지향점으로 삼은 적이 없으며, 오히려 역사 기록을 일종의 권선징악을 행하는 권력으로 여겼고, 동시에 권력의 인정을 권선징악의 근거로 삼았다. 모든 정사(正史)의 첫머리에 하늘이 왕권을 수여했다는 '천수왕권(天授王權)'의 전설을 내건 것은 모두 황권의 지지가 배후에 있기 때문이며, 그 목적은 권력의 합법성을 보호하고 신성(神聖) 가족의 가계 전설을 꾸며 '봉천승운(奉天承運)'의 신화를 만들기 위함이었다. 따라서 '진교병변 황포가신(陳橋兵變 黃袍加身 : 진교에서 병변을 일으켜 황포를 몸에 걸치다)"이라는 이야기를 꾸민 것은 「조광윤천리송경낭(趙匡胤千里送京娘 : 조광윤이 천리 길에 경랑을 호송하다)」[28]이라는 이야기와 마찬가지로 '공통된 인식'의 배경 아래 있는 도덕 윤리를 부각시켜 조씨(趙氏) 송 왕조의 합리성을 확보하기 위함에 지나지 않는다. '유민(遺民)'과 '이신(貳臣 : 두 마음을 품은 신하의 뜻)'을 다르게 처리한 것은 이전 왕조와 새로운 왕조의 서로 다른 서술이 역사 속에서 일부 과거 인물의 신분을 바꿀 수도 있다는 것을 증명한다.

또한 역사 서술 속에서 새로운 시간(역법·연호), 새로운 상징(오행·오색), 새로운 호칭(관직명)을 사용하는 것도 사실은 서술을 바꾼 것이다. 서술을 바꾼다는 것은 실제로 '과거'는 변하지 않았

---

28) 「조광윤이 천리 길에 경랑(京娘)을 호송하다(趙匡胤千里送京娘)」는 송원 시대 화본(話本) 소설에 나오는 이야기 가운데 하나이다. 대략의 줄거리는 다음과 같다. 조광윤이 위기에 처한 경랑이란 아가씨를 구해 고향에 보내주었는데, 고향에 당도하자 그녀의 부친이 오히려 두 사람의 관계를 의심하여 아예 조광윤에게 시집을 보내고자 했다. 그러나 조광윤은 이에 격분하여 그대로 떠나고, 경랑은 결국 스스로 목숨을 끊었다 : 역주.

지만 역사를 바꾼 것이라고 이야기할 수가 있다. 그렇기 때문에 역사 서술을 새롭게 고찰하여 '서술' 자체를 층층으로 누적된 '역사'로 간주한다면 실제로 '서술'에 의해 은폐된 것들을 훨씬 많이 찾을 수 있을 것이니, '진실'과 '거짓'은 모두 서술에 달려 있는 것이다. 푸코는 이에 대해 다음과 같이 말하고 있다. "전통적인 형식의 역사는 단지 '과거'의 여러 가지 남겨진 유물(monuments)을 애써 '기억'하여 그러한 '문물'을 '문헌'으로 바꾸는 것일 따름이다…… 그러나 우리 시대에서 역사란 '문헌'을 다시 '문물'로 바꾸는 과정이다."[29] 그의 사고에 따르면 '지식 계보'에 관한 이러한 고고학 연구를 통해 지식 형성 과정에 따른 규칙·기준, 순서 등을 발견할 수 있는데, 이러한 규칙·기준·순서 속에 바로 각 시대의 분류·신념·풍습이 들어 있다. 우리는 이러한 지식 계보를 추적함으로써 역사가 어떻게 중심에서 변방, 혹은 변방에서 중심으로 이동했는지를 발견할 수 있는 것이다.[30]

4

마지막으로 내친 김에 지난 이야기를 하나 하고자 한다. 필자가 학생들과 이러한 문제에 대해 토론하고 있을 때 어떤 학생이 "이

---

29) 푸코, 『The Archaeology of Knowledge』, 1972, 왕덕위(王德威) 옮김, 『지식의 고고학』, 타이베이 : 맥전출판, 1993, 75쪽. 여기서 '남겨진 유물(monuments)'을 직역하면 '기념비'가 되는데, 역자는 아마도 '지식의 고고학'의 언어적 상황에 따라 이렇게 번역한 것 같다.
30) 성녕(盛寧), 『인문의 곤혹감과 반성(人文困惑與反思)』, 93쪽.

는 포스트모던 역사학이 옛날 이야기를 새롭게 제기한다는 뜻이
냐'고 물었다. 왜냐하면 1920년대에 고힐강 선생 등이 역사는 층층
으로 누적된 위사(僞史)로 이루어진 것이라고 말한 적이 있기 때문
이었다.

　분명 고힐강은 그런 견해를 피력한 적이 있다. 그렇다면 우선
고힐강의 말을 적어보자.

　　중국 고사(古史 : 고대사)는 한 편의 흐릿한 장부처럼 2천여 년 동
　안 그저 입에서 나오는 대로 날조한 것들이다. 그중에 얼마나 많은
　것이 누락되었는지 알 수는 없지만 그것이 위조된 것임은 알 수가 있
　다. 다만 2천여 년의 세월 내내 만들어진 것이기 때문에 하나의 체계
　를 이루고 있기는 하다.
　　고사는 발생한 순서와 배열 체계가 마치 거꾸로인 것 같다.
　　선양(禪讓 : 양위讓位)은 전국 시대 학자들이 당시 세태에 자극을
　받아 상상 속에서 만든 유토피아이다.[31]

　이렇게 볼 때 '고사변파(古史辨派)'는 포스트모던 역사학과 마
찬가지로 전통적인 역사 체계를 와해시켜 역사의 지식 계보를 다시
찾아내고, '기존의 고대사 관념이 언제, 어느 곳에서 어떤 일로 말
미암았는지를' 찾아내려는 것 같다. 그러나 세밀하게 살펴보면 양
자 간에 본질적인 차이가 있음을 발견할 수 있다.

---

31) 「아뢸 일 세 가지(啓事三則)」, 1923년 10월 20일, 『고사변(古史辨)』 제 1책, 187쪽 ; 『자서』,
　　『고사변』 제 1책, 52쪽 ; 「고대사를 토론하며 유·호 두 선생에게 답함(討論古史答劉胡二先
　　生)」, 『고사변』 제 1책, 138쪽.

우선 '고사변파'는 기본적으로 역사에 원래의 모습이 존재한다는 것을 인정하고 있다. 따라서 그들이 생각하는 역사학의 목적은 바로 겹겹이 쌓인 '위사(僞史)'를 벗겨 내어 역사의 '진실'을 드러내는 것이며, 역사학 역시 '진위'를 가려낼 수 있다는 것이다. 그러나 포스트모던 역사학은 오히려 '역사'와 '과거'를 분리하여 과거의 진실이라는 존재를 내거는 것이다. 그들에게 역사학의 목적은 단지 '텍스트'와 '서술'을 추구하는 데 있다.

다음으로 바로 이러한 차이 때문에 '고사변파'가 중점으로 삼는 것은 오직 '변위(辨僞 : 거짓을 구분하는 것)'에 있고, 제거하는 것은 단지 '입에서 나오는 대로 날조한' 폐기물일 따름이다. 이에 반해 포스트모던 역사학은 기존에 '위조된' 문헌 자체가 이미 역사 계보 속에서 하나의 누적된 층이 되고, 게다가 이러한 문헌으로 만들어진 '위사'가 이미 반복할 수 없는 '과거'와 '거꾸로' 합치된다면 이러한 '거꾸로' 된 역사 계보가 어떻게 만들어졌는지를 정리하고 발굴하는 작업이 상당히 깊은 의미를 지닌다는 점에 주목한다.

마지막으로 '고사변파'의 역사학 방법은 오직 '과거'에 국한될 뿐이다. 물론 '고사변파'가 기존의 낡은 역사학을 와해시키고, 전통에 반대하는 급진주의와 호응하여 당시 크게 유행했던 신문화 운동에 참가함으로써 현대성(modernity)과 부합된 일면을 표현한 것은 분명한 사실이다. 그래서 왕범삼(王汎森)은 "고사변파가 전통 사학의 짜임새를 헐겁게 만들고, 낡은 사료들 간의 관계에 일종의 위치 이동을 야기하여 역사 다시 쓰기를 가능하게 만들었다"[32]고 한

---

32) 『고사변 운동의 흥기 ― 한 사상사의 연구(古史辨運動的興起 ― 一個思想史的研究)』, 타이베이 : 시보출판공사, 1993.

것이다. 그러나 그들은 여전히 '육경개사(六經皆史)'라는 사고 방식의 연장선상에서 모든 역사 문헌이 짊어지고 있는 '진실'을 추구하기 때문에 결국 포스트모던, 즉 '후현대'가 아닌 '현대' 역사학의 범주에서 머물 수밖에 없었던 것이다. 따라서 '고사변파'가 일으킨 사상사적 진동, 예를 들면 유가의 전설이 작위적인 것임을 증명함으로써 야기한 신성성(神聖性)의 와해, 전통적 경전의 권위를 떨어뜨림으로 인한 민족의 동일한 상징 부호의 변화, 역사 다시 쓰기로 활성화된 동일성 사상의 재조직 등등은 모두 사상가의 체계적인 해석을 통해야만 비로소 사상사의 시야 속으로 들어갈 수 있다.

그러나 포스트모던 역사학은 오히려 현재와 직접적인 관련을 맺는다. 그것은 역방향의 반조류로서 역사와 역사가 획득한 진리를 담보한 권력의 유일한 근거인 '진실'을 벗겨내어 역사와 과거의 구별을 확정짓고, "육경이 모두 역사다"라는 명제에서 "역사는 모두 문학이다"라는 명제로 향하기 때문이다. 그것이 추구하는 것은 우리들이 지금 습관으로 여기는 '상식'이 어떻게 만들어졌으며, 현재의 역사 서술은 어떠한 '권력' 구조 속에서 '상식'이라는 지위를 확보하게 되었는지를 폭로하는 일이다. 이로 인해 포스트모던 역사학은 현재의 '지식 체계'에 대한 질의로서, 이러한 권력과 지식의 상호 관계를 추궁할 때 그것은 공교롭게도 현재 지식과 사상의 '이야기하지 않아도 아는 것'을 와해시키고, 이러한 지식과 사상의 현대적 구조에 대해 질문을 던지며, 아울러 이러한 구조 자체를 부단히 흐르는 역사 시간 안에 두고자 하는 것이다.

사실 필자는 포스트모던 역사학이 '과거'와 '역사'를 구분하여 '역사'를 '서술'을 위한 사고 방법 정도로 격을 낮추는 것에 동의하지 않는다. 비록 그것이 상당히 심각한 의의를 지닌 것이라고 할지라도 또한 상당히 편파적인 면이 있기 때문이다. 이는 바로 필자가 앞서 포스트모던 역사학이 '통찰' 하면서도 '보지 못하는 면' 이 있다고 언급한 바와 같다. 아마도 필자는 '모던' 과 '포스트모던' 그 중간쯤에 자리하고 있다고 말하는 것이 옳을 듯하다. 그것은 마치 어떤 친구가 "약수(弱水 : 옛날 전설상의 강으로 속인은 건널 수 없다)가 삼천(三千)이라고 해도 마시는 것은 한 바가지일 뿐이다" 라고 이야기한 것과 같다. 포스트모던 역사학, 특히 사학의 기초 지식과 방법을 지나치게 멀리하고 혼자만의 상상에 따라 '역사' 를 서술하는 방식을 취하는 일부 '포스트모던' 연구를 필자는 단지 '후학(後學)', 즉 '포스트 학문' 이란 구호를 빌어 자신만의 기치를 내세우는 '거짓된 포스트모던 역사학' 이라고 생각한다. 그렇기 때문에 필자는 포스트모던 역사학이 엄격한 의미에서 역사학으로 간주되는 것은 무엇보다 최후의 경계와 한도를 확립할 수 있는가에 달려 있다고 본다. 필자가 생각하는 최후의 경계와 한도란 확실하게 존재했던 '과거' 가 있다는 사실에 동의하는가 여부, 그리고 모든 역사학자들의 '서술' 과 '원본' 이 모두 일찍이 존재했던 '과거' 에 제한을 받는다고 단정하는가 여부 등에 관한 것이다. 이를 보다 구체적으로 이야기하면 다음과 같다.

사실 적어도 우리 시대만큼은 각각의 역사 서술이 무의식적으로 '진실에 더욱 접근하기' 를 추구한다. 특히 역사적 사건이나 인물, 역사 과정상의 서술 등은 각종 고고학적 유물이나 문헌 기록, 구술 자료, 회고록이나 전기(傳記) 및 기타 사료로 인해 '과거' 와 '역사' 를 철저하게 구분하기 어렵고, 문학 창작처럼 '없는 사실을 꾸

며내거나' 상상, 심지어 환상을 만들어내는 것이 불가능하기 때문이다. 그렇기 때문에 단지 '역사의 중건(重建)' 속에서 서술을 할 수 있게 되었다. 이는 다시 말해 '과거' 가 이미 지나간 이후에 우선 재구성되고, 현현(顯現)한 연후에야 비로소 '서술' 로 진입할 수 있다는 뜻이다. 역사는 결코 '과거' 의 무질서한 퇴적이나 어지러운 규합이 아니고, 아무 것도 없는(nothing) 텍스트가 아니기 때문에 실재했거나 발생한 적이 있는 것 또는 각종 유물이나 문헌, 기억 속에 남아 있는 '과거' 를 완전히 추방하는 일은 불가능하다. 예를 들어 은허(殷墟)라는 거대한 유적을 대하면서 '은상(殷商)' 이 '하(夏)' 와 마찬가지로 존재하지 않았다고 이야기할 수 있는가? 24사(二十四史)를 대하면서 역사상의 왕조가 허구라고 이야기할 수 있는가?

설사 이론적으로 사람들이 모두 서로를 이해할 수는 없기 때문에 하나의 국가를 해체하여 '상상의 공동체' 를 다시 세울 수 있을지 몰라도 이미 동일한 구역에서 동일한 언어와 풍속, 습관을 지니고 있는 사람들에게 그들이 지닌 '전통' 과 '과거' 를 상상적 허구라고 단정 지어 말할 수 있는 사람은 없다. 그래서 최소한 최후의 경계만큼은 마땅히 지켜져야 한다고 말한 것이다. 남아 있는 유적과 문헌, 역사 자료로 인해 역사 서술은 상당히 제한을 받게 된다. 그래서 바로 '진실을 지향하는 것' 을 최후 경계의 존재로 삼는 것이다. 그러나 '진실을 지향한다' 는 바로 그 필요성으로 인해 역사학 역시 일부 필수적이고 기초적인 것을 갖춰야 하는데, 그것은 바로 문자와 문헌에 대한 지식과 역사 사건, 인물, 제도에 관한 상식이다. 그것은 소설처럼 자기 마음대로 지어내거나 서술할 수 있는 것이 아니다.

포스트모던 역사학의 어떤 사고 방식은 일종의 사고의 자원으로서 사상사 연구 영역에 응용하는 것이 상당히 적합하다. 왜냐하면 사상사란 어떤 의미에서 '사회와 인류, 그리고 역사의 지식과 관념'이 어떻게 모종의 배경 속에서 만들어졌는지에 관한 역사적 시간의 계보이기 때문이다. 사상사에서 논의하고 있는 '사상(思想)'은 더 이상 재현할 수 없는 '과거'일 뿐만 아니라 그 '과거' 속에서 생활했던 사람들의 더 이상 반복될 수 없는 생각들이기 때문에 일찍이 과거에 존재했던 왕조나 인물, 사건, 제도 등과 비교해 볼 때 더욱더 체험이나 상상, 기억 등을 통해서만 전해지고 지속될 수 있는 것이라고 이야기할 수 있다. 후세 사람들은 체험을 통해 앞사람들의 사상을 이해하고, 상상을 통해 당시의 배경 속으로 사상을 환원시켜 의의를 부연해내며, 기억을 통해 사상을 자원으로 만든다. 다시 말해 사상사 연구자의 체험, 상상, 기억을 통해 '사상'이 만들어지고, 또다시 재구성된다는 것이다. 이렇게 형성된 새로운 사상은 일찍이 존재했던 옛날의 사상을 이어가면서 '역사'를 구성하게 된다.

그러나 이들 '사상'의 '역사'는 또한 공교롭게도 오직 텍스트 서술을 중개로 삼아야만 '전달'되고, '재현', '전파'될 수 있다. 그렇기 때문에 바로 이러한 의미에서 포스트모던 역사학의 "역사는 모두 문학이다"라는 사고 방식은 확실히 "육경은 모두 역사이다"라는 이전의 논조와 마찬가지로 극히 풍부하고 심각한 깨우침을 담고 있는 것이다. 또한 크로체의 "모든 역사는 모두 당대사이다"라는 말이나 콜링우드의 "모든 역사는 모두 사상사이다"라는 말은 바로 이러한 의미에서 비로소 그 귀착점을 찾게 된다.

옮긴이의 글

　이 책은 현재 청화대학 중문과에 있는 갈조광(葛兆光) 교수의
『중국 사상사』의 「도론(導論)」을 번역한 것이다. 그의 『중국 사상
사』는 7세기를 전후로 하여 상권과 하권으로 나뉘며, 이 책 한 권을
포함하여 전체 3권으로 이루어져 있다. 전체 200만 자가 훨씬 넘는
상당한 분량의 『중국 사상사』는 중국의 고고학자이자 역사학자인
이학근(李學勤)의 말대로 방법적인 면이나 시각적인 면에서 기존의
사상사와 전혀 다른 참신한 면모를 지니고 있다. 그것은 기존의 사
상사나 철학사가 주로 엘리트 사상 또는 경전에 입각한 사상의 역
사에 몰두한 데 반해, 갈조광의 사상사는 엘리트 사상이나 경전 사
상에 대한 발전사 외에도 그러한 사상이 형성되고 확립되는 데 필
요한 지식의 내원과 궁극적인 근거를 밝히고자 했으며, 아울러 그
러한 사상의 토대가 되는 '일반 지식과 사상, 그리고 신앙의 역사'
를 그려내고 있기 때문이다. 그가 제2권에서 7세기 이후부터 19세
기까지 중국 사상 세계가 완성되고, 또한 점차 와해되는 과정을 토
론하고자 했던 것도 단지 사상가 또는 그들의 사상의 나열에 그치
는 기존 사상사의 관행에서 크게 벗어나는 작업이었다.
　기존의 사상사를 꺼내보면 쉽게 알 수 있다시피 내용이 주로
탁월한 사상가 또는 그들의 사상 설명으로 이루어져 있기 때문에

장기간 지속되어온 '역사'로서 사상을 파악하기가 결코 쉽지 않다. 그래서 우리는 유가를 이야기하면서 언제나 공자부터 시작하는 데 익숙해져 있고, 탁월한 사상가가 부재했던 시대에는 사상 또한 부재했으리라고 생각하기 쉽다. 그렇다면 공자 이전의 유(儒) 집단은 공자와 아무런 관계가 없는가? 또한 이른바 탁월한 사상이란 것이 오로지 탁월한 사상가 개인의 탁월한 사고에 의해 이루어졌다는 것인가? 또 이런 질문도 가능하다. 중국 사상에는 '도'를 비롯한 궁극적인 근거가 존재한다. 그렇다면 그것은 처음부터 궁극적인 근거였던가? 본서는 그렇지 않다고 말한다. 본서(『중국 사상사』)가 기존의 다른 사상사와 다른 것은 바로 이 때문이다.

이후에 갈조광이 굳이 「도론」을 '사상사의 서술 방법(思想史的 寫法)'이라는 제목의 별도의 책을 묶은 것은 그만큼 그가 새로운 사상사 쓰기에 몰두했음을 보여주는 증거라고 할 수 있다. 그 안에서 그는 앞서 말한 질문에 대한 답변은 물론이고 기존의 사상사가 지닌 여러 가지 문제점과 대안, 사상사 연구에서 새롭게 등장한 고고학과 문물, 특히 무문자(無文字) 자료의 중요성에 대해 상세하게 논술하고 있으며, 사상사 연구의 자원(資源)으로써 포스트모던 역사학, 그리고 그에게 큰 영향을 끼친 것처럼 보이는 푸코의 발상과 그 적용에 대해 상당한 분량의 지면을 할애하고 있다. 이처럼 그가 사상사를 서술하는 방법에 대해 관심을 갖는 것은 사상사의 각기 다른 서술 방법의 배후에 언제나 각기 다른 관념과 사고 방식 및 방법이 존재한다고 생각하기 때문이다. 따라서 그에게 있어서 서술 방법을 바꾼다는 것은 사상사 연구의 관념이나 사고 맥락, 방법 등을 바꾼다는 것을 의미한다. 또한 그것은 필연적인 일일 수도 있다.

244

언젠가 북경 어느 병원에서 갈조광 선생을 만났을 때 그는 땅속에서 나오고 있는 사상사의 자원에 대해 언급하면서 신중국 수립 이후 고고학적 발굴을 통해 얻게 된 유물이나 문헌이 사상사를 다시 써야 할 만큼 심각한 중요성을 지니고 있음을 강조했다. 만약 그것들이 기존의 문헌 자료를 보충하는 정도가 아니라 전혀 다르고, 또 지금까지 볼 수 없었던 내용이라면 응당 한정된 문헌 자료나 문물에 의해 기록된 저작물은 다시 쓰기를 감행해야만 할 것이다. 바로 이러한 이유들로 갈조광은 '사상사의 서술 방법'이란 제목의 「도론」을 별도로 묶었던 것이다.

그의 말에 따르면 『중국 사상사』는 1994년 11월에 집필을 시작하여 제1권을 1997년에 완성했고, 제2권은 2000년 10월에 완성했다. 장장 7년에 걸친 역저를 처음 입수하여 번역에 착수한 것은 2004년 12월의 일이다. 번역자는 이등연, 심규호, 오만종, 양충렬이며, 현재 「도론」을 끝내고, 제1권이 얼추 끝나 본격적인 교정 작업에 들어갔다(제2권은 아직 손을 대지 않은 상태이다. 학인들 가운데 제2권 번역에 참가하실 의향이 있는 분은 출판사로 연락주시기 바란다) 여러 가지 어려운 여건 속에서 이 책의 출간을 맡아준 '도서출판 일빛(중국이나 대만에서는 라오광勞光으로 알려져 있다)'에 역자들 모두 감사의 말을 전한다.

중국사상사
도론 – 사상사의 서술 방법

펴낸곳 도서출판 일빛
펴낸이 이성우
편   집 노만수 · 이수경 · 홍지연 · 금기원
지은이 갈조광(葛兆光)
옮긴이 이등연 · 심규호 · 양충렬

등록일 1990년 4월 6일
등록번호 제10-1424호

초판 1쇄 인쇄일 2007년 7월 24일
초판 1쇄 발행일 2007년 8월 6일

주소 121-837 서울시 마포구 서교동 339-4 가나빌딩 2층
전화 02) 3142-1703~5 팩스 02) 3142-1706
E-mail ilbit@naver.com

값 12,000원
ISBN 978-89-5645-122-0 (94150)